# バッハが導く内なる覚醒

「今ここ」で宇宙と繋がる名曲63選

紙屋信義

BAB JAPAN

# はじめに

人生において誰もが幸せになりたいと、あちらこちらを探し回っています。私たちの求めている幸せとは何でしょうか。成功することでしょうか。何かを達成することでしょうか。

多くの人は、明日の幸せのために今日を生きています。未来に答えを求めて、今この時をしっかり生きていないのではないでしょうか。

ちまたには自己啓発や成功哲学、宗教、スピリチュアル、引き寄せなどの本が溢れています。これらが求め続けられるということは、実践しても一向に幸せになれないからではないでしょうか。

物質的に満たされて何かを達成しても、人の欲望は底知れず、満足を知ることはありません。成功するとは、どういう状態になることでしょうか。

私たちの人生は、「今ここ」にしか存在しません。未来に行った人は一人もいませんし、過去に戻った人も一人もいません。

未来は思考による想像であり、過去は思考の中の記憶です。例えば過去を思い出している瞬間は、今ここであり、私たちの人生は、いつでもどこでも今ここしか存在しません。

幸せとは頭で思考するのではなく感じることなのです。幸せになりたいのであれば、今ここに幸せを感じるしかないのです。

物理学や量子力学の科学において時間は存在せず、人間の作り出した概念であり、幻想だといわれるようになりました。それに基づくと未来も過去もなく、あるのは永遠に続く今ここです。

鳥に「今、何時？　ここは、どこ？」と尋ねても、きっと「今は今。ここは、ここ」と答えるでしょう。自我が確立する前の十歳ぐらいまでの子どもは、将来に対して不安を感じることも過去への後悔もありません。なぜなら鳥も子どもたちも今をしっかり生きているからです。

今まで順調な人生を送ってきた人もいるかもしれませんが、挫折感や苦悩を体験し、自己嫌悪や不信感、不安、依存症、抑うつ状態など、感情的あるいは心理的に問題を抱え、苦しんでいる人も多いことでしょう。

苦しみから解放されるために宗教や哲学、自己啓発、スピリチュアルに傾倒し、様々な言葉に魅了され、夢中になってしまっているかもしれませんが、どれも根本的な解決にはなりません。

教育とは知識や技能を身に付けて伸ばし、個人の素質や能力を磨きながら思考力や判断力、表現力を養うことが求められています。またコミュニケーション能力を育み、人間の自立を促し、主体的に生きる力を身に付けさせます。思考を高めることが教育の目的となっています。

現代の日常生活で私たちは四六時中、思考を使い様々な思いや考えに支配されています。未来や過去のことで頭がいっぱいなので、今ここにあることができません。

思考力による科学の発展は、人間に便利で快適な生活や多くの利益をもたらしました。しかし同時に様々な問題も生み出し、苦しみの原因にもなっています。

苦しみや恐れは、物事や刺激に対しての反応であり、自分の思考が勝手に作り出している妄想なのです。

恐怖や苦悩を乗り越えるためには思考から離れて、無意識ではなく意識して生きることが大切です。そうすることによって内なる気づきに目覚めることができるのです。これこそが魂の覚醒であり悟りといわれるものなのです。

今ここにくつろぐことができれば、思考から離れ心の安らぎを感じることができます。悟るために厳しい修行をし、わざわざ瞑想する必要もなくなるでしょう。

釈迦はあるがままの人生、タタータ「起きることが起きる。それ以外は決して起きない」といっています。

物事は、ただ起きているだけで、人生に起きる出来事には特に重要な意味はないのです。意味付けや価値付けをしているのは自分自身であり、それは思考によって後付けされたものなのです。

人は物事を自分でコントロールしていると思っていますが、私たち自身には自由意志はなく、何一つコントロールできないのです。

心臓の動きや内臓の働きですら、自分ではどうすることもできません。まさに自分の意思で生きているのではなく、大いなる存在に生かされています。

私たちを苦しめている思考は、自分自身の分離感から起きていて、それは単に幻想でしかありません。それがわかると執着していた思考から離れて、心は自由になれるのです。あるがままの人生を受け入れて楽に生きることができるのです。

その人にとって起きる出来事は全て必然であり、本当は選択できる余地などないことがわかります。人生に対して手放しが起き、降参するしかありません。それが意識の目覚めであり覚醒であり悟りなのです。

人生において、しなければならないことや、やらなければならないことは何一つありません。ただ起きることが起きているだけで、あらゆる事象は完璧に調和しています。

今ここにおいて深く観察し無意識を意識すると、自分の本質である生命の輝きと完全性が現れ、今この瞬間にあることを感じることができます。それに気づいた時、愛や喜び、安らぎ、慈悲、叡智など心の平安が自ずと訪れます。

人は思考から離れると自由になれます。思考とは言葉であり時間です。思考は私という自我を作り出し、物語を創作します。

私たちが見ている物質世界は、幻想であり仮想現実です。まさに夢の中で生きている状態なので、夢は達成することもできませんし、達成する必要もありません。夢から目覚めることが大切です。

この本は、音楽と精神世界を融合させバッハの音楽を通して内なる気づきを探求する一冊です。単なるスピリチュアルやノンデュアリティ「非二元論」を超えて、あなたの内面に深く語り掛け、気づきをもたらすことでしょう。

言葉は道具であり手段であり方便です。方向性は示せても、そのものを表すことも語り尽くすこともできません。時間や言葉は思考の一部であり、それにとらわれずに感じることが大切です。言葉を超え時間を超え思考を超えて、感覚として音楽の本質を体験するのです。

時間芸術といわれる音楽は、思考にとらわれると道具や手段になってしまいます。思考を超えて音楽の存在に気づき、今ここにある、あるがままの音楽に身を委ねるのです。そうすることによって音楽の本質を実感できるようになるのです。

全六十三節、各節の終わりにバッハの名曲を紹介しました。解説と共に神の領域であるバッハの音楽を感じていただけたら幸いです。

バッハの音楽は音階やハーモニー、形式において、ジャンルを超えて全ての音楽の基礎になっています。パソコンのない時代に千曲を超える作品は、量的あるいは質的に見ても思考を越えた宇宙的なエネルギーを感じることができます。

これらのバッハの名曲は全てユーチューブを使って無料で聴くことができます。バッハの音楽は、宇宙次元の奥深さと叡智があります。

壮大なるバッハの音楽世界と一体になると、宇宙的な繋がりと、愛と完全なる調和を体験することができます。それが今ここにある内なる気づきとなるでしょう。

「音楽の究極的な目的は、神の栄光と魂の浄化に他ならない」 J・S・バッハ

JOHANN
SEBASTIAN
BACH

CONTENTS

## 第3章 思考の構造と音楽の本質……95

# 第1章

# 私たちは音楽で進化する

# 歌から全ては始まる

四百万年前のある朝、小鳥のさえずりや鳴き声を真似するある若者が現れます。地球で最初の音楽の登場です。すでに数百万年前から地球には人が暮らしています。その歌声は音楽というには、まだ不完全です。歌声が他の人々に行き渡るための条件は、まだ整っていません。

ある日、歌声は森中に響き渡り、狩猟の合図として他の人々にも広がり始めます。人間の心を捉える甲高い歌声は、地球のありとあらゆる所に行き渡ります。

それからしばらくして、誰もが美しい歌声を真似して楽しむようになります。やがて歌から単語が引き出され、物事を指し示す手段となります。単語は、言葉として人々の意思疎通の手段として定着していきます。

言語より前から音楽の起源である歌が歌われています。音楽は人間のコミュニケーション手段として、有史以前からなくてはならない存在です。

自身の感情を歌声に込めて表現することは、遠い昔から人間の本能の中に組み込まれてきました。誰もが奏でることができ、自分の身体を使って発する歌声は、人々の生活には欠かせないものです。

人々はますます歌声に惹きつけられ魅了されていきます。人類の意識が進化する中で、音楽の実用的な形はまだありません。実体のない音楽としての最初の対象は、歌だったに違いありません。

歌は多くの音楽家、作家、宗教家にインスピレーションを与えてきました。日本の小説家である三島由紀夫は、「音楽の美は、その一瞬の短さにおいて生命に似ている」と言っています。音楽に美を見出すことによって、人類は、ほんの僅かであれ、自身の最も内なる存在の核心にある、美や本質に目覚めるのではないでしょうか。

美というものの最初の認識は、人類の意識の進化にとって最も重要な出来事の一つです。その意識と結びついているのが喜びと愛という心の平安です。

はっきりと気づかないうちに、音楽は私たちにとって、自らの中の最も高貴で清らかな、究極的には形になり得ないものを表現するものになります。

ドイツの作曲家であるベートーヴェンは、「音楽とは精神と感覚の世界を結ぶ媒介のようなものである」と語っています。

生まれ出る一瞬の音よりも、もっと儚くて美しく繊細な音楽は、別の次元から必然的に生まれた「生命《いのち》」です。つまり物理的な形の世界と形のない世界を繋ぐ橋渡しのようなものです。

音楽には人々を喜ばせる繊細な良い感覚があるだけでなく、魂の領域の感覚をも運んできます。「意識の目覚め」という言葉を使うなら、私たちは音楽に意識の目覚めを感じることができます。

生きとし生けるもの、人間や動物、植物、鉱物も含めた、どのような生命体も意識が存在し、「目覚め」を体験することができます。しかし、それは進化の延長ではなく、その瞬間だけの一回だけの稀な出来事です。

発展のない断絶、全く別の存在への飛躍、過去と未来のない「今ここ」だけの時空。そして大切なことは、音楽の存在とは物質世界ではなく、内面の意識の世界を意味します。

有史以前から音楽は、人類の魂にとって特別の意味を持ってきました。もちろんいずれも他のあらゆる目に見える物質的な生命体と同じく、全ての源である一つの生命です。それは一つの意識が一時的に形となって現れたものです。

音楽がなぜ特別の意味を持ち、なぜ人類がこれほどまでに魅了され共感を覚えるのでしょうか。それは音楽の美という特質に起因することが大きいからです。

人間が「今ここにある」という本質的な生き方ができるようになると、内面の静かで鋭敏な意識が芽生え、生命の内なる本質に気づくようになります。

つまり全ての生物、あらゆる生命体に存在する意識、あるいは魂を感じ取り、それが自分自身の本質であり、全ては一つであることに気づいて、愛が育まれるようになります。

しかし、それに気づくまでは、外的な目に見える物質世界ばかりを見て、内面の内なる本質にはなかなか気づくことができません。自分自身の本質がわからず、物質的な形のある次元を自分だと錯覚しています。

今この瞬間に生きることに徹していない人でも、音楽に物質的な存在以上のものを感じ取って、自分自身の内なる存在に親近感を覚えることがあります。これは音楽の美の故に、物質的な内なる「大いなる存在」に、自身の心材の本質が形に曇らされていない状態だといえます。

これは生まれたばかりの赤ちゃんや動物などの純粋で生き生きした美が、輝き出している状態に似ています。だから音楽に興味のない人でも、赤ちゃんを見ると何だか嬉しくなり、微笑みが自然に溢れ出します。

音楽の感覚に理屈を思考せず、言葉やレッテルを貼り付けずに、ありのままに音楽を感じ、思いを寄せると、目に見えない内面への入口が見えてきます。ほんの僅かな隙間から、大いなる存在に繋がる魂の領域に通じる道が開けます。

だから音楽を通して目覚めに達した生命体は、有史以来、人類の内なる意識の進化の中で重要な役割を担ってきました。

例えば宗教的な儀式で、なぜ音楽が用いられてきたのでしょうか。音楽は人類の進化の過程で人間の意識のさらに奥深い変化への土台を築いています。その進化こそ今、私たちが経験しようとしている音楽による意識の目覚めなのです。

## ♪ クリスマス・オラトリオBWV二四八

一七三四年に作曲され、一七三一年ドイツ・ライプツィヒにて初演されました。クリスマスシーズンに、合唱団、独唱陣そしてオーケストラにより演奏されます。

全六部六十四曲から成る器楽伴奏付きの声楽曲であるカンタータです。教会暦に沿って十二月二十五日クリスマスから一月六日顕現節の日曜と祝日の計六日間に全六部を割り当てています。

バッハはライプツィヒ聖トーマス教会の聖歌隊を率いて、同地の聖ニコライ教会と聖トーマス教会を往復しつつ、このオラトリオを演奏したと伝えられています。

聖書のルカ福音書、マタイ福音書によりC・F・ピカンダーによる台本だと考えられ、福音史家によって語られる形式を取っています。

合唱曲とアリア（詠唱）の大半、及び器楽伴奏付きレシタティーヴォ（叙唱）の一部は世俗カンタータBWV二一三、BWV二一四からの転用が多くなっています。

管楽器、弦楽器五部、通奏低音、混声四部合唱とソプラノ、アルト、テノール、バス独唱の編成です。

主要曲、第一曲、合唱「歓呼の声を放て、喜び踊れ」。第四曲、アリア、アルト「備えせよ、シオン」。第十五曲、アリア、テノール「陽気な羊飼いたちよ、急げ、さあ急げ」。第二十一曲、合唱「いと高き神に栄光あれ」。第六十四曲、コラール「今や汝らの神の報復は遂げられたり」

## 意識の変容をもたらす音楽

どんなに美しい音楽も、根源的で奥深い内なる人類の意識の変容への準備のためのツールと成り得ます。人間は思考によって条件づけられた、ネガティブな心の産物から脱却して、音楽の力によって意識の光を透過させることができます。

外面の物質的な変化を拒否し、思考による個々の分離感から生じる自己のアイデンティティから抜け出して、自我から解放されることができるでしょうか？

このような意識の変化は可能です。それが人間の偉大な叡智の中心的なメッセージです。そのメッセージを伝える偉大な音楽家～バッハ、モーツァルト、ブラームスその他の作曲家～も早い時代に開花した人類の宝です。

彼らは先駆者であり、花や鳥、ダイヤモンドのような希少で貴重な存在でした。花々が咲き誇り、鳥がさえずるこの世の楽園は、まだ来ていません。彼らの音楽は外面的な美として誤解され、人間の内面の意識の変容まで到達していません。

では早い時代に比べて現代のほうが、人々の意識の変容、気づきの準備は整っているのでしょうか？エゴイスティックな自我を自分のアイデンティティとして捉え、思考を自分と同一化して、音楽を物質と同じ思考の産物として扱うのは古い意識の特徴です。

これから本書では、こうした音楽というツールによる意識の変容と進化、思考による心の問題を取り上げます。それは音楽によって目覚めの道しるべとなり、気づきとなることです。

本書の目的は、音楽についての理解や新しい情報を論じることでも、楽曲分析や音楽史を解説することでもなく、意識を変化させ目覚めさせ、気づきを与えることです。その意味で本書は誰でも楽しく読み、理解することは難しいかもしれません。

音楽による気づきがなければ、この本の意味はありません。音楽による目覚めは、準備が整った人だけに理解できるものです。本書を手にしたあなたは、その準備が整っている人です。

目覚める準備が整った人は、まだ多数とまではいきませんが、時代が進むにつれて確実に増えています。また新しく生まれる新人類は、古い時代の人間に比べると、確実に目覚めへのプロセスが容易になっています。

古い観念に縛られていない分、目覚めへのアプローチがすでに整っているか、すでに悟っている状態かもしれません。一人が目覚めると、周りへ伝播し、集団的な意識のうねりとなって、その他の人々との意識の変容へと繋がります。

目覚めるとか悟ることが理解できない人は、とにかく本書を読み進んでください。時には頭だけで理解しようとせず、五感を使って感じることも必要かもしれません。

気づきの意識を意識するだけで、目覚めのプロセスは始まります。しかし人間は、忘れる動物です。絶えず気づきへのアプローチを続けていくことが大切です。

本書は音楽解説本ではなく、スピリチュアル的な精神世界の本に見えるかもしれません。音楽を通して思考を超越し、目覚めや悟りの境地に達することが目的です。

根底にはノンデュアリティ（非二元論）の考え方をベースにしました。これはスピリチュアルや既存の宗教とは真逆の考え方になります。今まで宗教やスピリチュアルを毛嫌いしていた人や音楽の本質を理解できなかった人には充実したものになるでしょう。

## 意識の構造

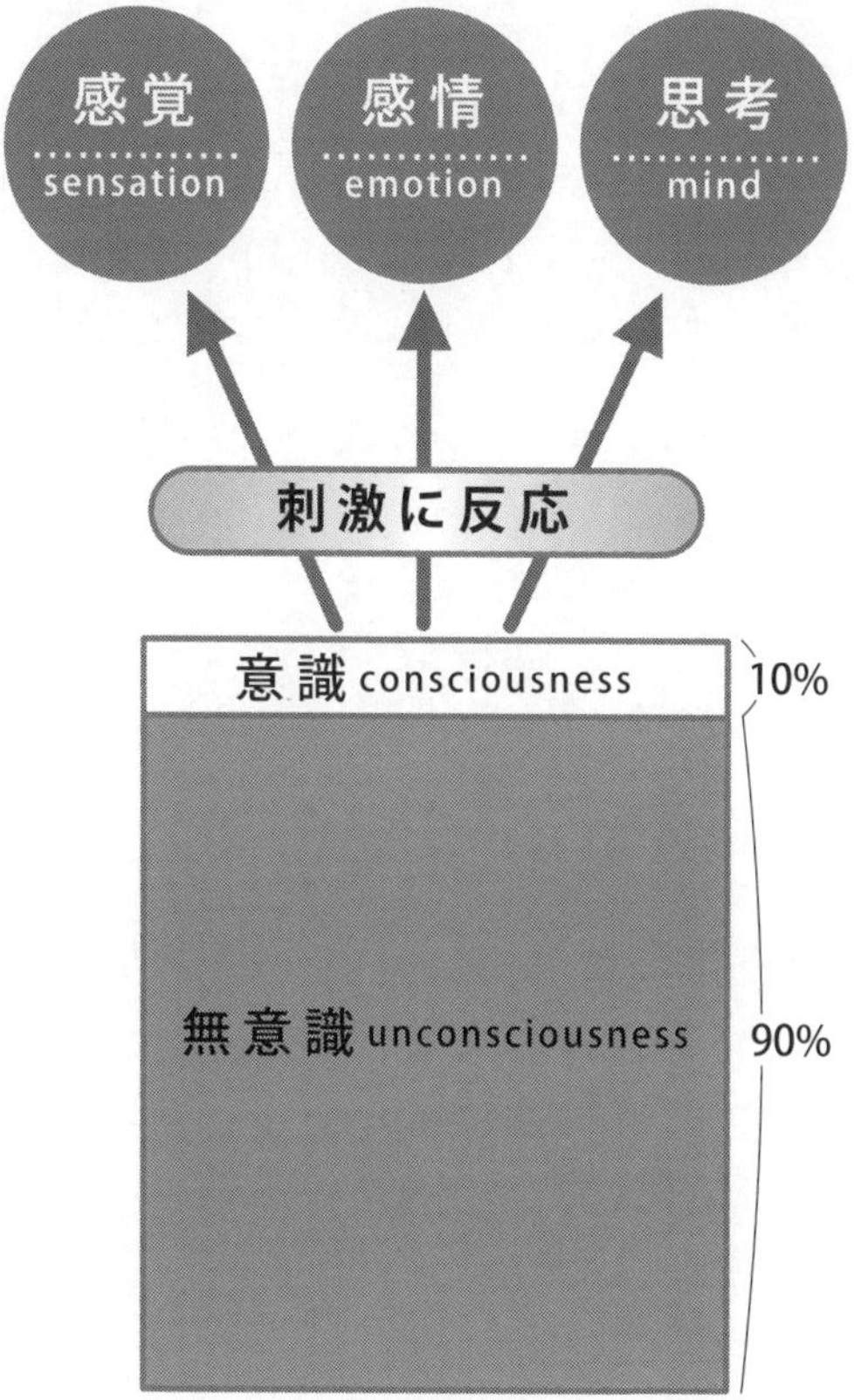


私たちが普段、意識できているのは 10%ほどであり、残りの 90%は無意識が占めているという。音楽による意識を無意識に向ければ、大いなる気づきを得る。

思考を超えて、意識を意識し、目覚めや悟りの境地に入るツールとして音楽はとても有効です。思考による自我を自分だと錯覚し、幻想の中で生きる状態を持続させている人は、まず目覚めていない自分を自覚することです。

長い間、人類に刷り込まれた思考による幻想を、音楽によって解き放ち、意識の光で自分の本質を認識するための理由が二つあります。

一つ目の理由は、思考による自我の仕組みを知らなければエゴを認識できず、思考によってあなたは支配され操られ続けます。

二つ目の理由は、意識を意識する認識そのものが目覚めへのアプローチだからです。自分の中の無意識を認識し、思考を超える時に意識の覚醒、つまり目覚めと悟りは現実化します。

自我と戦っても勝ち目はありません。闇と戦えないのと同じです。大切なのは音楽による気づきと意識の光で闇を照らすことです。その気づきこそが目覚めであり、あなたの本質です。

## ♪ インヴェンション第一番　ハ長調BWV七七二

クラヴィアのための曲集でケーテン時代一七二三年の作品です。バッハはライプツィヒ聖トーマス教会音楽監督トーマス・カントールに就任しました。ライプツィヒ時代には教育目的のクラヴィア曲が多数作曲されました。

クラヴィアとは鍵盤楽器の総称で、ピアノの前の形、一七二〇年代にイタリアのB・クリストフォリがピアノを完成させる前の楽器で、バッハ時代はクラヴィコードやチェンバロになります。

インヴェンションは長男の練習用に書かれた「ヴィルヘルム・フリーデマン・バッハのためのクラヴィア小曲集」（一七二〇年）の後半部分に初稿があります。初稿の曲名は「プレアンブルム（前奏曲）とファンタジア」でした。

インヴェンションは二声部で十五曲BWV七七二からBWV七八六から成っています。演奏だけでなく作曲も視野に入れた優れた教育作品として高く評価されており、現代のピアノ学習者のための教材としても広く用いられています。

曲集に採用されている十五調は、四つ以内の調号で表記される十八調から嬰ヘ短調、嬰ハ短調、変イ長調の三調を除外したものです。

バッハは初稿を「インヴェンションとシンフォニア」として編纂改訂した時、曲の配列を大幅に変更しました。初期配列は難易度の相対関係を反映しており、編纂改訂後は半音階上行の配列にしました。結果として相対的に高難度の楽曲が前半に再配置されることとなりました。

第一番、ハ長調、四分の四拍子。主題はCDEFDECの十六分音符とGCHCの八分音符から成ります。主題のうち十六分音符の後半は階段状に下がるFDECの部分を全て三連符にした異稿BWV772Aが残っています。

# キリスト教と音楽の妄想

音楽は表面的な形式の違いはあれ、その多くに共通する中心的な洞察があることに気づきます。多くの人が音楽を聴く状態には無意識、もっといえば妄想といえるような思考によるイメージを伴っています。

宗教の儀式や政治的なプロパガンダで音楽が用いられ、人間の精神状態に機能不全、もっといえば狂気と呼べるような強力な要素が含まれます。

アメリカのギターリスト、ジミ・ヘンドリックスは、「音楽は僕の宗教だ」といっています。音楽には宗教と同じ側面が見られます。キリスト教の教義自体は真理といえますが、聖書の言葉は大いに誤解され、間違って解釈されています。

宗教の原理は真実で、これまで多くの人々の心を捉えています。しかし、これまでの長い歴史の中で、宗教は争いを生み出し、多くの人々の犠牲を伴ってきました。そこには宗教組織の都合や利益が優先され、特定の人間にとって都合のいいように真理が歪められています。

例えばキリスト教では、全ての人が「罪人」とされています。しかし聖書のギリシャ語を訳すと、罪とは的外れで、道から逸れた人間の生き方を意味しています。先を見ないでエゴにしがみ付き、自ら苦しみを生み出し、周りの人をも苦しませるのが罪だといっているのです。

人類の目覚ましい発展は続いています。音楽や絵画、文学などの様々な傑作を創り出しています。さらに科学技術も発展し、昔では考えられないような生活スタイルになっています。しかし人類の知性は時として機能不全をもたらします。

その機能不全とは、人間の思考から作り出された集団的妄想です。時として暴力を生み出し、破壊的な戦争を起こしています。

音楽では、人間の自然なインスピレーションや知性を無視した滑稽で、パズルを貼り付けたような現代音楽、あるいは調性やメロディー、リズム、ハーモニーの流れを無視した狂気ともいえる、音楽とは感じられないような作品を生み出しています。

この人間特有の機能不全は、心の中に深く根を下ろした思考による集団的機能不全の結果です。多くの宗教やスピリチュアルな教えでは、恐怖や欲望、不安や執着を手放しなさいと教えています。しかし、その試みは、ほとんどうまくいっていません。なぜなら、その機能不全の根本原因に取り組んでいないからです。

いい人間になろうと徳を積み、いい音楽を生み出そうと努力しても、思考から離れ、意識に変化が起こらない限り、いい作品は生まれません。エゴイスティックな高揚感、自我やアイデンティティの強化を求めても、それはエゴの強化であることには変わりありません。

良い音楽、素晴らしいパフォーマンスを頭で考えても、今この瞬間にフォーカスしないと、いい作品は生まれません。自分の中にある本当の自分を発見し、あるがままに今ここに集中し、その本質を引き出すことでしか良い音楽は生まれません。

いい音楽を生み出すためには、自分の本質を引き出し、意識の根本的な変容と進化が必要です。元来、理想と高潔な進化を求めて始まった前衛音楽は、思考から脱却できず、自分の内なる意識を変化させようとはせずに、ただ外部の音だけを変化させようと試みます。

思考による全ての人間が持っている機能不全、つまり妄想は、人間の悲惨な歴史を生み出します。音楽においても妄想は、陳腐な見せかけだけの音楽を生み出すことになるのです。

## ♪ 無伴奏ヴァイオリン・パルティータ第二番　ニ短調BWV一〇〇四

「六つの無伴奏ヴァイオリン・ソナタBWV一〇〇一からBWV一〇〇六」は、三曲ずつのソナタ（BWVは奇数）とパルティータ（BWVは偶数）合計六曲から成り、ヴァイオリン独奏曲として今日では名作の一つに数えられます。

作曲時期は一七二〇年で、ケーテン宮廷楽長として音楽好きのレオポルト侯に仕え、多くの世俗曲や器楽曲を書いていた頃の楽曲です。

自筆譜はベルリンのプロイセン文化国立図書館に所蔵されています。その表題に「第一巻」とありますが、「第二巻」は「無伴奏チェロ組曲」になります。

三曲のフーガ、有名なシャコンヌをはじめとして全体に重音奏法が多く、演奏は高度なテクニックを要します。この曲はヴァイオリン奏者として名高かったヨハン・ゲオルク・ピゼンデルのために書いたのではないかと推定されています。

三曲のソナタは、緩急緩急の四楽章の典型的な教会ソナタの形式をとっています。ソナタ第二楽章にはどれも長大なフーガを置いています。

パルティータは、第一番、第二番がアルマンド、クーラント、サラバンド、ジグーという組曲の典型的な四楽章形式をとり、第三番は前奏曲、ルアー、ガヴォット、メヌエット、ブレー、ジグーと、フランス風舞曲を配置しています。第二番は四曲の舞曲の後に有名なシャコンヌが置かれています。

この曲は曲集の四曲目にあたり、二百五十七小節に及ぶ長大なシャコンヌを終曲に持ち、この曲集の頂点の一つを形成するもので最も著名な作品です。

アルマンド、クーラント、サラバンド、ジグー、シャコンの全五曲。シャコンヌの名の通り変奏曲形式ですが、二長調の中間部を有する三部形式とも取れます。

音楽的な構成としては、冒頭の八小節に現れる低音の下行テトラコードをシャコンヌ主題とし、種々の変奏を行いながらこの主題が三十二回現れ、その度に上声を連続的に変奏する壮大な作品となっています。ヴァイオリン独奏以外の楽器のために編曲されています。

# 音楽による新しい意識

音楽や古典といわれる今も残る、芸術作品のほとんどに共通する洞察があります。私たちの普通の精神状態における、思考からくる感情には基本的な欠陥があります。しかし人間の意識の根本的な変化の可能性も秘めています。

この変容を「目覚め」とか「悟り」ということができます。仏教では「帰依」「南無」「無我」、キリスト教では「思《おぼ》し召《め》すまま」「赦《ゆる》し」といい、意味としてはサレンダー（降参）、あるがままに手放して明け渡して降参することです。

ところで「許す」とは許可することで、相手の申し出などを認めることです。それに対して「赦す」とは相手に対して罰したいという欲求を手放して、抵抗せずに全てを委ねることです

人類にとって大切なのは、外の世界の物質的な芸術作品でも、科学技術にしても、自分自身の思考まみれの機能不全です。まず自らのエゴによる思考を認識することが、意識の進化の始まりです。すでに多くの人々が音楽による覚醒を経験し、多くの芸術作品を残しています。これまで彼らは、同時代の人々に音楽を通じて語り掛け、意識の変容の可能性を示しています。

「音楽は自らの人生であり、人生は音楽である。このことを理解できない人は、神に値しない」と神童モーツァルトは言葉を残しています。彼らは人生と音楽、神や魂についての真理について言って

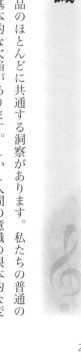

います。

これらの人たちは人類の目覚めに不可欠でしたが、受け取る側の準備は、まだ整っていませんでした。だから多くは同時代の人にも、現代の私たちにも音楽の深みも、意識の変容についても理解されず誤解されてきました。

彼らのメッセージは、シンプルで力強く、音楽による気づきを与えてくれています。しかし私たちは表面的な形や言葉に捉えられ、レッテルを貼り付けることによって、その本質を見ようとせず、時には歪められ、間違って解釈されています。

ルーマニアの指揮者セルジュ・チェリビダッケは、「楽譜の中なんかに音楽はない」といっています。楽譜は音楽を示す道しるべであり、方便で音楽そのものではありません。楽譜や言葉などの形にとらわれた時に、音楽そのものを感じることができなくなります。

思考すると音楽は、イデオロギーになり、人々は思考によって自我を同一化させ、音楽の本質から遠ざかり、音楽をモノとして捉え、観念によって理解するようになります。

人々は、この観念を拠りどころとして「良い音楽」や「明るい」「暗い」、「正しい」「美しい」などと表面的なレッテルを貼り付け、二元論で判断します。全てのモノの本質は、あるがままで、相対的ではありません。それは音楽も同様であり、全てはあるがままです。

人は思考による分離感から、自分のアイデンティティを確立し、物事を正当化するために、目に見える世界を相対化しています。この世界には時間は存在せず、今この瞬間が全てだからです。音楽においても思考で捉え、純粋に感じることができません。

思考とは幻想であり、過去か未来のことしか判断できません。時間も幻想であり、いつでもいつにいても、今ここにしか私たちの人生はありません。過去も未来も思考が作り出す幻想で、これまでも今でしたし、今以外に私たちは存在したことがなく、これからも永遠に今ここにあり続けます。

それでもなお核心部分では、音楽が示した真理が依然として輝いています。どれほど表面的な音楽に見えても、音と音との間にある僅かな沈黙が音楽の存在を引き立たせています。

歴史を通して音楽による意識の変容を経験し、全ての芸術作品が指し示すものを自らの内面に発見した人がいます。彼らは音楽という思考の産物でない真実を表現するために、音楽という概念的枠組みを手段として表現しています。

芸術作品のいずれにも、このような光り輝く人々が創造した真理があります。そこには音楽の本来の姿が見出されるだけでなく、場合によってはさらに光り輝く存在になります。相対性のない不二一元論です。

ほとんどの場合、音楽は時の権力者に利用され、モノ同様、人間の利益の対象、エゴの満たしとして目を向けられてきました。また時の移り変わりとともに音楽も変化しています。しかし思考を超えた音楽の本質まで語られることはまだありません。

## ♪ トリオ・ソナタ第五番　ハ長調BWV五二九

「六つのオルガン・ソナタ」とも呼ばれるオルガン曲集になっています。一七二七年から一七三二年にかけて作曲されました。

右手、左手、足鍵盤が完全に独立した三つの声部となっています。バロック音楽の室内楽合奏の様式であったトリオ・ソナタ、つまり二つの独奏旋律楽器と通奏低音の三パートの合奏形式で作曲されたものをオルガン一台で演奏する形式です。

息子のヴィルヘルム・フリーデマン・バッハの音楽教育用に作曲されたといわれており、各曲は急緩急の三楽章構成になっています。

室内楽曲として通常のトリオ・ソナタ形式に編曲し直して、ヴァイオリン、フルートと通奏低音またはヴィオラ・ダ・ガンバとチェンバロ、チェロなどの組み合わせの四人で演奏する編曲も行われています。

第五番は形式において最も大規模で、技巧的にも難しく、音楽語法から見ても六曲の中で最もオルガンに適しています。

コンチェルト様式で書かれ、第一楽章アレグロ、四分の三拍子は、動機的な繰り返しを伴っています。正確な対称形を描き、主題はより小さな部分へと用いられていきながら、同時に作品の大きなテーマとなるモチーフへと導かれます。

その複雑さにもかかわらず楽章が主張したり単調になったりすることはなく、主題動機の対話は自由に展開されます。

主要楽節は鍵盤を違えて典型的なプレーヌム（八フィート、四フィート、二フィートによるピラミッド音栓配列）で、副楽節は明るい基音とアリクオート（単独の倍音レジスター）で演奏されます。

第二楽章、イ短調、ラルゴは、フーガの要素を取り入れたダ・カーポの三声アリアが含まれています。叙情的で表現力溢れるメロディーは、第二声部の五度と呼応し、第一声部は半音階的な対主題を展開します。

第三楽章、四分の二拍子のアレグロは、再び主調である八長調に戻りフーガの主題が現れます。モチーフの展開や二つの声部が織り成す編成は洗練さを極めた形になっています。

## スピリチュアルとノンデュアリティ

意識の覚醒の中で、音楽はどのような役割を担うことができるでしょうか。目に見えない人間の内面についての精神世界には、スピリチュアル（霊的）とノンデュアリティ（非二元）があり、度々混同されています。

## 精神世界の区分

| | 分類 | 意識 | その世界観 |
|---|---|---|---|
| 精神世界 | ノンデュアリティ（非二元） | 一元<br>非二元 | 真我の実現 |
| | | | 個人は存在しない |
| | | | 全ては幻想であり現実 |
| | | | 現実とは幻想 |
| | スピリチュアル（霊的） | 二元 | エネルギー的スピリチュアル |
| | | | 物質的スピリチュアル |
| | | | 物質世界＋スピリチュアル |
| | 物質世界 | | 物質がこの世界の主役 |

精神世界は、スピリチュアル（霊的）とノンデュアリティ（非二元）に分けられる。

まず私たちが生きている次元には、目に見える物質世界と精神世界があります。精神世界の中にスピリチュアルとノンデュアリティの概念があります。物質世界とスピリチュアル、ノンデュアリティは、異なる次元ですが、完全に独立しておらず、互いに重なる部分があります。

目に見える世界は物質であり、精神世界は目に見えない心の世界です。心とは脳の働きによる思考の範疇で多くの人は思考の中で生きています。科学技術や思考は、目に見えない神や霊、魂を排除して、多くの人がこの考え方を支持しています。

科学や人間の思考だけで全てを説明し理解することはできません。生まれてきた理由、死後の世界、命や人間の意識、あるいは存在についての根源的な問いや疑問を解決できません。この世界は全て目に見える物質世界だけであるという考え方だけでは説明できません。

スピリチュアルにおいて、この世界は物質だけでなく、霊的な波動やエネルギーが存在しており、神や霊、魂などの肉体を含んだ物質の存在だけではないという考え方です。

スピリチュアルでいう波動とは、オーラやヒーリング、バイブレーション、祈祷などによって精神的なエネルギーが物質世界に影響を及ぼすということです。物質とスピリチュアルに共通する認識として、人や動物あるいは全ての物質は、相対的であり個々として存在しているというものです。

思考による分離感から自分という個が存在することは、疑いようがないことであるとしています。全ては一つであるというワンネスが、スピリチュアルでは度々語られます。それは私という個人が原点にあり、それがみんな繋がっていると解釈しています。

## ワンネス意識

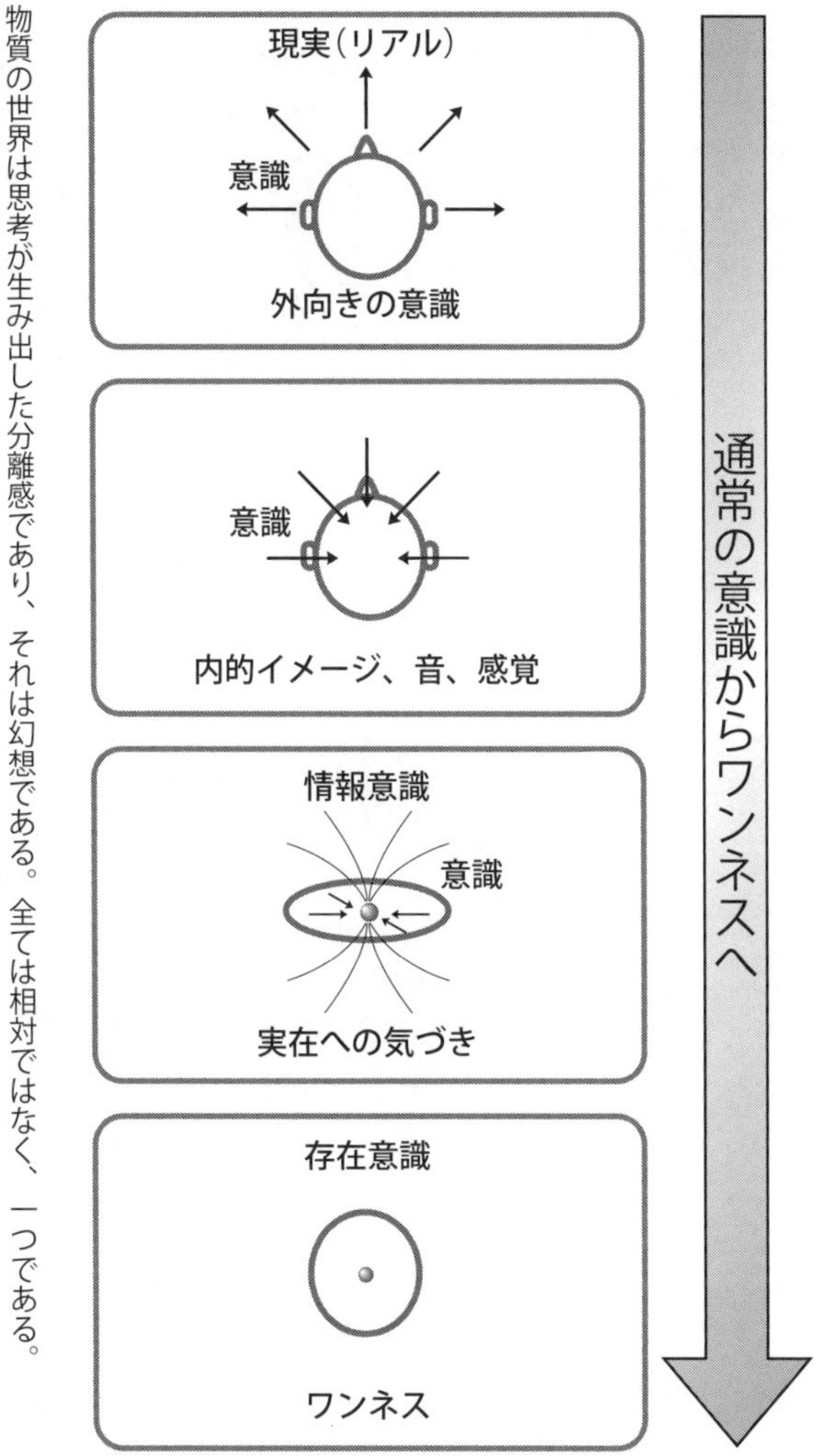
物質の世界は思考が生み出した分離感であり、それは幻想である。全ては相対ではなく、一つである。
現実（リアル）
意識
外向きの意識
意識
内的イメージ、音、感覚
情報意識
意識
実在への気づき
存在意識
ワンネス
通常の意識からワンネスへ

ノンデュアリティは、全ては一つであるというワンネスの考え方が原点になっており、私という存在は、思考が作り出す分離感からくる見せかけになります。物質の世界は、現実として存在するものではなく、思考による幻想です。

個人を原点とし、善と悪や光と闇、主体と客体、幸や不幸など相対的に捉える物質やスピリチュアルです。それに対して全てが一つであり、私という個は存在せず、全てを相対ではない一元的に捉えるノンデュアリティとは対称的です。

このことをすぐに理解することは、難しいことかもしれません。なぜなら私たちは生まれてから自我に目覚め、分離された個人による人生を体験しているからです。

人間の成長過程において、個性と個人の多様性が重んじられ、思考力や判断力を身に付けさせる教育や環境によって分離感の思い込みは、ますます強化されます。

スピリチュアルにおける私という分離感による個人の存在は、疑いようのない事実という観念が崩壊したところに、ノンデュアリティという一元的な原点が認識されます。

これまでノンデュアリティをスピリチュアルとして語ることが多くありました。それは物質的ではない精神世界という意味で使っています。

スピリチュアルという個人が存在するという立場から、ノンデュアリティでいう、全ては一つであるワンネスを理解しようとしても誤解が生じ混乱が発生します。

ノンデュアリティは単なる概念ではなく、直感的な体験であり真実です。思考を使ってノンデュアリティを理解しようとしても、思考は思考を超えることができません。必要なことは思考から離れ、自分の意識を意識して、五感を使って直感的に感じることです。

ノンデュアリティによる意識の変容は、たいてい音楽などの物質世界の外、つまり内面で起こります。思考と概念に支配された音楽の中でも、その意識の一部には必ずささやかな精神世界が宿る場所があります。

しかし精神世界の外側で生じたスピリチュアル的な動きは、大きなうねりとなって新しい境地を開拓しています。これまで特に西洋では、他の文明の中で最も理性的で知性を重視する文明です。

音楽に関してはグレゴリオ聖歌に代表されるように、事実上キリスト教会の中で発展します。精神世界に関しては、キリスト教会による独占体制が確立していました。宗教の許可なく、いきなり精神世界の話をし、スピリチュアルな本を出版することはできませんでした。

キリスト教の外側で盛り上がってきたスピリチュアルな教えに加え、仏教などの東洋の叡智が流れ込んだことも大きな力となりました。伝統的なキリスト教信者にも儀式や教義、硬直した観念から離れ、スピリチュアル的な精神の深みにまで到達する人が増えています。

それは自分たちが何を信じているかではなく、どんな意識の状態にあるかによって決定することに気づき始めています。そしてそのあり方が、その人の行動や人間関係を決定します。

思考を超えた自分の内なる意識を見ることができない人は、自分の信念、つまりエゴイスティックな自我に心を深くとらわれています。

しかしエゴは、苦しみによって解体される運命にあります。その硬直した構造は、自我であれ宗教であれ、いずれ内側から剥がれ落ち崩壊していきます。

## ♪ チェンバロ協奏曲第一番　ニ短調BWV一〇五二

チェンバロ協奏曲には一台用から四台用まであり、一台は八曲、二台三曲、三台二曲、四台一曲の計十四曲があります。なお現在では独奏楽器にチェンバロではなくピアノを用いる場合もあります。

バッハは一七二九年から一七四一年にかけて、ライプツィヒのコレギウム・ムジクムの指揮をしており、チェンバロ協奏曲は、その演奏会のために作曲されたものです。

その多くはバッハの旧作、あるいは他の作曲家の作品を編曲したものです。原曲が失われていることも多いのですが、今日では原曲を復元し演奏することも盛んに行われています。

第一番の原曲は、消失したヴァイオリン協奏曲の編曲であると考えられていますが、原曲がバッハの作品であったかどうかについては確証がありません。なお異稿BWV一〇五二aが存在します。

第一楽章、第二楽章はカンタータBWV一四六に、第三楽章はカンタータBWV一八八の序曲に転用されています

この曲はチェンバロ協奏曲の中で最も完成度が高く有名な作品となっており、第一楽章と第三楽章で繰り広げられるチェンバロの突出すべき名人芸は華やかで魅力的です。一七三八年から一七四二年にかけて作曲されたと考えられています。

第一楽章、アレグロ、二分の二拍子、主調以外の調で主題が繰り返されるリトルネロ形式による楽章で、全楽器が力強いユニゾン（同一音程）の主題で始まります。

第二楽章、アダージョ、ト短調、四分の三拍子、終始反復される低音主題の上で、チェンバロが装飾的な旋律を美しく歌います。

第三楽章、アレグロ、ニ短調、四分の三拍子、リトルネロ形式によるフィナーレで、活気に満ちた主題が楽章全体にエネルギッシュな生命感を与えます。チェンバロのソロが技巧を披露する機会も多くなっています。

## 音楽による意識の変容

音楽が純粋に感じられなくなり、自分の内面にある純粋な意識でモノを捉えることができなくなると、個々の命または魂は、死ぬか生きるかの気づきによる進化の方向へ進むことになります。

音楽の起源の中で、小鳥の囀りなど動物の鳴き声を真似することから歌声が始まりました。歌から単語が切り離され、歌声の強弱や高低から旋律が生まれました。

遠くに合図するために石器や動物の骨を、打ち鳴らして打楽器になりました。歩いたりする時や、打楽器を叩く時にリズムが生まれます。歌声を重ね合わせ、音が同時に鳴った時に和音が響き渡ります。

雨乞いをし、感情や願いを表現する手段として音楽が形成され進化しました。また生命を脅かし、危機を乗り越えるための祈願として音楽が手段として用いられます。

人間の営みの偶然と思考による産物である音楽は、楽器や楽譜という形態を整え、後世に伝えられました。音楽が形にとらわれた時に、その真髄は失われます。

音楽の本質は、音と音の間にある沈黙を感じることです。今、感じられる音楽は、新しい芸術でも、新しい信念体系でも、新しいイデオロギーでもありません。音の変化は、人間の心や思考よりも深いところで起こっています。

新しい意識の核心は、思考の枠を超えることにあります。思考より高い次元に上り、自我よりもはるかに広い世界が自分自身の中にあることに気づくために音楽の力を使いましょう。

人は自分のアイデンティティを、自分が何者かであるかの根源を思考の中に求めます。四六時中、思考し自分の頭の声に支配されている状態だといえます。その時に音楽に触れると、素晴らしい解放感を味わい、思考よりも前にある感覚によって、自分の本質に気づくことができます。

思考よりも前にある気づきの世界とは、目に見えない意識の世界であり、感情や感覚が生まれる場所です。思考とは目に見える世界での形への同一化に過ぎません。その形とは物質的なモノだけでなく、思考そのものでもあります。

音楽に現実性があるとしたら、それは相対的な現実性ではなく、非二元の絶対的な現実性です。音楽が形にとらわれた時、その音楽は純粋な存在として感じ取ることができなくなります。

自分と音楽が全体と繋がっているという感覚が、全ては一つという本質に意識を向けることができます。全ての音楽を含めた生命体、命や魂が生命の源との本質的な結び付きを認識できます。

この全ては一つであるというワンネス、つまり他者との繋がりを感じ、全ては一つであることを意識することが愛なのです。繋がりを忘れることが苦しみであり、妄想なのです。

この分離感や全てはバラバラだという自我の感覚が、音楽や言葉、全てのモノの根底にあり、それが世界を支配しているとしたら、人はどのような結果を生み出すのでしょうか。

人間の負の歴史を見れば自明であり、陳腐な芸術作品を眺めると一目瞭然です。人間の心の構造の変化、つまり意識の変容がなければ、私たちは、いつまでも基本的に同じ思考の世界に留まり、同じ機能不全を起こし、音楽を純粋な意識で感じることはできません。

人類の歴史の中で、音楽は発展し変化し続け、人々に様々なエネルギーを与えてきました。仏教の真理に「諸行無常」があり、この世のモノは、絶え間なく変化し続けていることをいっています。

音楽も絶えず変化し続けています。ただしこの世のモノとは、私たちの目に見える外的な物質世界のことを意味しています。

思考を使って音楽を捉えるのではなく、今この瞬間に音、あるいは音と音の隙間である沈黙を感じることが大切です。そうすることによって音楽のエネルギーを直に感じることができ、私たちに力を与えてくれます。

同じく仏教の言葉に「諸法無我《しょほうむが》」があります。個は存在せず、万物は一つで繋がっており、全ては関係性で成り立っていることを意味しています。スピリチュアルでいうワンネスの考え方に共通するものです。

諸行無常は、ヨコの流れを表し、諸法無我はタテの繋がりを意味しているとも解釈できます。音楽も万物同様、ヨコとタテの関係性が大切です。

人類の意識と地球の生命体は、本質的に繋がっています。音楽による意識の変容は、ワンネスへの気づきであり、音楽はその変容のパワーとなります。

思考を超えて自我が解体すれば、今ここにあるパワーによって、音楽を純粋に感じることができるようになります。それと呼応して人間の意識に変化が起こり、音楽の力を感じることができるのです。

## ♪ 教会カンタータ「キリストは死の絆に付かせ給えり」ＢＷＶ四

一七〇八年に作曲され、一七一四年以前に初演され、一七二四年に改作されています。復活祭第一日のためのカンタータで全八曲から成ります。

第一曲シンフォニアを除く七曲全てが、マルティン・ルター作のコラール（ドイツ語讃美歌）を編曲したコラール変奏曲です。

全八曲がホ短調で統一されており、ホ短調は一つだけのシャープです。シャープはドイツ語でクロイツ（十字架）を表し、高く掲げられた唯一神の十字架を象徴するためにこの調性を選んだと推測されます。第五曲の合唱を中心軸として、その前後はシンメトリックな声楽の編成を取っています。

## 音楽をありのままに感じる

音楽は音が鳴っていても、その瞬間、実は音はなく、思考を使って音楽を捉えようとすると、ほとんど無意識状態に陥ってしまいます。音楽の前で人は簡単に催眠状態に入り、音楽の作り出す思考の世界に心を奪われます。

歌であれば音に言葉を貼り付けます。言葉の前で人は簡単に我を失い、音に言葉を貼り付けた途端、まるで催眠術にかかったように、それが何であるかを知ったと思い込みます。しかし、それが実際には何かという真理など理解していません。

音に言葉を貼り付けただけで、音楽の究極的な本質など知ることはできません。音楽には計り知れないエネルギーと奥深さを兼ね備えています。

私たちが感知し頭を使って思考することができるのは、現実の表層だけで、宇宙全体の僅か一かけらよりも、もっと小さいのです。

その音楽の表面的な見せ掛けの一部は、全体性である一つに繋がっているだけでなく、全てが因果となってできた音と沈黙の源へと繋がっています。

それは自然の生命体である花や鳥など顕著に見られ、生命の源、あるいは大いなる存在への気づきに私たちを導いてくれます。

ところが私たちは音楽にラベルを貼り付けた途端に、その真価を見失い、本質に気づくことはできません。ただありのままを感じれば、そのモノの深さと本質を見極めることができます。

そして音楽による畏敬の念と昔から伝わる叡智を感じることができるのです。思考を超えて、その瞬間に音楽を感じるだけで、その本質が無心の中に私たちに語り掛け、音楽の本質を光によって照らし出すことができます。

偉大な作曲家たちが音楽の本質を感じ取り、作品を通して伝えている音楽による叡智は真理に他なりません。

ドイツの偉大な作曲家であるバッハは、「音楽だけが世界語であり、翻訳される必要がない。そこにおいては魂が魂に話しかける」といっています。

彼は音を、その瞬間に感じ取り、楽譜の上に、非凡でとてつもないエネルギーとインスピレーションによって多くの音楽を遺しています。音そのものだけでは何も生み出しませんが、音と沈黙による何層にも及ぶ彼の壮大な宇宙は、今も多くの人々の心を捉える音楽となっています。

思考を超えて、ありのままに音楽を感じれば、昔の偉人が思考を超えて創造した人類の宝を感じ取り、畏敬の念と叡智が蘇ります。我々の人生にパワーを与え、人生に初々しさや新鮮さを取り戻し、深みの境地に入ることができます。

最大の奇跡は、偉人の目覚めの境地を、音楽を通して私たちが追体験できることです。その本質は思考や言葉による知的なイメージに先行することがありません。

その音楽の奥義を経験するために自我から離れ、あるという存在意識を自分のアイデンティティと混同しないようにします。

そして分離感からくる個人から切り離され、全ては一つであるという大いなる存在へと繋がることができます。目に見える物質的なモノや事物から自我を切り離し、音と沈黙の僅かな隙間に入り込むことが大切です。

音楽に言葉や知的なラベルを貼り付けたり、解釈したりすればするほど、音楽のエネルギーは生命力を失って表面的な音の羅列になり、音楽の本質まで感じ取れなくなります。そして私たちの内面で展開されている大いなる存在に気づくことができません。

思考にハマり小賢しさは身に付いても、私たちは何一つコントロールできず、愛や喜び、心の平安という幸福感を味わうことができなくなります。認識と解釈の中で本質が消えてしまいます。

当然、私たちは思考を使い、言葉で物事を認識する必要があります。思考や言葉の中には本質的な美はありません。本当の美は、思考を超越したところにあります。

思考や言葉は手段でしかなく、使い終わったら、きちんと片付けられなくてはなりません。自我は物事を判断し解釈し、決め付けを行うことによって簡略化します。

音楽は一オクターブ十二の音だけでできています。このようなシンプルな音の組み合わせだけで音楽の本質、あるいはバッハの壮大な宇宙の深みまで感じることができるのでしょうか。思考を超えてこの瞬間、今ここのこの時空に集中して、音楽の存在を感じることが大切です。

## ♪ 管弦楽組曲第二番　ロ短調ＢＷＶ一〇六七

管弦楽組曲は、十八世紀前半頃にドイツを中心として盛んに作曲された管弦楽合奏による組曲で、フランス風序曲形式の序曲と舞曲を主体とする数曲の小曲が続く構成です。

バッハの「ブランデンブルク協奏曲」と並ぶ代表的管弦楽作品で、ＢＷＶ一〇六六からＢＷＶ一〇六九までの独立した四つの組曲があります。それぞれバリエーション豊かな作品は、当時の様々な舞曲や宮廷音楽の集大成であり、フランス風序曲形式の一つの完成形を見ることができます。

作曲年は、バッハが世俗器楽曲を多数作曲したケーテン時代一七一七年から一七二三年、またはそれ以前のヴァイマール時代一七〇八年から一七一七年と考えられます。

楽器編成を見ると第三番や第四番は、ライプツィヒ時代一七二三年以降にコレギウム・ムジクムでの演奏のために大幅に加筆された可能性が高くなっています。なお第五番ＢＷＶ一〇七〇は、今日では長男フリーデマン・バッハ作とされています。

バッハは、この作品群を「組曲」とは呼ばず、「序曲に始まる作品」としています。オリジナル版は紛失あるいは破棄されたと考えられており、原典が現存しない理由はわかっていません。第二組曲と第三組曲の演奏機会が多く、G・マーラーによる編曲版もあります。

第三番ロ短調は、フルートを主体にした事実上、フルート協奏曲ともいえる形式です。早世したヨハン・クリストフとマリア・ゾフィーの死を悼み、衝動的に作曲された可能性があり、一七三〇年代末に書かれました。今日ではフルート奏者にとって極めて重要なレパートリーの一つとなっています。

## 音楽の幻想

思考による自我は、「私」という言葉でエゴイスティックな感情を引き出します。物質的な所有を表す「私の何々」などは、人間にとって使用頻度が高いだけでなく、所有による自己アイデンティティの強化に繋がります。

自分が何者であるかという幻の自己意識は、外の物質世界の現実だけでなく、内面の心の状態も如実に反映しています。この思考が物事の解釈や判断、相互作用、関係性など全ての思考プロセスの基礎となり、幻想を生み出します。

しかし幻想は、幻想だと認識すれば消えてしまいます。思考への気づきは、思考を超越する入り口です。思考を現実として捉えている間は、幻想は存続します。

自分が何者であるかという洞察から、自分は何者でもないという気づきを得ることができます。幻想とは思考が作り出す非現実的な幻の世界なのです。

音楽を思考で捉えた瞬間に、その音楽は幻となります。これまでの偉人たちが「私の音楽」として、音楽を私物化していたら、後世にまで残る音楽には成らなかったでしょう。全ての物質的なモノは、変化し衰退していきます。

思考による音楽の単純化で、無限の深さを持った音楽が「私の音楽」という概念で、その本質が阻害されます。その時、音楽はモノと同じ物質として、その輝きを失ってしまいます。

音楽と自己同一化、つまり音楽に自分の意識を重ね合わせることによって、音楽から自分のアイデンティティを引き出します。

私の音楽が阻害されると、とても辛いと思うのは、その音楽が持っている真価ではなく、自我による私のモノという観念に拠るものです。音楽が自己意識の強化になり、私の所有物になっているのです。

私たちが「私の」といったり考えたりする時、その主体は私ではなく、エゴイスティックな自己の側面であり、主体はモノになっています。

物質世界では、全てのモノに主体と客体という二元性が生まれ、人はそれを真実だと認識してしまいます。しかし、そのことに気づくことができれば、その言葉は、内面のもっと深い部分から発することができ、思考を超えることに繋がります。

多くの人は、絶え間ない思考の流れの中で、無意識的に自分を完全に同一化しています。この思考プロセスと思考が作り出す感情から離れることによって、今この瞬間に存在することができるのです。それは自分という個は存在せず、スピリチュアル的にいうと「無我」や「無心」の状態を意味します。

頭の中で四六時中、片時も止まらず言葉を使って話し続けている自我があります。人は一日で一万回、二万回とも思考にまみれています。

自分の思考と自分自身を切り離し、毎日少しずつでも思考から離れ、思考と自身のアイデンティティを同一化しない気づきを少しでも得られた人は、もう思考の虜にはなりません。

音楽の「今ここ」にあるパワーで思考を超越し、目覚めへの入口に至ると、人は愛と喜び、心の平安の境地に入り、内面の安らぎを得ることができます。

モーツァルトは、「音楽は音符にあるのではなく、その間の沈黙にある」と端的に言っています。時間芸術といわれる音楽ですが、時間の幻想を超えて、今この瞬間に音と音の間にある沈黙に気づくことが、今ここに音楽の存在を感じる鍵となるのです。

## ♪ 幻想曲と大フーガ　ト短調BWV五四二

非常にポピュラーで和声的にも大胆な優れたオルガン曲です。幻想曲はヴァイマール時代の一七一二年以前、フーガは一七一二年以降のハンブルクで作曲されたと推測されます。

ケーテン宮廷楽長をしていた一七二〇年、ハンブルク聖ヤコビ教会オルガニストが空席となり、バッハがその職に応募しました。

北ドイツ楽派の大家ヨハン・アダム・ラインケンの前で演奏した作品とされています。ラインケンはバッハの演奏に感服したと伝えられていますが、結局この職に就くことはありませんでした。

ファンタジーは、十七世紀初期の典型ではなく、二つのフガート部を含むトッカータになっています。この形式が即興的に各部を繫ぐ和声と動機の密集によって補われています。足鍵盤の音階進行も実際には三度進行フガートの三度の動機は、拡大されバスを形作っています。

これは終わりの部分の足鍵盤にも再び現れ、この動機はすでにファンタジーの冒頭に含まれます。ファンタジーが短調で終結しており、フーガで初めて緊張から解放され注目に値します。

トッカータの部分は主鍵盤のトゥティで弾かれ、フガートはポジティブ鍵盤のリード管とフルート管による透き通る音の組み合わせで弾かれます。

フーガのテーマは、ラインケン作曲「音楽の園第五ソナタ」主題のオランダ民謡から取られました。シンコペーションを含む第一対主題に加え、さらにもう一つの対主題の付加により、リズムと生き生きした生気に満ちたエピソードに新しい動機が加わっています。

この曲の大胆な独創性は、ユニークな傑作として注目を集めており、即興性に富んで、不協和音を半音階的な表現、画期的な和音進行、斬新な転調など時代の通念をはるかに超えたバッハの才能が現れています。

管弦楽編曲やリストによるピアノ編曲でも親しまれています。小フーガ ト短調BWV五七八と同じ調性を持つため、両者を区別して「大フーガ」と呼ぶようになりました。

# 第2章

# 思考を超えたところに音楽がある

# タタータと思考の中の音楽

意識の変容と思考を超えて目覚めや悟りといわれる境地に至る体験をしたのは、全世界のそれまでの集合意識を全く変えてしまったコロナ禍の時です。

日本の大学の教員を辞めて、ドイツ・デュッセルドルフに住んでいる子どもたちと一緒に生活をするために、ドイツへ渡航しました。しかしドイツは厳しいロックダウンのためにビザ申請すらできず、日本に帰国せざるを得ませんでした。

両親と障害者である弟の介護もあり、日本で再び大学教員を目指しましたが、なかなかいい結果が出せないでいました。

家族と遠く離れて暮らし、仕事にも恵まれないという苦しみを味わうことになりました。どうして自分の人生は、苦悩に満ち溢れているのだろうと失意の中、精神世界について探求するようになりました。

日々、様々な自己啓発やスピリチュアル、精神世界の本を読みあさる中で、ある気づきを得ることになります。

これまで音楽と共に生き、職にも家族にも恵まれ、幸せな人生を送ってきました。それに自分は知的な人間だと高をくくり、思考が全てだという自我の幻想の中に閉じ籠っていたのです。

そして人間は努力によって、つまり思考力や判断力などの知性によって乗り越えていけると信じて疑いませんでした。思考こそが自分の本質であると思い込んでいたのです。

そしてある朝、人生の苦しみは感情を伴った思考によって、自分自身で作り出していることに気づきました。起きていることには何の意味も価値もなく、意味付けや価値付けをしているのは自分自身です。

この世界は幸と不幸、快楽と苦悩、善と悪、愛と恐れ、光と闇など相対的な二元性にはなっておらず、全てはあるがままの中庸であることを悟りました。釈迦がタタータといわれる言葉を残しています。

「起きることが起きる、それ以外は決して起きない。こうなれば良かった、こうならなければ良かったと思ってはいけない。それ以外は決して起きなかったのだから」

全ては必然で、もしもやあの時はありません。人生には達成しなければならない目的や目標もなく、今この時を、しっかり生きることの大切さを知らされました。

過去への執着、未来への不安は、自我による思考が作り出す幻想で、私たちの人生は、今この瞬間、この場所が全てなのです。私たちはいつでもいつでも、「今ここ」にしか存在せず、過去の記憶や未来の想像は、全て思考が作り出す幻であることに気づかされました。

過去のことを思い出している時も、未来をイメージしている時も、いつでも今ここで起きています。「過去」とは過ぎ去ったことを漢字で表しています。「未来」とは未だ来ていないことを漢字で表しています。「現在」という漢字は、今に在ると書きます。

時間は幻想で、時間とは人間が作った概念であることも近年、科学的に証明されています。この世界には時間は存在せず、過去も未来もありません。あるのは永遠に続く今この瞬間である「今ここ」だけなのです。

時間が過去、現在、未来と流れているように感じるのは、思考が作り上げる幻想です。そのことに気づくと人生が楽になります。

私は、この真実に気づくまで思考にとらわれていました。音楽も同じです。今ここにしか音楽はありません。

それまでピアノやオルガンを弾いている時、楽譜を読んでいる時、楽曲を分析している時など思考を使っていました。特に楽器を弾いている最中でも様々な思考が湧いてきて、思考にとらわれた瞬間にミスを侵してしまいます。

ある演奏会で、今ここに集中し、思考を遮断して演奏してみました。すると今まででは考えられないほど、音楽に没頭でき、ミスなどほとんどなくなりました。音楽においても、今この瞬間に集中し、思考から離れることの大切さを実感した瞬間です。

その時、私は自分の思考から離れて、いわばもっと深い視点から自分を見ていました。思考から気づきへの瞬間的な移行です。

「人生は、あなたが思い込むほど、深刻ではありません」と宇宙からの啓示のような声が聞こえた感じがしました。

## 「今ここ」にある真実

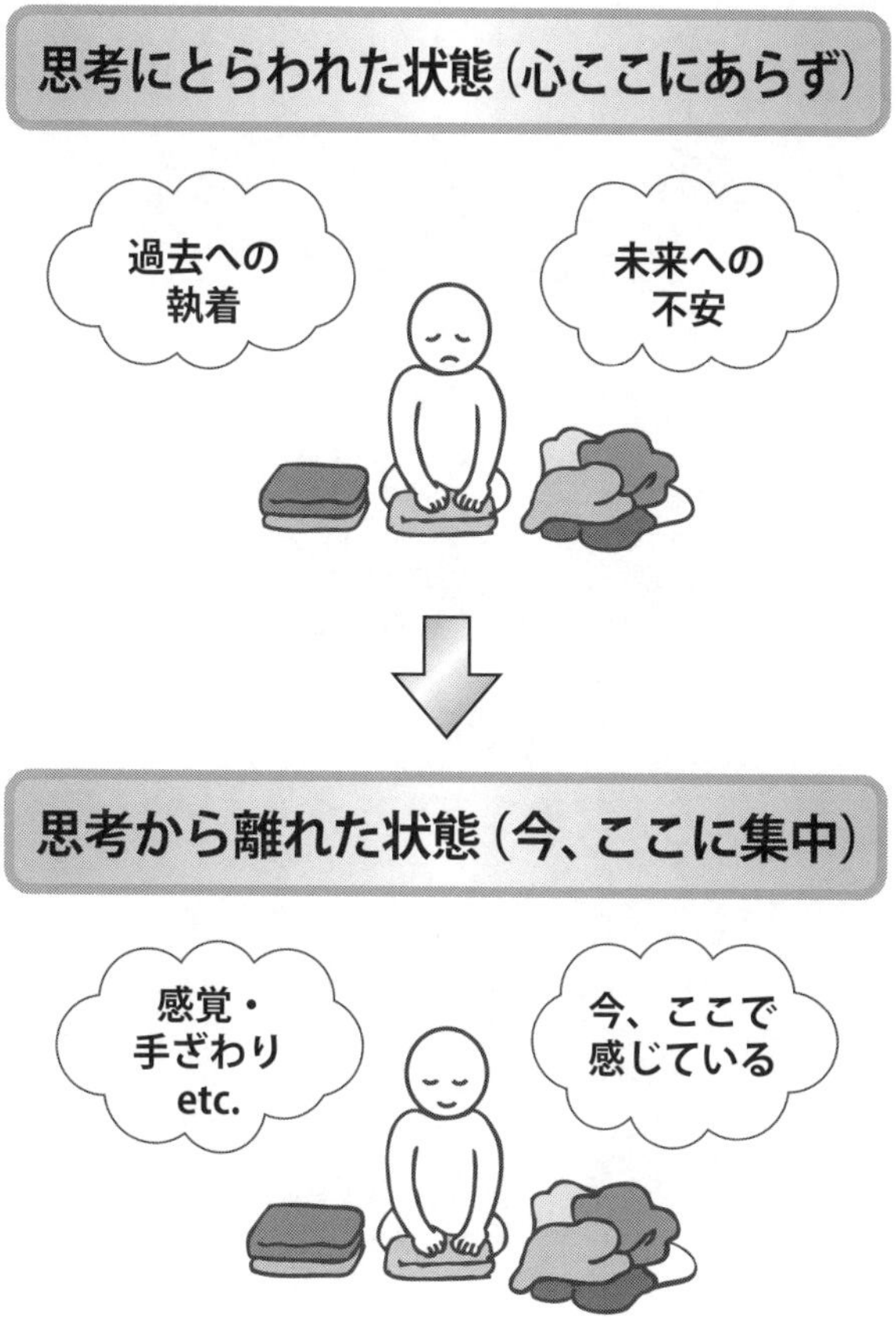


過去への執着や未来への不安は、すべて幻想である。この世界には時間は存在せず、あるのは永遠に続く「今ここ」。

## 時間の概念

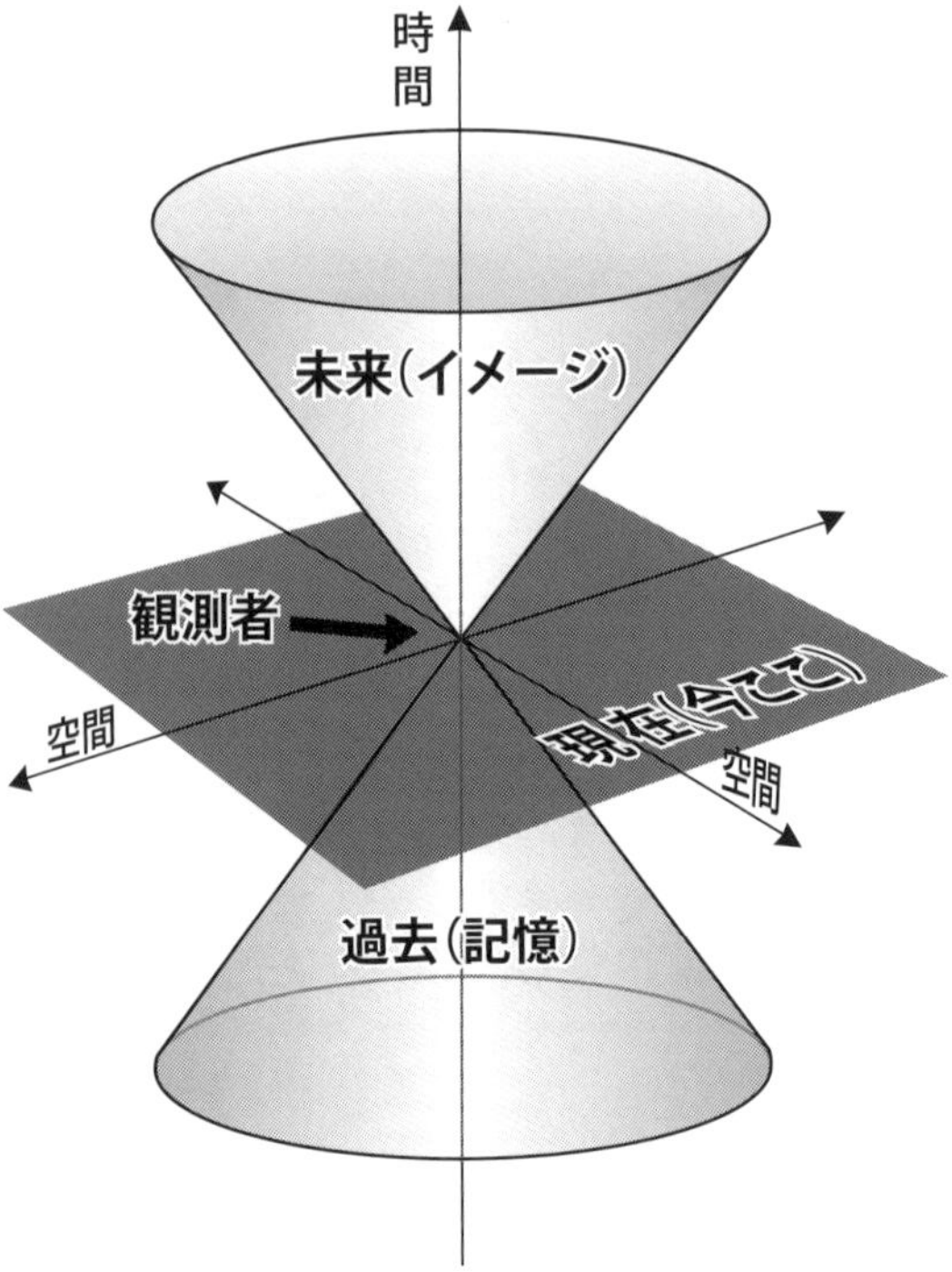


いつも「今ここ」に在ることで、時間という幻想から離れ、
思考を超えたエネルギーを感じられる。

これまで五十年以上、私は不安定で鬱々とした気分で、思考する自分を完全に同一化して過ごしてきました。被害者意識または恐れからくる思考と感情が作り出した幻想である自己意識から解放された時、何と清々しく、愛と感謝に溢れる心の平安が訪れることでしょう。

音楽において今ここで感じるエネルギーを、思考を超越した意識のエネルギーに変えて、知性や理性では考えられなかった、とてつもないパワーを秘めていることを体験した瞬間です。

時間は存在しないと気づき、時間の幻想から離れた時に今ここにある真実に気づくことができるのです。

## ♪ インヴェンション第八番　ヘ長調BWV七七九

インヴェンション（前述二二ページ）第八曲、ヘ長調、四分の三拍子は、カノンによる打楽器的な主題を持ち、ＦＡＦＣＦの八分音符と下降音階の組み合わせで成り立っています。ファンファーレのような上行形の分散和音で始まる躍動的な曲で、三つの主題提示部から成ります。

第一提示部と第三提示部は、下声部が一小節遅れで上声部を追うカノンとなっています。第二提示部（第十二小節から）は、ト短調を皮切りに既出の動機を用いて転調を重ねます。

第三提示部（第二十六小節から）からは、再びカノンとなります。主題冒頭の再現は省略され、四小節から十二小節に対応しています。様々なアレンジがあり、古典的ですが現代に通じる新しさを兼ね備えた秀作です。

# 思考の構造と音楽

思考は過去か未来によって条件づけられ、今この瞬間に入り込むことはできません。「私のモノ」など所有の概念は、思考に条件付けられたエゴイスティックな心の構造になります。私というアイデンティティの中身は、環境や文化、そして過去によって条件付けられた思考の作り上げる幻想です。

物質的な所有の概念は、たとえ豊かであっても、もっともっとという無限の欲求に陥り、いつまで行っても満足を知ることがありません。また「私のモノ」という物欲は底知れず、なくした時の苦しみは計り知れません。そのような感情は、自分自身で作り上げていることがわかります。どうして人は、このような苦しみを自身でこしらえるのでしょうか？　それは「私」という自他を区別する分離感からくる言葉あるいは思考に起因しています。

モノとの結び付きによるアイデンティティの強化は、思考の無意識的な心の衝動になります。このような思考の構造は、勝手に起きているもので、自分でコントロールすることはできません。その意味で人間には自由意志はないといえます。

自分というエゴが生まれる思考のパターンは、自己とモノとの同一化です。自分の所有物にアイデンティティを求め、それで自分の価値観を保とうとする本能ともいえます。

それは人間の古代から続く自分を守ろうとする自己防衛本能からきています。そしてそれは過去、あるいは幼児期からの思考が作り出す条件付けになります。

例えば「私の車」や「私の家」、「私の土地」ということと、幼児の「僕の玩具」ということは、同じ思考の構造になります。

ここで付け加えたいのは、人間が作り出したモノにアイデンティティを見出すのは、まだ理解できます。しかし、この地球上に元々ある土地や水、石油や石炭などの資源を個人の所有として、しかも儲けることはエゴの象徴に他なりません。

地球のありとあらゆる全てのモノは、生きる生命体であり、共有すべき資源です。一部の人間だけの所有になるモノではありません。

地球の食料や資源を均等に分配できると、人類の飢餓はなくなるといいます。ここにも人間の思考が作り出すエゴの側面が見受けられます。

音楽もモノであり、「私の音楽」として言葉を貼り付けることができます。しかし言葉は、全て思考であり方便です。

音楽に言葉付けや解釈した途端に、音楽の本質である真の輝きは失われます。思考の入る余地のない、今この瞬間に音楽を感じると、音楽の存在そのものである本質が輝き出し、人々の心を捉えることができます。

音楽にアイデンティティを求めるのではなく、思考から離れ音楽と共に今に在ることが、音楽を最大限に自分と同一化するエネルギーにすることができるのです。

人間は目に見えるモノにアイデンティティを求めます。営業職は、本当は必要でないモノを消費者に売りつけます。もし本当に必要なモノであれば、消費者自ら求めるからです。

人間の思考は絶えず、自分は何者であるか？　どこから来たのか？　何のために生きているか？　など自己の存在意義を曖昧にできません。しかもその存在意義は、環境や文化、価値観や観念によって大きく異なります。

何にアイデンティティを感じるかは、思考あるいはエゴの中身に関係しています。そしてアイデンティティを確立したいという欲求は、無意識的に湧いて出てきます。

エゴイスティックな自我は、いつまで行っても満足することはなく、もっともっとと際限なく、その欲求は満たされません。だからこそこの消費社会は、成り立っているのです。

確かに私たちが、この世界で生きていくには、モノは必要不可欠です。しかし満足を知らない人間の欲求は、止めどもなく人間の理性までも破壊します。

モノ自体が悪いのではなく、自然の美や芸術作品などの質の高さの故に評価されるモノも多くあります。

大切なことは、モノにアイデンティティを求めるのではなく、モノに感謝して大切に扱うことです。日本は昔から「八百万《やおよろず》の神」として、全てのモノに神が宿り、命あるいは魂があると信じられてきました。

モノの本質は、原子核の集合体で、そのエネルギーや波動は、エクサピーコとして科学的にも証明されています。

思考にとらわれた幻想の世界に生きている私たちは、もはや生命体を生き生きしたものとして感じられなくなっています。その意味で現実世界に生きているのではなく、仮想現実のバーチャル世界で夢を見ている状態に等しいのです。

人は一つのことだけしか集中できません。考えることと感じることは、同時にできないのです。また視覚や聴覚、触覚などの五感といわれる感覚も、同時に感じることはできません。

同時にやれているように感じられるのは、錯覚で、思考の作用によって瞬間、瞬間を繋げているか、瞬時に切り替えているだけなのです。その意味で人間は、マルチにはできていません。

それは時間が存在しないということからもわかります。過去と未来は存在せず、私たち人間は、この瞬間である「今ここ」が全てなのです。

つまり今この瞬間の連続の中で生かされています。たとえていうなら一枚一枚の写真や絵を脳が勝手にコマ送りして、それをあたかも映画を見ているように感じているのです。

言葉は全て方便で、どの言葉も方向性は示せても、真実そのモノを表現することはできません。私たちの人生は、その瞬間しかないので、その瞬間に起きることは、一つだけであることからも、マルチはあり得ないことがわかります。

人がモノにアイデンティティを求めると、自分を見失うことになり、自ら苦しみを作り出すことになります。またモノへの執着や強迫観念が生まれ、あるがままである今ここの真実を見失うことになります。

これは集団的意識による機能不全で、歴史的に見ても人間は、様々な問題を作り出し、尊い犠牲を払ってきました。

今この瞬間にある「今ここ」パワーで、その思考が作り出す幻想を乗り越えるしかありません。その時、音楽が、その手助けをしてくれます。

今ここにある音楽と共にあることで、思考から離れることができます。音楽の力を使って「今ここ」に全てを集中させるのです。だから昔から音楽は、多くの人々の心の中に入り込み、人に助ける力を与え、癒し続けてきました。

音楽は連続的な音の羅列ではなく、今この瞬間にしかない音か沈黙の繋がりのない断片の世界です。音のある瞬間、あるいは音のない沈黙の瞬間を感じ取り、「今ここ」にあることが大切です。

## ♪ 教会カンタータ「我が友に留まれ、早や夕べとなれば」BWV六

一七二五年の復活祭第二祝日用にライプツィヒにて初演されたカンタータです。全体で六曲構成となっており、三曲目と六曲目にコラールが配置されています。歌詞は、ルカ福音書二十四章です。

第一曲の合唱曲は、詩情豊かで荘厳な音楽であり、緩急緩の三部によって成り立っています。第二曲は、アルトによるアリアで、冒頭曲と比較して和んだ雰囲気を持った曲です。

第三曲は、チェロとピッコロのオブリガートを伴うソプラノによる合唱コラールです。このコラールは、シュプラー・コラール「ああ我らと共に留まり給え、主イエス・キリスト」ＢＷＶ六四九にも編曲されています。

第四曲は、暗く沈んだバスによる短いレシタティーヴォです。第五曲のテノールのアリアで、ソ、レ、シ、ファシャープの典型的な十字架の音型が弦楽と歌に絶え間なく現れます。

第六曲は、ルターによるコラール「主よ、我らを汝の御言葉に留めたまえ」です。簡素ながらも光と希望の象徴としてのイエスに対して救いを嘆願する内容で全曲を閉じます。

## アイデンティティを超えた音楽

音楽を指導する音楽療法士として、ある盲目の青年のいる障害者福祉施設で仕事をしていたことがあります。その青年は二十歳代の全盲の男性で、同じ音楽仲間として、よく話をする仲でした。

彼の普段の生活は、身の周りのこと以外は、支援員の援助が必要な状態でした。彼はいつも暇さえあればギターや沖縄の三線を片手に一人で歌いながら弾いていました。

ある日彼が、ベートーヴェンの「エリーゼのために」をピアノで弾いてみたいというので、私がその手ほどきをすることになりました。

普段、私がピアノで初めての曲を練習する時は、楽譜を元に片手ずつ音を取っていきます。しかし彼は、盲目なので楽譜から音を取ることはできません。聴覚と手の感覚だけが頼りなのです。

彼のような盲目の人たちのために点字楽譜はありますが、全ての楽曲に対してあるのでもなく、また簡単に手に入るものでもありません。

私が楽譜を見ながら片手ずつ弾く音を真似していきます。小節毎に区切った部分を、何度も繰り返しながら練習します。

彼の聴覚は素晴らしく、一度か二度、弾いて見せるだけで、ほとんど間違えずに音を取ることができました。楽譜を見ながら弾いている私のほうが、たどたどしい時もあるくらいでした。

その時、私は楽譜を通して思考を使いながら弾いていたのです。彼は感覚を使い、ダイレクトに音を捉え、即座に反応し、音を再現していたのです。

彼は聴覚のみを使っているので、私が弾くミスなどを即座に捉え、感覚的におかしな音は、すぐに指摘し、私は恥ずかしい思いをするくらいでした。その一連の過程で私は、大きな気づきを得ることができました。

私は思考を使って音楽をやっており、その時、私の音楽は「今ここ」にありませんでした。音楽は私の思考の中に、幻想の中にあったのです。

しかし彼の音楽は、感覚を使ってしっかり今この瞬間にありました。その分だけ音とダイレクトに繋がっているので、弾くタイミングや音楽作りも一瞬で起こり、ミスなどほとんどないのです。たとえミスしたとしても一瞬で対処できるのです。

今に在る音楽と思考の中の音楽の違いは、聴く人にも伝わり、感動の差が生じることになります。本当に人の心を捉える音楽は、聴く人と奏でる人が音楽で繋がり一体になることです。

そこにはもはや音楽を媒介として、与える者と受ける者との関係を超えた、ただ音楽だけが、その瞬間にある状態だといえます。

私たちは障害者を健常者と比べて劣った人と捉えがちです。しかし本当は健常者と障害者を分ける境界線などなく、人間が作り出した概念でしかありません。その部分だけを取り出してできるできないの線引きをして、人が勝手に決め付けているだけなのです。

人は一人ひとり違います。同じ人などこの世界には存在しません。まさに「みんな違ってみんない い」なのです。その意味で人に障害などというものはなく、その障害に見える特徴は、その人の個性なのです。

この世界で全ての生命体が平和に生きていくには愛が必要です。愛とは全てが一つの命であり、繋がっていることに気づき、他者の中に自分と同じ一つ命あるいは魂の繋がりを見出すことです。

それは全ての生命体が一つで繋がっているという気づきでもあります。人は人間という状態であり、鳥は鳥という状態であり、全ては同じ命で繋がっています。私たちは一つの命を状態の違いはあれ、共有する存在なのです。

愛の反意語は、恐れであるといえます。恐れは思考あるいはエゴが作り出す感情による機能不全です。

マスコミやモノを売りつける側の人間は、この恐怖の感情を無意識のうちに人々に植え付け、巧みに人の心を操り洗脳しています。普段、私たちは、その洗脳さえも気づくことはできません。だからこそ洗脳されているのです。

思考が作り出す機能不全を、思考で捉えている限り、思考は思考を超えることはできません。思考を超えて目覚めるには、今この瞬間に意識を向け、客観的に観察することです。

音楽においても思考を超えて今に在ることができると、とてつもないエネルギーが生まれます。それは音楽とのダイレクトな繋がりであり、音楽の力を感じることができる瞬間でもあります。

盲目の彼の音楽は、まるで光が内側から輝き出しているように明るかったのです。人には様々な個性があります。大いなる存在である宇宙あるいは神は、私たちに様々な能力を分け与えられています。それが個性であり、優劣や善悪などありません。

そのことに気づくことが意識の進化であり目覚めになるのです。人生は意識の進化に最も役に立つ経験を与えてくれます。苦しみだけが目覚めや悟りの入口ではありません。

全ての事象が必然であり、その人にとって必要な経験です。なぜそのことがわかるのでしょうか。それは今この瞬間に起きていることであり、人生は「今ここ」にしかあり得ないからです。

自分の能力に優越感を持ったり、人の才能を羨んだりするのは、間違っているのでしょうか？　それは思考が作り出すアイデンティティであり、思考に良いも悪いもありません。ただエゴであり無意識であり、全てはシナリオ通り、全自動で起きているのです。

その思考を自身の意識を使って俯瞰して見ることで、ただその思考を放置し手放すだけで、思考から離れ、エゴを克服することができます。その時あまり思考を深刻に捉えないほうがいいかもしれません。

この世には時間などなく、時間的な感覚や感情は、思考が作り出す幻想です。その真実に気づいたら、こんな簡単なことに気づかず、長年、思考に支配されていたことを心の底から笑えるようになるでしょう。

思考が作り出す集団的機能不全は、個人の仕業ではありません。エゴを自分自身だと誤解し、時には自分を自分で罰したりするなど、人間は時として自分を見失うことがあります。その時に音楽の力を使って、今に在ることができたら、どんなに楽に生きることができるでしょうか。

## ♪ トッカータとフーガ「ドリア調」BWV五三八

このオルガン独奏曲の作曲年代は、ヴァイマール時代一七一七年から一七二三年の間だとされています。

「ドリア調」の愛称は、実際はニ短調であるにもかかわらず、調号なしで記譜されているため、教会旋法ドリア旋法の曲と混同されたことに由来しています。

またポピュラーな「トッカータとフーガニ短調ＢＷＶ五六五」と区別するために、現在では慣習的に「ドリア調」と呼ばれています。均整の取れた緻密な傑作です。

このトッカータが古いトッカータの概念から受け継がれているのは、主題の器楽的音型により、イタリア合奏協奏曲様式で作り上げられています。

トッカータ楽章は、多声の模倣様式により、開始からの十六分音符の動きが終始一貫して楽章の終わりまで現れます。これが異なる声部に受け渡されるため、コンチェルト様式の印象さえ醸し出しています。

フーガ楽章は、全体を通して緊張感が解かれることは決してありません。一オクターブ間隔で一小節ずつずれる同一音程によるストレッタが四回現れ、緊張の凝縮が引き起こされています。

シンコペーションや四度上の跳躍といった特徴を持ち、教会旋法の主題が含まれます。フーガ主題がトッカータ冒頭部の旋律線最高音から導き出され、両者は内面的にも密接な関連性を持って展開されます。

最終四小節において、アンティフォナ風の和音が現れて圧巻の締めくくりとなるまで、厳格対位法によるフーガの展開が続けられています。二百二十二小節にも及ぶ長大なフーガは、緊張の弛緩は認められず、四回現れるストレッタによって緊張感は、フーガ終結までさらに高められます。

バッハは一七三二年九月に、この作品をカッセルの新オルガン披露演奏会で演奏したと伝えられています。

## 所有の概念と音楽

「私の何々」の言い回しは、物質的な所有を表現します。目に見える全てのモノは、地球上の物質から成り立っています。私たち人間も分子レベルで考えると、地球上の物質から成り立っているモノと同じです。

それは人工的に作られたモノであろうと、自然にあるモノであろうと、全て地球にある物質からできており、全てのモノは、分子あるいは原子から成り立っています。

分子は原子の結合体で、原子は原子核と電子から成り立っているエネルギー、あるいは波動であるといえます。

その原子の膨大なとてつもない数の組み合わせ、あるいは集合からモノは成り立っています。目に見えないミクロの世界では、人間の叡智を遥かに超えた奇跡的な現象が絶えず起きています。

人は全ての事象を科学的に説明しようとしますが、思考のレベルでこの世界や宇宙の事象を全て説明することはできません。微細なミクロや巨大なマクロの世界の秩序や調和を、思考で捉えることはできないのです。

この世界の現象、物質的な外的世界も、人間の目に見えない内面の精神世界を科学で説明できるのは、ほんの僅かです。この世界の事象は、科学で説明できないことのほうが多いのです。

人間の物質的な所有は、私たちに一時的な満足感を与えてくれます。しかし所有の概念は全くナンセンスです。

人は家や車、土地などの所有物に自分のアイデンティティを見出そうとします。しかし全てのモノが地球上の分子あるいは原子からできている以上、本当の意味で所有することは不可能です。

アメリカの先住民は、土地は与えられたモノであり、所有の概念がありませんでした。しかし西洋人の入植により土地所有の概念が持ち込まれました。

どんなモノでも自分のモノだと考えていても、全ては地球上の物質で成り立っており、厳密には所有ではなく、地球からの預かりモノだともいえます。

日本人は昔から「八百万の神」として、モノには神あるいは生命が宿り、モノに感謝して大切に使う習慣がありました。物質社会の豊満な現代では、忘れ去られた感覚かもしれません。

もちろん生きていく上でモノは必要です。しかし物質に自分のアイデンティティの強化を求めるのではなく、地球からの恵みに感謝して大事に使うべきです。

それは同じ物質である人間の肉体、さらにいえば全ての生命体も宇宙からの恵みであり、完璧な調和によって生かされているのです。それはまさに奇跡の確立であり、生かされている私たちの生命に感謝することが大切です。

「今、命があなたを生きている」という東本願寺の言葉があります。人間の命は所有物ではなく、預かりモノとして生命を大切にすることの大切さを伝えています。それと同時に人は、何一つコントロールできず、生きているのではなく、生かされていることも意味しています。

私たちは心臓の鼓動、あるいは内臓のはたらきなど自分の思い通りにコントロールできません。元々コントロールできないものを、コントロールしようとするので苦しみが生まれるのです。

起きることが起きているだけです。全ては調和と循環で成り立っています。全てをあるがままに、あるいは天命といえる流れに任せて、抵抗せずに手放すことが大切です。

愛とは感謝と赦しともいえます。赦すとは抵抗せずに全てをあるがままに受け入れることです。愛があるところに苦しみや恐れは存在しません。愛の反意語は恐れといえます。

人は多くを所有すればするほど、自分は豊かになると妄想を抱きます。エゴは他との比較から成り立っています。

自我は他からどう見られるかで、自分の価値を決めています。実際に豊かであるか、そうでないかは関係ありません。

ある人は、高級車や豪邸に住むことで自分のアイデンティティを高めることができるかもしれません。またある人は、粗末な家に住み富を手放し、スピリチュアルな自我の妄想によりアイデンティティを確立するかもしれません。

しかし、どちらも同じ思考が作り出すアイデンティティの強化に他なりません。だから思考が作り出すエゴにとっては、裕福か貧困や幸か不幸、善か悪などの二元的な相対性は、全く関係なく、ただ物質的に自分が何者であるか定義できればそれでいいのです。

所有の概念から抜け出し、大いなる存在、あるいはワンネスである一つ命に繋がるためには、音楽のパワーが助けになるかもしれません。

モノに自分を同一化せずに、音楽と共に今に在ることができれば、自ずとモノへの執着は消えます。ただ単に音楽に意識を向けるだけで、自然に物質的な執着はなくなります。

静かな湖で石を投げると波紋が広がります。その波を消そうとして慌てれば慌てるほど、ますます、波紋は大きくなります。しかし放置すると波紋は自然に消えてなくなります。

それと同じでエゴイスティックな思考も、手放して放置することで思考から離れることができます。刺激に対してすぐに反応するのではなく、刺激と反応の間にスペースを取ることが大切です。

苦しみや不安、恐れ、怒りなどの思考が作り出すネガティブな感情が湧いてきたら、音楽を使って刺激と反応の間にスペースを置きましょう。

音楽と共に今に在ることで、執着に気づいている意識が、自分の本質であるということに気づくことができます。それが目覚めや悟りへの入口なのです。

## ♪ 無伴奏ヴァイオリン・パルティータ第三番　ホ長調BWV一〇〇六

この曲は「六つの無伴奏ヴァイオリン・ソナタBWV一〇〇一からBWV一〇〇六」（前述二六ページ）の第六曲目にあたり、明るく華麗な曲風です。

前奏曲はカンタータBWV二九のシンフォニアに転用され、バッハ自身によるリュートのための編曲作品も残しています。ラフマニノフによってピアノ用に編曲されています。プレリュード、ルアー、ロンドによるガヴォット、メヌエット一、メヌエット二、ブレー、ジグーの全七曲です。

## 身体の同一化と内なる声

人間の身体は、地球上の物質である分子あるいは原子が膨大な確率で集合したモノであるともいえます。人は「私の身体」というように、モノである自身の身体にアイデンティティを求めます。人は幼い頃から男性か女性かという性別に、身体の自己同一化が促されます。そしてそれが社会の役割として演じられていきます。

もちろん思考が作り出す役割と自分の性別との間にギャップを感じられる人もいるでしょう。そういう人は、思考が作り出す苦しみによって、思考を超えた悟りや目覚めに至りやすいかもしれません。

文明社会では他人と比較して美しいか醜いか、あるいは強いか弱いかなど相対的に捉え、自意識に大きな影響を及ぼしています。多くの人の自尊心は、身体的な特徴である容姿や器量、気質などと強く結び付いています。

自分の身体へのイメージと身体の現実がかけ離れている場合、様々な問題を生み出します。それほど太っていない女性が極端なダイエットに走ったり、拒食症になったりする状態です。男性では筋肉を付けるためにプロテインの過剰摂取やドーピングなどになる人です。

どれも思考が作り出す自分の身体へのイメージが原因になっています。身体が発するメッセージをきちんと感じ取りさえすれば問題は起きないでしょう。

また誰でも老化により外見的な容姿や肉体的な能力は、必ず衰えていきます。仏教の「諸行無常」の言葉の通り、全てのモノは時と共に変化し衰退します。

目に見える形あるモノは、一時的な状態で、結局は時間と共に滅びる運命なのです。しかし救いは全てのモノは、消滅するだけではありません。新しく再生されます。

時と共に絶えず物質世界では滅びても、新しく誕生するのです。全てのモノは循環しています。その意味で時間が経過しているように感じるのは、思考が作り出す幻想であり、時間とは変化そのものであるといえます。

自分の身体に思考によるアイデンティティを求める限り、苦しみを味わうことになります。心は体の変化に抵抗し、アイデンティティの危機にさらされるからです。

全てのモノは、変化し移ろい行くものであることを悟り、抵抗せずに受け入れることができれば、その苦しみからも解放されます。

思考が作り出すアイデンティティにポジティブもネガティブも関係ありません。心のベクトルの針がプラス方向へ、あるいはマイナス方向へ触れるだけで、どちらも思考には変わりありません。

たとえ美しくても醜くても、強靭でも虚弱でも自我にとって自己イメージが確立できれば、ポジティブもネガティブもどちらでもいいのです。

自分の身体にアイデンティティを求めず、身体が発する声に耳を傾けることが大切です。そうすることで正しい食生活や運動によって、身体の状態を改善し再生することができます。

身体を自己同一化しなければ、たとえ身体能力や容姿が老化や衰退によって失われたとしても、自分の本質を見失うことはありません。それより増して身体が衰えれば、外見的に思考がとらわれていた分、それまで気づくことができなかった自分の本質に目を向けることができるようになります。

それは思考が捉える客体化した表面的な特徴ではありません。無意識ではなく意識の光で自分の本質を照らし出すのです。

人間の強欲は底知れず思考によるエゴは、より強力なアイデンティティを求め自身の身体だけでなく、様々な形あるモノに執着します。その時に「今」にあり、いつでもない「ここ」にあることができれば、思考の入る余地はなく、身体の声に冷静に耳を傾けることができるようになるのです。

今ここにあることができれば、音楽の存在を意識し、音楽の本質に耳を傾けることができるようになるのです。

## ♪ オルガン小曲集「おお人よ、汝の罪の大いなるを嘆け」BWV六二二

オルガン小曲集は、バッハにより一冊の楽譜にまとめられた自筆譜が存在します。バッハは一六四

のコラール名と五線譜を記しましたが、実際には四十六曲と一曲の断片のみで中断されています。完成されたのは四十六曲だけです。作曲は一七一七年秋に着手されたと考えられます。

第一曲BWV五九九から第四曲BWV六〇二は、待降節。第五曲BWV六〇三から第十四曲BWV六一二は、降誕節（クリスマス）。

第十五曲BWV六一三から第十九曲BWV六一七は、年末と新年。第二十曲BWV六一八から第二十六曲BWV六二四は、受難節。第二十七曲BWV六二五から第三十二曲BWV六三〇は、復活祭。

第三十三曲BWV六三一から第三十六曲BWV六三四は、聖霊降臨祭。第三十七曲BWV六三五と第三十八曲BWV六三六は、教理問答。第三十九曲BWV六三七と第四十曲BWV六三八は、告白と回心。

第四十一曲BWV六三九は、品行と体験。第四十二曲BWV六四〇から第四十四曲BWV六四二は、苦難。第四十五曲BWV六四三は、死と埋葬。第四十六曲BWV六四四は、永遠の生命のコラールです。

この第二十四曲BWV六二二は、受難のコラールで、オルガン小曲集の中で最もポピュラーな装飾コラールとなっています。

音楽形式としては、バール形式によって三つのフレーズが二回繰り返される分詩節と、六つのフレーズの後節による十二のフレーズから構成されています。原詩は、二十四節からなる長大の数の節を持ち、節の数からいうと讃美歌史上最大の節数を持つ讃美歌です。

作詞はS・ハイデンの宗教詩に基づいており、感嘆詞で始まるこの宗教詩は、聖金曜日の十字架の道行きの時に、悲しみ嘆いて止まない女たちに向かって、キリストが語った言葉に触発されて作詞されました。

コラール作曲者は、M・グライターで、一五二五年にシュトラスブールで出版された讃美歌集に、詩編三十六編のドイツ語訳「罪は悪者の心の中に語りかける」のためにこの旋律を付けました。

この讃美歌の旋律は、J・カルヴァンが詩編三十六編を模倣したフランス語の詩編歌にも用いられています。

バッハは、この装飾技法をコラールに関する深い内面的な瞑想にまで精神化しています。イメージが目に見える音画となって現れ、詩節の最後で初めて表現が具体的になっています。

## 内なる身体で音楽を感じる

自分の身体へのアイデンティティは、エゴである自我への気づきで乗り越えることができます。意識を物質的な身体ではなく、自分の内面にある意識に向けるのです。身体が発する様々な声、内側から感じられる生命感に意識を集中させるのです。

呼吸を意識するだけでも内なる身体への気づきは得られます。目を閉じて呼気と吸気に全神経を集中させます。自分の気道を空気が通るのを感じることができます。数えたり頭で考えたりするのではなく、ただ感じるだけでいいのです。

普段の生活で私たちは、呼吸を意識することはありません。呼吸は、心臓の鼓動と同様に無意識で起きています。

起きることしか起きません。人間には自由意志などなく全ては全自動です。それは自我やエゴといった思考が作り出す分離感からくる個人がないことも意味しています。「私はいないのです」まさに無我の状態です。

人間は、一つのことにしか集中できません。二つのことを同時にはできないのです。たとえマルチにできるように感じても、それは一つの事象を瞬時に切り替えているだけなのです。

なぜ一つのことしかできないのでしょうか。それは全ての事象は、今この瞬間にしかなく、時間が流れているように感じられるのは、人間が作り出した概念であり幻想だからです。そしてこの瞬間の事実は一つであり、絶対的な一つのことだけしか起きていないのです。

なぜ人は、わかり合えないのでしょうか。事実は一つですが、思考による解釈は人それぞれです。人の数だけ考え方も違うのです。このわかり合えないことが人間社会に様々な問題を生んできました。

今度は目を閉じて自分の両手の中に生命感を感じてみましょう。全神経を両手に集中させるのです。無心になり意識を手に向け、ただ感じるだけでいいのです。

そうするとその時に自分の源泉である生命あるいは魂は、そこにあることに気づくことができます。

ただ意識を自分の身体の内側に向けさえすればいいのです。

それができるようになると両足や腕、腿、腹、胸など身体の各部分へ広げていきます。そうすると今度は、自分の身体のどこでも生命のエネルギーを感じることができるようになります。

瞑想、マインドフルネスとは思考から離れて、自分の身体を感じることです。内なる身体を感じることによって自分の本質である大いなる存在や生命、魂、宇宙に繋がることができます。

それは自分の身体と自分の本質を同一化していない状態です。身体にアイデンティティを見出さない時に、本当の自分は現れます。

身体への気づきは、今この瞬間に自身のアイデンティティの本質に繋がるだけでなく、形のない大いなる存在に繋がることができます。

音楽のパワーを得るには、今この瞬間に音楽のみに集中することが大切です。ＢＧＭやヒーリング、ニューエイジと呼ばれる環境音楽は、聴くことを目的としておらず、意識されない音楽です。

意識されないということは、存在しないことと同じです。人間は一つのことだけしか集中できません。感じながら考えることも、思考しながら感覚を使うこともできないのです。

また人間は、同じことを持続させることは難しいのです。時間は継続しておらず、私たちの生きている世界は、一瞬一瞬の断片だからです。

時間が継続し流れているように感じられるのは、脳の働きによるもので思考が作り出した概念で幻想だからです。

環境音楽の中で何かをすることは、無意識に思考と感覚が瞬時に入れ替わっている状態だといえます。思考のみを使っている時や感覚だけ使っている時に比べると、集中が続いていない分だけ楽かもしれません。しかし音楽のエネルギーを最大限に感じることはできません。

音楽のパワーを最大限に引き出すには、自分の内なる身体を感じるように、大いなる存在に意識を向け、耳を澄ませ体の感覚を使って音楽のエネルギーである波動を感じるのです。

音と音との間の無の状態、つまり沈黙を感じることができます。音楽は波動です。聴覚のみでなく、体で音楽の振動を感じるのです。

聾啞者《ろうあしゃ》は、聴覚ではなく、音楽の振動を直接、体感覚を使って自分の身体で感じています。身体全体で音楽を感じることができるようになると、音楽の真の深みやエネルギーを最大限に感じることができるようになります。

## ♪ シンフォニア第一番　ハ長調BWV七八七

三声のインヴェンション（前述二二ページ）として「シンフォニア」と表記され、二声のインヴェンションとセットで曲集に含まれます。

第一番、ハ長調、四分の四拍子は、伸びやかに上昇する音階主題が現れます。基本的に流れるような十六分音符の順次進行によって構成されており、バッハが序文で記したカンタービレ奏法の習得に適しています。

この音階による主題は、様々な調や反行形で現れ、組み合わされ、うねりを作り出します。これによって明確な段落形成が避けられており、展開と構成が入り組んだ古風な書法となっています。四つの主題提示部として第一提示部（第一小節から）と、第二提示部（第八小節から）の前半部と、第三提示部（第十二小節から）と、第四提示部（第十六小節から）の後半部に区切ることができます。

## 思考を超えた音楽の安らぎ

私たちは生きている限り日々、様々な経験をします。幸福に感じられることだけでなく、苦しみを味わうことも多々あります。

モノの喪失や身近な人の死、社会的地位や名声、富の喪失、健康や身体能力の欠如など目に見える物質的な喪失感は、人間を苦しみに追いやります。

このような人生の限界的な状況は、「何もない」という気づきを与えてくれます。聖書の創世期第一章では「神は無から全てを創造された」といっています。全ては無で、無から全てが始まりました。無だけでは、それが何者か判別できません。対象があるから無が無ではなくなります。

ただ起きることが起きているだけで、そこには幸も不幸も、正義も悪も、楽しみも苦しみも、喜びも悲しみも何もないことに気づきます。相対的でない絶対的な非二元の世界なのです。

では私たちが感じている不安や恐れ、苦しみは一体何なのでしょうか？　それは自我から勝手に湧いてくる感情で、思考が作り出す幻想ともいえます。

起きていることに意味や価値はなく、意味付けや価値付けをしているのは、私たち人間の思考でありエゴなのです。

人はモノにアイデンティティを求め、自分を目に見えるモノに同一化しています。それは車や家など明らかに物質と呼ばれるモノだけでなく、命である全ての生命体、地位や名誉、権力、富など外の世界の全てです。

人はそれがなくなった時に苦痛を味わうのです。苦痛という言葉の通り苦しみは、その人の痛みとなります。苦痛は思考が作り出す感情による心の痛みなのです。

しかし、その外面的なモノと内面的な自分の本質は、何の繋がりもありません。エゴが同一視しているだけなのです。人は外の世界の事象を個人のこととして捉える傾向にあります。起きている事実と自分は、何の関係もないのです。

そこには自分という主体もなく、あるのは今ここの現実である真実だけです。事実は一つであっても、捉え方は千差万別です。人の数だけ考え方が違い、各々の思考があるのです。世の中に同じ解釈をする人はいません。それが個性であり十人十色なのです。

自分だけが正しいとする正義感が衝突した時に争いは起こります。それは小さな小競り合いから戦争に至るまで、思考が作り出すシステムは変わりません。

このようなエゴともいえる思考の構造は、それが思考であることに気づけばエゴも崩壊します。人は自分が同一化していた形や自己意識を、与えてくれていたモノがなくなるとエゴも自然に消えます。苦しみから逃れるために思考や感情をどうにかしようとしてもコントロールなどできません。ただ気づき意識を意識して、放置するだけでいいのです。

自分を俯瞰して見ることも大切です。もがけばもがくほど、エゴは強固になります。思考や感情は、勝手に湧いて出てくるものです。人間には自由意志はなく、全ては全自動であることに気づけば苦痛は収まります。

自分の内側にある意識そのものが自分のアイデンティティであり、そのことに気づくことが心の平安であり真の安らぎなのです。

大きな苦痛や喪失を経験した人だけが、目覚めたり悟ったりするわけではありません。人は人生の状況の中で、自分の不幸を他人や自分以外の何かのせいにする他責や被害者意識を作り出します。

この思考の構造が怒りや妬み、恨み辛みなどの負の感情を呼び起こします。それがまたエゴを強固し新しいエゴの形になるのです。そうなると人は、この難攻不落のエゴに抵抗するか屈服するか道はありません。

あるがままを受け入れ、降参して明け渡し手放すことが必要で、つまりサレンダーが苦しみを消し去ります。感謝と赦しが心の平安への橋渡しです。

赦すとは全てをあるがままに、抵抗せず受け入れることであり、それは意識の新しい次元上昇が可能となります。

この世は全てが調和で成り立っています。エゴは心のアンバランスで、超バランスであるこの世界や宇宙の調和と循環を阻害します。

思考から離れて「今ここ」にありましょう。身体に感じる音楽を使って、今この瞬間に集中するのです。そこに自分の本質と心の安らぎが現れるでしょう。

神にある心の平安を最も簡単に体現したいなら、バッハの「マタイ受難曲」をお勧めします。この曲は西洋芸術音楽史上、最も優れた作品として後世に受け継がれてきました。

この曲を思考を超えて感じることができれば、即座にバッハの神秘的で宇宙的な神の領域の世界に入り込むことができるでしょう。

## ♪ マタイ受難曲BWV二四四

バッハの作品中だけでなくクラシック音楽において最高峰に挙げられます。マタイ福音書二十六章、二十七章のキリストの受難を題材にし、聖書の言葉である聖句、伴奏付きレチタティーヴォ、アリア、コラールによって構成されています。

台本C・F・ピカンダーにより、正式名称は「福音史家聖マタイによる我らの主イェス・キリストの受難」となっています。

この曲は二作あったとされますが、「二作目は合唱が二組に分けて配置される」という記述の目録があるので、現在伝わっているのは、二作目あるいは何らかの改作後であることがわかります。

バッハの受難曲は、この他「ヨハネ受難曲BWV二四五」「ルカ受難曲BWV二四六」「マルコ受難曲BWV二四七」の計四つあります。「ルカ受難曲」は、バッハの真作と見なされておらず、「マルコ受難曲」は台本のみが現存し、他は消失しています。

一七二七年四月十一日、ライプツィヒ聖トーマス教会において初演されました。その後、改訂が加えられ、一七三六年に最終稿が完成しています。

バッハの死後、長く忘れ去られていましたが、一八二九年三月十一日、F・メンデルスゾーンによって復活演奏が成され、バッハの再評価に繋がりました。

バッハ時代、女性が教会内で歌唱することはなく、全ての声部は、ボーイソプラノをはじめとする男性によって歌われました。現代の演奏では女声を使用する場合、ソプラノ・リピエーノのみをボーイソプラノとして劇的な演奏効果を狙うことが多くなっています。

大きく二部六十八曲から成っています。第一部は二十九曲でイエスの捕縛までを扱います。第二部は三十九曲でイエスの捕縛、ピラトの元での裁判、十字架への磔、刑死した後、その墓の封印までを扱っています。

聖書からの引用で福音史家は、テノール、イエスやピラト、ペテロ、ユダと大祭司カイアファなどは、バリトンあるいはバスで歌われ、物見の集団は合唱で歌われます。

弟子たちや一般の民衆等は、四声部の合唱で、イエスに敵意を抱く祭司や長老をはじめとする群衆は、八声部の二重合唱で歌われます。

群衆がイエスの言葉として「私は神の子である」を引用する瞬間、全声部がユニゾンとなります。また「二人の偽証者」を表現するのに、二声部のカノンが用いられています。

イエスが発言する時は、常に弦楽器の長い和音の伴奏が現れますが、これはキリストの後光を音楽的に表現したものとされています。

ハスラー作受難コラール「血潮したたる主の御頭」（第五十四曲）を中心主題としています。主要曲は以下の通りです。

第一曲、合唱。第三曲、合唱、コラール。第八曲、ソプラノ、アリア。第十曲、合唱、コラール。第三十二曲、合唱、コラール。第三十九曲、アルト、アリア。第四十曲、合唱、コラール。第四十六曲、合唱、コラール。第五十二曲、アルト、アリア。第五十四曲、合唱、コラール。第六十五曲、バス、アリア。第六十八曲、終結合唱、コラール。

# 幸せの本質

誰もが「幸せになりたい」と思いながら生きています。そもそも人は幸せになれるのでしょうか。「なる」とは、今までと違った状態に変わることです。

「幸せになりたい」とは、今は幸せでないということになります。「幸せになりたい」とは欠乏感からくるマインドであり、今に満足していない証拠でもあります。

では「幸せ」とは、一体どういう状態のことをいうのでしょうか？　幸せは考えることではなく感じることです。感じるとは、今この瞬間しかできません。つまり幸せは、今この瞬間にしかないのです。

人は幸せ探しをします。幸せは、探しても見つかることはありません。いつかは幸せになりたいと思っています。しかしいつかという未来は、永遠に来ないのです。いつを探しても見つけることはできません。

それは人生の全ては「今ここ」にしかないからです。過去も未来も頭が作り出す記憶、あるいは想像でしかなく、思考が作り出す幻想です。

私たちの人生は、今までもずっと「今」でしたし、これからもずっと「今」です。いつにいようと、いつに行こうと、立ち止まってみると「ここ」しかないのです。いつでもいつでも「今ここ」以外はあり得ないのです。

今この瞬間は、掴むことができません。今を捉えようとしても、その時点ですでに今ではありません。今この瞬間とは、現在と過去と未来が同時に存在するともいえます。

「今」とは時間ではなく、この世には時間はないと気づいた時に得られる感覚で、存在そのものです。「ここ」とは今いる場所や空間ではなく、これも存在そのものです。

時間が過去から現在、未来へと流れているように感じるのは、思考が作り出した幻想であり、人間が作り出した概念です。それをただ人は、時間の流れとして感じているだけなのです。だから時間は存在しないといえるのです。

幸せは今ここにしかありません。そのことに気づくと人は、いつでもいつにいても幸せになれるのです。そして全てのことが完璧に起きており、調和で成り立っていることに気づくことができます。それと同時に人は、生きているのではなく、生かされていることにも気づけます。何に生かされているのでしょうか。それを「大いなる存在」や「神」といって表現してきました。

幸せは未来にもいつにもないことに気づき、全てが完璧である「今ここ」に感謝することが幸せなのです。幸せとは思考ではなく感じることです。愛と喜び、心の平安が幸せを感じる状態なのです。

人生の目的は何でしょうか。目に見える物質世界で人は思考を使い、目的達成のために様々な行動を起こします。しかし人間の内的世界には、目的や目標はありません。あえていうなら生きていること自体が目的になります。つまり「今ここ」にあることが人生の目的なのです。

もしこの本を読んでいるなら、読んでいるその行為そのものが人生の目的になります。思考が作り上げる自分は、いつでも先走りします。

この本を読みながら別のことを考え、活字を追いながら次の瞬間に目が行きます。本自体が醸し出す「今ここ」である本質を感じるのではなく、思考と結び付いた別のモノに意識が行ってしまうのです。

人は愛を感じたいがために、愛の感覚を経験したいがために生きているともいえます。愛の反意語は、恐れであるといえます。愛の世界では恐れや不安はありません。

愛の勘違いは、よく見られます。それは愛と所有が混同されている状態です。相手を自分の所有の対象として扱い、思い通りにコントロールしようとしたり、見返りを期待したりします。もし自分の思い通りにならなければ、その愛は一瞬にして憎しみや妬みに取って代わってしまうでしょう。

愛とは無条件です。愛は赦しであり感謝であり、何かに取って代わるものではありません。愛は相対的でも二元的でもなく、絶対的な愛だけがそこにあるのです。

愛を感じるには、思考が作り出す分離感からではなく、全ては一つの生命であることに気づくことです。

仏教の「諸法無我」やワンネスの言葉が指し示す状態は、まさに愛そのものです。愛には私やあなたの区別はありません。個人という幻想はなく、無我であり、全ては一つで繋がっているのです。

人は幸せと同じように夢も追い求めます。しかし夢や希望も今の状況への欠乏感や不満足感からくるマインドです。夢を追い求めるのではなく、心の抵抗をなくし、今ここに感謝し心を込めて精一杯、今に生きるのです。

人生において何かを達成し、やらなければならないことは何一つありません。「ねばならない」「べきである」ことはないのです。頑張らなくても、探さなくても幸せは、自分の目の前にあるのです。全ては完璧であり調和しています。その中で生かされていることに気づき、あるがままに感謝して生きることが幸せなのです。

愛は感謝であり赦しでもあります。赦すとは抵抗せずに全てを受け入れることです。苦しみや恐れは心の抵抗であり、思考が作り出す感情からくる痛みに取って代わります。

苦しみや恐れを消そうと思っても消すことはできません。思考で思考は超えられないからです。怒りや苦しみ、恐れなどの負の感情が湧いてきたら、ただ気づいて放置するしか方法はありません。

気づきの意識こそが負の感情を乗り越える鍵となります。幸せを感じるために今ここにあることが、愛と喜び、心の平安になるのです。

## ♪ パッサカリアとフーガ　ハ短調BWV五八二

ヴァイマール時代以前の一七〇八年から一七一二年頃の作曲とみられています。バッハ自身ではなくアンドレアス・バッハの筆写譜で伝承されています。

この作品は二部構成で、前半のパッサカリアは、八小節の主題変奏を二十回繰り返します。パッサカリアの低音主題の前半は、フランスの作曲家アンドレ・レゾンの「第二旋法によるオルガン・ミサ」の五つの変奏によるパッサカリアの低音主題と同じになっています。

レゾンの主題は四小節ですが、バッハは八小節に拡張しました。パッサカリアの伝統に乗っ取り、アウフタクトで始まる四文の三拍子の主題をペダルに置いています。百六十八小節にわたる主題提示部と二十の変奏は、五変奏毎に四つの節に分けられます。

フーガ主題は、二つの対主題によって装飾されています。第一対主題は、ハンマーで叩くような八分音符動機から成り、第二対主題は、静かに波打つ十六分音符の流れからできています。

フーガは、終結に向かって絶え間なく増強されナポリ六和音の後、ゲネラルパウゼによる突然の中断の後、最後にハ長調に転じる壮大な終結部が現れます。主題を含まないコーダが現れ、最後の二小節は、アダージョで重々しく締めくくります。

## 第3章

# 思考の構造と音楽の本質

# 思考のパターン

多くの人は四六時中、思考を使い、頭の中は絶え間なく過去の記憶や未来の想像で占拠されている状態だといえます。つまりその思考から勝手に湧き出る感情の流れに支配されています。

まさに自分の心に取り付かれているのです。人は一日に一万回、二万回と思考しているともいわれています。

道端で絶え間なく独り言を言っている人を見て、違和感を覚える人も多いでしょう。しかし自分の思考や感情を口に出す人と、それを自分の心の中で言っている人に、どれだけの差があるのでしょうか。思考に支配され、感情の流れに自分を同一化している点では同じ状態だといえます。

人は思考の反復と、それに付随する感情の流れに、無意識のうちに自分を同一化しています。それが自我であり、エゴであるのです。しかし本当の私である自分の本質は、思考そのものではなく、思考を超えた意識の中にあります。自分の内面にある意識を使って、意識を意識するのです。

思考と自分自身は何の関係もなく、自分の本質は言葉では表せない、深さと奥行きがあることに気づくことが目覚めであり悟りなのです。

思考に支配されている限り、モノの本質を見ることはできません。思考は言葉によるレッテル張りで一般化され、そのモノが持つ深みまで見極めることはできません。言葉は全て方便であり、方向性は示せても、そのモノ自体をありのままに表現することはできません。

思考や感情の中身は人それぞれ違いますが、思考の構造はアイデンティティの強化である自己同一化と、自分と他者を分ける自己分離感による無意識の概念に他なりません。

「私の人生は悲惨で不満足だ」とか「もっともっと」と「私」が強固になり、過去への執着あるいは未来への不安など思考は、絶えず私たちを脅迫してきます。それを痛みとして感じ、それが自分の全てであると思い込んでいる状態は、思考に埋没しているともいえます。

この世界は完璧で、全てがすでに与えられていて、何の問題もないことに気づくと、心の平安が訪れ、思考から離れ、今ここにあることができます。起きることが起きているだけで、不安や苦しみ、問題は、自分が作り出している幻想であることに気づくことができます。

一歩外を出て大自然や動物たちの営みを見るだけでも、全てが完璧であり調和していることがわかります。それに気づくと、自然に自分が生かされていることに、全ての事象が愛で満たされ、感謝の感情が湧いてきます。

音楽において「美しい」とか「楽しい」とか「悲しい」など言葉で言い表した途端に、その音楽は客体化され、音楽の持つ深みまで感じ取ることはできなくなります。どういう音楽とか、優劣など思考による評価や判断、解釈は音楽の深みや輝きを減退させます。

「今ここ」には思考の入る余地はありません。今この瞬間に集中して音楽を感じ、評価や判断せず思考から離れた時に音楽の本質が見えてきて、音楽の大いなる存在を感じることができるのです。

## ♪イギリス組曲第二番　イ短調BWV八〇七

この組曲は全部で六曲から成り、それぞれ前奏曲、アルマンド、クーラント、サラバンド、メヌエット、ジグーなどの舞曲が六楽章構成になっています。

ケーテン時代一七一〇年代末頃に成立し、一七二五年までに推敲が終了しました。「第一組曲BWV八〇六」の初稿の成立時期は、ヴァイマール時代の一七一二年頃にまで遡ります。

クラヴィア曲集としては最初期の作品にあたります。自筆譜は、第三組曲第一曲第百八十一から百八十七小節の七小節のみしか残っていません。

名称の由来は諸説あり、ヨハン・クリスティアン・バッハの筆写譜の第一組曲の表題に「イギリス人のために作曲」の言葉があります。十八世紀末頃からそう呼ばれています。

作品はフランス人作曲家C・デュパール「クラヴサンのための六つの組曲」（一七〇一年）の影響を受けています。デュパールは、フランス風序曲を古典組曲であるクラヴィア組曲の導入楽章に組み込んだ先駆者の一人です。

巨大な導入楽章としてプレリュードを持ち、技巧的に困難でなく優雅なものが多いフランス組曲とは対照的に、求められる演奏技術が高く、長大な形式美を有しています。チェンバロなどの古楽器やピアノでも頻繁に演奏され、バッハ作品の演奏には標準的な演目になっています。

第二番、イ短調、第一楽章プレリュード、第二楽章アルマンド、第三楽章クーラント、第四楽章サラバンド、第五楽章ブレー一、第六楽章ブレー二、第七楽章ジグーになっています。

なおサラバンドには装飾を施したものが付け加えられており、通常は二つを並べるのではなく装飾を反復して演奏します。

## 自我による恐れと怒り

人は愛を経験したいがために生きているといえます。愛で満たされている世界には恐れはありません。自我は自己存在意義を強化するために恐れの感情を利用します。

他者や起きる事象に対して否定的な感情が湧いてきます。どれもエゴがアイデンティティを強化するために用いるパターンです。

この無意識の思考の罠は、勝手に湧いて出てくるものであり、自分ではコントロールできません。恐れから否定の感情が生まれ、さらに怒りへと発展します。やがて怒りの感情は、言葉や物理的な暴力となって発展します。

怒りは「第二の感情」といわれ、その根底には恐れや不安、不満などの負の感情が隠れています。否定する感情は、大きなエネルギーを持っています。

そのエネルギーは、苦しみを作り出します。被害者意識や欠乏感、不満足感も同じエゴから発せられる感情で、それはいずれ苦痛に取って代わります。

エゴは自分と他者を分離し、相手を否定することで優越感を抱き、ますますエゴは自己を強化します。また自我は他人のいい加減さや不誠実さ、過去の行動や言動を見過ごさず執着します。

相手の無意識への反応は、自身の中に潜む自我への無意識の反応であり、相手を通して自分自身を見ています。つまり相手は自分の鏡であり、この世界は自分の心の反映であることがわかります。

人は自分でストーリーを作り上げ、その中で生きています。それは思考が作り出す幻想の中で夢を見ている状態に等しく、この世界は仮想現実であるともいえます。

もしかしたら私が見ている相手の過去は、本当は誤解であり、ありもしない思い込みだったかもしれません。自分が正しくて相手が間違っているという思い込みの思考は、自分の心の投影に過ぎず、その正義感は様々な対立を生み出します。

人間の負の歴史は、個々の集まりである集団的意識が作り上げる正義感同士の衝突であり、自分が正しくて、相手が間違っているという否定の感情から生まれます。否定しなければ対立はなくなり、相手の存在を尊重することで心の平安が訪れます。

また相手の思考に反応しないことこそ、自分のエゴを見抜き思考を超えることに繋がります。つまり集団的意識の機能不全は、個人のエゴを解体することで解消されます。

相手の行動に反応しないでいられるのは、それがエゴから出てきたことを認識することです。どのような行動も個人的なものではなく、思考から勝手に出てきた事象です。その時、まさに「思考は現実化する」のです。

この言葉の意味は、自分の意思で行動を起こし、自分の望みを引き寄せるように捉えられています。しかし思考による感情は自動的であり、人には自由意志がなく、何一つコントロールできないことがわかると、全てがあるがままであることに気づけます。

起きることが起きているだけだと気づけば、相手の行動や言動にいちいち反応しなくなります。思考に反応するのではなく、今ここにあることで思考の入る余地はなくなり、無意識ではなく意識を意識することができるようになります。

そうすると刺激と反応の間に、しっかりとスペースを置いて冷静な対応ができるようになります。反応しないことは赦すことです。赦すとは、ありのままに全てを受け入れて抵抗しないことです。時には諦めることも必要かもしれません。諦めるとは弱さではなく、事実を明らかに見ることです。

自我は他人だけでなく起きる事象にも反応して、恐れや怒りの感情が湧いてきます。思考は今この瞬間を敵に回し、過去や未来にフォーカスします。

「もしも」や「こうすべき」、「ねばならない」と思考は、絶えず自分に問い掛けます。しかし全ては必然で、ただ起きることが起きているだけなのです。

そこには事実があるだけで幸も不幸も、喜びも悲しみも、楽しみも苦しみも何もありません。私たちが何かがあるように感じるのは思考のパターンなのです。

思考から湧いてくる感情は、勝手に出てくるもので、自分の意思ではどうにもできません。人は何一つコントロールなどできないのです。

そもそも人は分離感からくる自分という主体が存在しないので、自由意志などありません。自分はいつにもいないのです。あるのは意識あるいは生命、魂だけなのです。

様々な感情を生み出す思考の正体に気づけば、恐れや怒りから離れることができます。一旦湧き起った感情は、コントロールできませんが、意識の力を用いて、ただ観察するだけで感情は勝手に消え去ります。諦める、あるいは手放す、降参するだけでいいのです。

実際に気づいている私が自分の本質であり、その気づきによって恐れや怒り、苦しみから解放されるのです。

音楽があるところに、恐れや怒り、不安などの負の感情は存在できません。音楽はいつでもいつでも今この瞬間にあるからです。自分の意識を俯瞰して音楽に向け、音楽と共にあることで、恐れや苦しみの負の感情が愛で満たされ、喜びと心の安定に繋がることができるのです。

## ♪ 前奏曲とフーガ　ロ短調ＢＷＶ五四四

一七二七年から一七三一年の間に作曲されました。ヴァイマール時代の若い頃の原形に手を加えた作品という見方もあり、ドレスデンのオルガン演奏会で披露された可能性もあります。

四十六歳トーマス・カントールのバッハは、ドレスデン聖ゾフィア教会ジルバーマンオルガン（後に長男ヴィルヘルム・フリーデマンがオルガニストに就任）のために書かれたかもしれません。ロ短調は追悼音楽と同じ雰囲気を醸し出しており、荘厳で悲嘆に満ちた雰囲気を表現しました。また「ミサ曲ロ短調」や「マタイ受難曲」のように、アルトのアリアの叙情性と苦悩の性格を持っています。

前奏曲は八分の六拍子のコンチェルト様式で、長い幻想曲風のリトゥルネロ主題がフーガ風の挿入句と交替します。半音階的模続進行は、受難曲のアリアの叙情性と苦悩の性格を持っています。

フーガは四分の四拍子で三つの部分から成り、単純な音階で上行し、また下行する清澄なフーガ主題が奏されます。手鍵盤のみで奏される中間パッセージの後で、雲間からの一筋の光のように一つの新しい主題が上方から天の力のように現れます。

そして主題を大きな高まりの中で終結へ運んで行きます。つまり十六分休符をはさんだ特徴的な新主題が、上から降ってくると同時に全奏プレーノへと移行します。

## 心の反応と非二元性

過去への執着である恨み辛み、あるいは妬みは不満や怒りの感情に付随します。その感情は、エゴのアイデンティティの強化として勝手に湧いてきます。そして相手や今に在る状況を否定することで自己存在意義をますます強化します。

相手や状況を赦せないという思考は、いつも何かと対立しており、心が抵抗している状態です。この負の感情エネルギーは言動に表れ、敵を作ることで生き延びようとします。この感情は、さらに物理的な暴力に発展する可能性もあります。

思考から湧いてくる欠乏感や不満足感から、恨み辛み妬みを抱き続けているという心の反応の仕組みを見抜くことができると、このような負の感情は消えてなくなります。自分を俯瞰して客観的に捉えることができれば、もう思考の罠にはまることはありません。

過去への執着あるいは未来への不安を手放し、全ては完璧で調和しており、起きることが起きているるだけだと気づくと、人は心の平安を得ることができます。

過去の記憶による古い感情にとらわれ、ありもしない未来を想像し思い悩んでも、勝手に湧き起る感情をコントロールすることはできません。ただその思考の構造に気づき、ありのままにこだわりを手放すだけでいいのです。

不満や欠乏感は恐れや不安、劣等感など負の感情を助長しますが、同時に逆方向の優越感を与えることもあります。思考による分離の意識がエゴの存続を強固にています。

自我のアイデンティティの強化にとっては、自分は他者より劣っていようが、優れていようがどちらでもいいのです。劣等感も優越感もエゴにとっては同じなのです。

感情のベクトルがプラスかマイナスの方向に振れているだけで、感情の幅としては同じなのです。そう考えると全ての二元的な相対性は、意識のレベルからすると善悪や真偽はなく同じなのです。起きていることは、全てが中立で幸や不幸も、善や悪も、正しいや間違いもありません。自分が正しいとか正義だと思うほど、自我は強化されます。幸福だと感じていても、いつかは不幸だと感じる時が来ます。善も反対から見ると悪になります。人生の多くの事象には正解も不正解もありません。

起きる事象や他者を判断したり解釈したり評価したりしないで、意識を使って、あるいは五感を使って、あるがままを捉えるようにするのです。

今この瞬間、起きていることだけに集中するのです。今あるモノと同調し一体化するのです。無意識ではなく意識を意識し、感覚を研ぎ澄ませるのです。

私たちは思考が作り出す幻想の中に生きており、この世界は仮想現実です。あるのは今ここの真実だけなのです。

例えばあるコンサートで音楽を聴いている人が複数います。その時、音楽は確かに響いており、その瞬間聴いている人がいるという事実があります。しかし、その音楽をどのように感じ捉えるかは、人それぞれ違うのです。

ある人は素晴らしい音楽だと感じ、またある人は面白くないと感じるかもしれません。感動する人もいれば、退屈に感じる人もいます。

しかし解釈や評価は、その瞬間に奏でられる音楽とは何の関係もなく、判断した時点で、その音楽は、もうそこにはなく今に在りません。解釈や評価は思考が後付けしていることがわかります。

「私は」こう思う、こう感じると音楽を言葉にした時点で分離した自我が介入してきます。音楽があるという真実が、その本質が思考によって見えなくなっている状態なのです。

思考は全てを分離し個人的に受け止めます。この分離感こそが思い込みであり幻想なのです。意識を使って真実をありのままに見るのです。事実を解釈したり判断したりせずに、ただ音楽を感じるだけでいいのです。

思考は事実と解釈を混同します。真実をエゴによって歪曲します。出来事とその反応を区別できません。

今ここへの気づきによってのみ、事実と思考による幻想を見極めることができるのです。今に在る意識を通してのみ思考から解放され、音楽の本質が現れるのです。

## ♪ 平均律クラヴィア曲集第一巻第一番 ハ長調BWV八四六

この曲集は一巻と二巻があり、それぞれ二十四の全ての調による前奏曲とフーガで構成されています。第一巻（BWV八四六からBWV八六九）は一七二二年に完成しました。

原題は「あらゆる調で演奏可能となるようよく調整された」ことを示し、一オクターブを十二等分した平均律を含む、転調自由な音律を意味しています。

自筆譜表紙にバッハは「音楽を志す青年の利用と実用のために、またはすでに今までこの音楽を行ってきた人々に特別な娯楽として役立つために」と記しています。

前奏曲の約半数は、一七二〇年に息子ヴィルヘルム・フリーデマン・バッハの教育用として書き始められ初期稿がプレリュードとして含まれています。そして一七二三年にライプツィヒ聖トーマス教会カントールの就職試験に提出したと考えられています。

第一番、前奏曲と四声フーガ、ハ長調は、バッハの最も有名な作品の一つであり、クラシック音楽において特別な地位を占めています。

一見シンプルに見えますが、その完成度はとても高いのです。アルペジオが多く登場するこの曲は、数多くの方法で転写や編曲、再解釈され、今でも多くのアーティストによってアレンジされています。C・F・グノーの「アヴェ・マリア」はプレリュードの主要な改作になります。

## 真実の音楽

今この瞬間に目の前で繰り広げられている事実を認識するには、思考を使って考えるのではなく、感覚を使って感じるしかありません。考えることと感じることは同時にできないからです。物事に対する不安や恐れは、思考が勝手に作り出す感情で妄想になります。

思考が作り出すネガティブな感情には、人間関係の悩み、金銭不安、健康不安、将来不安などがあり、それらは過去または未来に由来します。そして不安や恐れは、自我のアイデンティティの強化に他なりません。

特に分離感が作り出す個人の人間関係の悩みは、私は正しい、あなたは間違っているという観念から生まれ、エゴが自己強化し、精神的な機能不全を引き起こします。これが集団的意識の機能不全になると二極化や分裂、抗争へと発展します。

この人間の争いによる負の歴史は、エゴによる思考が相手を評価し、解釈し、判断した時に付随します。つまり自分が正しくて、相手が間違っているという互いの正義感が衝突した時に、争いは起きるのです。

真理とは普遍的に正しいと認識できる事柄ですが、そもそも事象には、正しいも間違いもありません。真理は思考が作り出す正義感であり、観念による幻想あるいは物語になります。

宗教は真理を求めるあまり、違う考えを持つ者を異端として拷問したり、処刑したりしてきました。それは信念や教義の狭い解釈から生まれる真理の追究の結果であり、排他的な思考の形になります。

思考は真理を指し示すことはできますが、真実そのものを表したり、見極めたりすることはできません。思考による言葉は全て方便であり、そのモノ自体を表現することはできません。言葉はレッテル貼りをすることにより、そのモノの本質や真実を見る目を妨げます。

音楽を言葉で表現しても音楽そのもの表すことはできません。言語化した途端に音楽の輝きは失われます。楽譜は思考の言葉同様に、音楽を指し示すための道具であり、音楽そのものではありません。楽譜に頼る演奏は、思考が媒介している分、音楽とダイレクトに繋がることができないので、音楽の本質から遠ざかる演奏になります。

絶対的な真実は、ただ一つであり、真理といわれる概念は、思考が作り出す幻想でありストーリーになります。人は事実を真実と捉え、今ここの現実を見出した時、全ての行動は的を射たものになります。つまり思考の入る余地のない、今ここにあることが真実を見極める唯一の方法なのです。

音楽の本質は、ただ一つであり、楽譜は音楽の方向性は指し示せても、音楽そのものではなく、思考が作り出す単なる道具です。音楽そのものは今、目の前に展開されている事実であり、評価や解釈、判断が入らなければ、そこにはただ真実としての音楽の存在があるだけです。

そうすると今この瞬間に音楽の生命が吹き込まれ、音楽の存在が輝き始めます。ただ一つの真実である音楽の存在を見出した時、私たちは音楽に愛を感じられるようになるでしょう。

言葉でどんなに音楽の真理を探しても、音楽の真理は見つからず、音楽の本質を感じることはできません。ただ今ここにある音楽を感じるだけで音楽の真実が見えてくるのです。

## ♪ ヴァイオリン協奏曲第一番　イ短調ＢＷＶ一〇四一

三曲のヴァイオリン協奏曲のうちの第一曲で、第二番ホ長調と共によく演奏されます。後に「チェンバロ協奏曲第七番　ト短調ＢＷＶ一〇五八」に編曲されました。作曲は一七一七年から一七二三年頃とされています。

三楽章形式で第一楽章はアレグロ、第二楽章はアンダンテ、第三楽章はアレグロ・アッサイです。A・ヴィヴァルディが確立したイタリア協奏曲様式の急緩急に基づいています。

楽器編成はソロ・ヴァイオリン、弦楽合奏、通奏低音です。第一楽章は、正確な速度指示はありません。主題はその後幾度か演奏されますが、ソロ・ヴァイオリンは、それを弾くことはありません。十六分音符の刻みが特徴的です。

第二楽章は前奏が四小節続き、ソロ・ヴァイオリンが入り、アリアのようなメロディーを歌います。

第三楽章は八分の九拍子で、八分音符一つ一つが重要性を持っています。二十六小節目からはソロに入り、E音を開放弦とし別弦で弾きながら和声を変えて展開されます。

## 思考と音楽は関係ない

集団的な意識の変容は、様々な対立を生み出してきました。私が正義で、他者は間違っているという観念です。どちらも思考が作り出す幻想で、エゴにより自分たちの都合のいいようにストーリーを創り上げているだけなのです。まさに思考と自分を同一化している状態です。

音楽は昔から為政者や支配者に利用されてきました。国歌は、まさに音楽のプロパガンダの象徴です。モーツァルトは宮廷音楽家として活躍しました。ナチスは音楽を巧みに利用して民衆を統率しました。陸軍や海軍には音楽隊が存在します。

歴史的に見ても、なぜ音楽が政治利用されてきたのでしょうか？　それは音楽が人間に対して、ある種のイデオロギーを生み出すからです。音楽と思考が結び付いた時、人は音楽に対してあるイメージを抱きます。

例えば悲しい場面で、短調の曲が流れると、その場面と楽曲が思考によって一体化するのです。それがいつまでも頭の中に残り、音楽の記憶として定着します。まさに音楽とストーリーが結び付いた状態だといえます。

音楽を聴くことで集団的な場に現れる人間の思考が駆り立てられるのです。それは音楽の思考や感情への完全な同一化であり、自我の成せる業でもあります。

特定の思考パターンを音楽と結び付けて強く反応し、無意識のうちに音楽を聴く時、それは思考による音楽に反応しているだけで、音楽の本質から離れている場合が多いのです。

しかし音楽と個人的な思考は、何の関係もありません。音楽の本質は、今ここにある音楽の存在だけです。音楽と個人的な思考を結び付けた途端に、音楽の輝きは思考によって曇らされます。

音楽と思考が結び付いた時、あたかも音楽の力を享受しているように感じられるかもしれません。しかし、それは音楽の真の力はではなく、音楽の力によって私たちが思考に埋没している状態だといえます。

音楽から思考が剥ぎ取られた時に初めて、音楽の本質が現れ、音楽の真の力を感じ取ることができるのです。音楽の力を感じるためにここにありましょう。今この瞬間に音楽だけに集中した時、音楽の本質を感じることができるのです。

## ♪ 教会カンタータ「目覚めよ、と呼ぶ声あり」ＢＷＶ一四〇

三位一体節後第二十七日曜日用の作品として一七三一年に作曲されました。初演は一七三一年十一月にライプツィヒで行われました。全七曲から成りＰ・ニコライ作曲のコラールを第一曲、第四曲、第七曲に用いています。

マタイ福音書二十五章のテキスト、花婿の到着を待つ花嫁のたとえを用いて、神の国の到来への備えを説き、真夜中に物見らの声を先導として到着したイエスが待ちこがれる魂との喜ばしい婚姻へと至る情景を描いています。

物見の呼び声が夜の静寂を破って響く冒頭の合唱曲と、シオンの娘の喜びを歌うテノールの第四曲はよく聴かれ、後に「シュプラー・コラール第一曲ＢＷＶ六四五」に編曲されています。

## 心の闇を超えて真の音楽を

闘いや争い、対立は、なぜ起きるのでしょうか？　人間に潜む分離意識による正義感同士が衝突すると対立や闘いは起こります。

他者から攻撃を受けて、自分を守る人間古来の自己防衛本能と闘争本能が働くかもしれません。悪を退治する正義感が自分の使命だと感じるかもしれません。

しかし対立は、闘う相手と同じ土俵に乗ることで、分離感は一層強まり、自分も他者も同じ範疇になります。そもそも善悪も真偽もありません。正義感のぶつかり合いがお互いの対立を深め、無意識のうちに思考の中に引きずり込まれることになります。

無意識による機能不全は闘えば闘うほど、相手を強固にし、ますますお互いのエゴである自我は強くなります。闘いは、心の癖であり心の抵抗です。その状態は恐れに起因し、愛とは真逆のベクトルになります。

これまで世界中で様々な闘いが繰り広げられてきました。しかし、その闘いが成功したことなど一度たりともありません。

テロとの闘い、犯罪との闘い、病気との闘い、貧困との闘いなど闘いで物事が解決した試しはありません。問題はフォーカスされると、事態はますます深刻になるのです。

戦争にしても同じです。反戦運動で戦争は解決しません。戦争そのものに焦点が当たり、ますます対立は激化します。

否定語ではなく肯定語を使うのです。ネガティブではなくポジティブに表現するのです。戦争ではなく平和に焦点を当てるのです。

戦争では戦勝国も敗戦国も、どちらも終わった後に大きな代償を払うことになります。対立すればするほど、相手は強くなり、闘いは終わるどころか新しい問題を生み出すことになります。

問題はフォーカスするとより大きくなります。逆に認識されなければ問題など存在しません。この世は全て起きることが起きているだけで意味や価値はありません。

それをどう捉え解釈するか、あるいは問題とするかしないかは、自身の思考あるいはエゴの判断に拠るのです。問題は一つひとつ丁寧に解決すればいいだけです。端から問題など存在しないのです。

知らないことや認識されないことは存在しません。今この瞬間、目に見えているモノ、聴こえている音など感覚で捉えられている事象以外は存在しないのです。

人は感じることと考えることとは同時にできません。今この瞬間は思考の入り余地はなく、全てはあるがままです。今ここにあることで思考が創り出す幻想やストーリーから離れることができます。

今日ではマスメディアによる様々な情報が私たちの思考を捉え、自分で勝手に問題や心の闇である葛藤、対立を生み出しているのです。それだけ現代は情報に毒されています。

文明国に生きる私たちより、何も知らないアマゾンの奥地で暮らす原始的な人々のほうが、より多くの幸せを感じているかもしれません。

今の現実であるありのままを認識すれば、思考が生み出す幻想を個人的なアイデンティティだと誤解せず、自我に反応しなくなります。相手を評価したり、解釈したり、判断したりせず、ただありのままを感じるだけでいいのです。

音楽は今に在ることの大切さを私たちに気づきを与えてくれます。音楽は形ではなく、実体のない音と音のない世界、つまり聴覚によって認識できる音と沈黙の瞬間の連続なのです。

それは過去も未来もなく、過去と未来と現在が同時に現れる世界であり、私たちの存在そのものなのです。この世界には時間はなく、思考も言葉も入る余地はありません。ただ時間を超えた永遠の存在意識があるだけなのです。

エゴによる闘いや対立もなく、ただ音楽が今ここにあるのです。それを感じるだけで音楽のパワーを享受できるのです。

## ♪ 半音階的幻想曲とフーガ　ニ短調ＢＷＶ九〇三

自筆譜は現存せず、作曲時期はケーテン時代一七二〇年頃に書かれ、一七三〇年前後に改訂されたと考えられます。一七二〇年、妻マリア・バルバラの死に際して書かれたとされていますが、確かな根拠はありません。

人気の楽曲でベートーヴェンが一八一〇年に筆写を行い、メンデルスゾーンやリスト、ブラームスなどが演奏した記録が残っています。非常に多種多様な構成上あるいは表現上の諸要素が、これほどまでに説得力を持って、一つにまとめあげられた作品は例がないと評されています。

ロマン的で即興的な幻想曲は、属調へと向かっていく前半と、レシタティーヴォと記され主調に戻っていく後半とに分けられます。前半は様々な音型で構成された華麗なトッカータ様式で進みます。後半のレシタティーヴォ部分は、一種の和声の迷路のような半音階的で極めて激しい転調が繰り返されます。このレシタティーヴォは、ヴァイマール時代に編曲したA・ヴィヴァルディのヴァイオリン協奏曲編曲の「オルガン協奏曲ハ長調BWV五九四」第二楽章との関連が指摘されています。

フーガは半音階的な主題に基づく三声で、主題の扱いは、かなり自由であり、技巧的で長い間奏部や終盤の左手に現れるオクターブ奏法のように表現的な書法が見られます。幻想曲と同様に短調に限り遠隔調への転調が現れます。

低音の補強などの演奏上の改編など十九世紀から多く編曲があり、マックス・レーガーによるオルガンのための編曲など多くの作曲家によってアレンジされています。

# エゴと音楽

誰しも安全で安心できる状態を望んでいます。しかし、それと同時に闘いや争いを望む別人がいるのも、また事実です。

人間は刺激に対して反応する時、心の平安の方向に向かうか、不安や恐れの方向に向かうかは自分で選択しているようで、全く選択できていません。全ては自動で勝手に湧き上がってくるものなのです。

私たちはコントロールしているつもりで、何一つコントロールできません。人間には自由意志などなく、全てはシナリオ通りです。そもそも自由意志を発動できる自我は幻想であり、思考が作り出す分離感からくる個人など存在しないのです。

仏陀は「諸法無我」といっています。自分が知覚し体験し、思考している対象は、実は自分ではありません。自分という個人は、思考が作り出す観念で絶えず変化し続けるものです。

自分の本質である真我、本当の自分は言葉など思考によって表現できる浅はかなものではありません。自分などどいつにもなく、全ては一つであることに気づくことが愛の現れなのです。

自己という幻想を否定した時、思考や感情から離れ、意識の光だけが私たちを照らすことができるのです。それが自分の本質であり真我であり、大いなる存在としての一つ命であるワンネスを知ることになります。

そこには相対的な喜びや苦しみ、幸や不幸、善や悪、主体や客体はなく、「今ここにある」という絶対的な存在そのものです。そのことを頭で理解するのではなく、ただ感じて意識すればいいのです。

心臓の鼓動一つとっても何一つコントロールできず、私たちは生きているのではなく、生かされていることがわかります。まさに「命が私を生きている」のです。

私の所有物を盗まれた時、あるいは私のテリトリーを侵害された時、怒りや敵意の感情が自然に湧いてくるでしょう。それは愛とは反対のベクトルである恐れや不安の感情に誘発されるものであり、自分を守ろうとする防衛本能、あるいは被害者意識が無意識に発動された状態です。

思考にとっては愛に満ちた心の平安であろうが、恐怖に満ちた不安な気持ちであろうが、自分を守るための存在意義を確立し、アイデンティティを強化するための手段としては、どれも変わりありません。

自我の生存を脅かす何者かに対抗するために、エゴが生き延びるために対立している思考は、ただの妄想であり幻想であることに気づくことです。

エゴは絶えず時間にとらわれ、過去と未来にフォーカスします。私たちは今この瞬間にしか存在していません。しかし今この瞬間は、掴みどころがありません。

今といった瞬間に、もう次の瞬間が来て、その瞬間は、もうすでに過去のものとなっています。今とは時間ではなく、時間がないことへの気づきであり存在そのものです。ここは場所ではなく、無あるいは空である沈黙への気づきであり存在そのものです。

いつでもいつでも時空を超えた「今ここ」という永遠が、私たちの人生であり生命なのです。今ここへの気づきが私たちをエゴから解放し、その時初めて思考を超えることができます。このことを目覚めとか悟り、あるいは意識の進化、覚醒と表現することができます。

今この瞬間には、思考の入る余地はありません。ただ起きることが起きているだけで、事実は全て中庸で、意味も価値もありません。意味付けや価値付け、あるいは言葉による表面的なレッテル貼りをしているのは思考であり、気づきとエゴは共存できません。

時間とは一体何なのでしょうか？　仏陀は「諸行無常」といっています。目に見える全てのモノは変化します。時間とは変化そのものであり、意識の変容に他なりません。今この瞬間だけが私たちをエゴから解放し、時間という幻想から自由になれるのです。

音楽がどんな形を取るにしても、思考の奥には自分が考える記憶や想像による幻の自己を、強化したいという強い無意識による衝動があります。音楽と思考が結び付いた時、大いなる存在や魂、神、宇宙的な繋がりはなくなり、深い喜びは感じられなくなります。

エゴは常に支配したい、力が欲しい、もっと欲しい、目立ちたい、特別でありたい、コントロールしたいと求めています。音楽に対しても、エゴはどこまで行っても満足することはありません。そもそも音楽に良いも悪いも、明るいも暗いも、主観も客観もありません。

ただ音楽がそこにあるだけなのです。エゴは絶えず音楽に喜びや悲しみ、高揚や沈着、秩序や規律を求めます。しかし音楽の深みは、言葉で表現できる類のものではありません。思考である言葉を貼り付けた途端に音楽の輝きは失われます。思考の幻想は私たちを満足させてはくれません。音楽の存在に気づくことができれば、私たちは思考から解放されるのです。思考は形との同一化、あるいはモノへの執着でアイデンティティを強化しています。

形あるモノは永遠ではなく、全て変化し移ろい行くものです。音楽は今も昔も実体がなく、変化することもなく永遠です。バッハの音楽は、時代を超えて今も輝きを放っています。時代と共に消え去る音楽はモノ同様、思考の対象としての存在でしかありません。

形あるモノは夢のごとく変化し続けると認識した時、形のない世界の音楽を感じることで、永遠の生命を見出すことができるのです。

## ♪ シュプラー・コラール「目覚めよ、と呼ぶ声あり」BWV六四五

一七四八年から一七四九年に出版された全六曲から成るオルガン・コラール集で、編纂者J・G・シュプラーに因んでいます。

正式な表題は「二つの手鍵盤と足鍵盤による六つのコラール」で、第一曲のこの曲はよく知られ、バッハの作曲技法においてもオルガン・コラールの規範に位置付けられます。

六曲ともバッハの教会カンタータからの曲をオルガン用に編曲しています。調性はカンタータと同じです。

正確な作曲年はわかっていませんが、カンタータは一七二八年から一七三五年の間に作曲されており、「クラヴィア練習曲集第三巻」一七三九年刊行の前に作曲したと考えられます。

第一曲、変ホ長調、四分の四拍子、コラール定旋律はＰ・ニコライ作詞作曲、一五九九年です。一七三九年十一月の三位一体節後第二十七日曜に初演された同名の「カンタータＢＷＶ一四〇」の第四曲、テノールのアリアの編曲です。

原曲はヴァイオリンとヴィオラのユニゾンが反復する伴奏主題に、テノールの合唱が歌う定旋律が挿入されます。この編曲は弦ユニゾンを右手、テノールを左手、通奏低音をペダルに配しています。「目覚めのコラール」としてオルガン以外の様々な楽器で演奏されることがあります。バッハは親密な雰囲気を持った神秘的な結婚式用音楽に仕上げています。

コラールの中で象徴化されたシオンは、物見らが歌うのを聴き、その愛の旋律を、ある時は近くに、またある時は遠くにこだまするように響いています。さらに原曲のカンタータにはないこの一曲に限り短前打音による装飾音を加えています。

# 音楽でエゴを超越する

思考にもいろいろな形があります。思考による科学や文明の発展は、人間の暮らしを快適なものにしたかもしれません。それは思考のポジティブな側面といえるでしょう。

それと同時に思考は、人間に苦しみや対立などネガティブな側面も多く作り出しています。エゴとは思考の中で、私という意識が強調された時に顕著に現れます。

例えば他者が知らない情報を伝えようとする時、エゴは事実に対して優越感や満足感によって、私という思考のフィルターを通して、相手に言葉で伝えるでしょう。その時、すでに事実は事実でなくなり、私の解釈や判断としてエゴの都合のいいように歪曲して伝えられるのです。

その瞬間、私はあなたより多くを知っており、上に立ったと感じるのはエゴの成せる業です。何かの対象に対しての批評や判断、解釈はエゴを強化し、特に否定的な評価は、優越感から生み出されます。

逆に他者が多くを所有し、優位に立っていると判断すれば、エゴは脅威を感じ、自分を守ろうとする防衛本能から、劣等感を感じることでしょう。エゴは絶えず物事を相対的に捉え、比較することで生き延びようとします。

名声や権威への執着は、エゴの狂気の沙汰として人間を苦しみに陥れようとします。「諸行無常」といわれるように、目に見える世界では全てのモノは変化し、永続することはありません。全てのモ

## 自我・エゴ・思考を超える

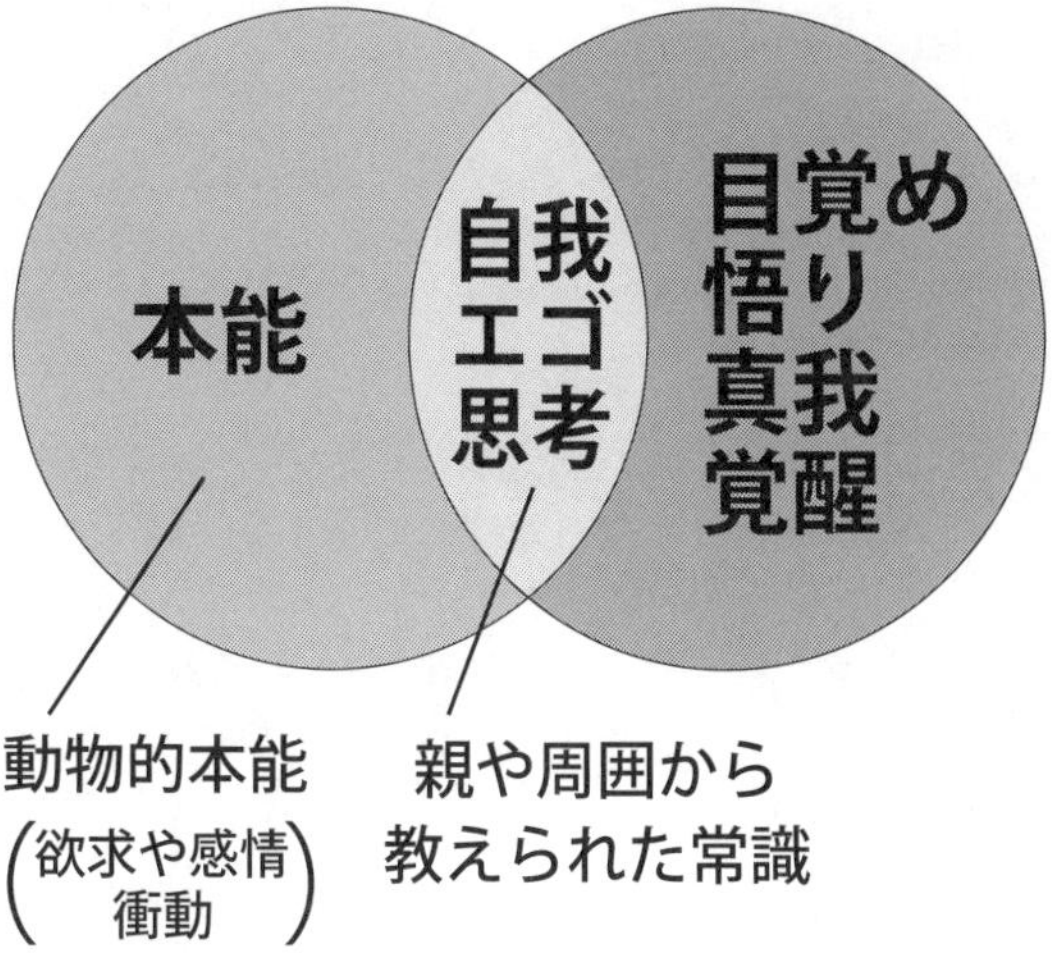

人間は生まれてから成長するに伴って、エゴを強化してしまう。そのエゴに気づいた時、目覚めへの可能性が拓ける。

ノは衰退し滅びゆく運命であることを、釈迦は端的に伝えています。

外面の変化し衰退するものにしがみつき執着することは心の抵抗であり、エゴのアイデンティティの強化に他なりません。

それに対して人間の内面にある真我、あるいは存在意識による気づきは、思考による浅はかな言葉によるレッテル貼りも、エゴによる妄想も相容れるものではありません。エゴとその人の内面にある本質とは何の関係もなく、個人的なものではありません。

エゴと自分の本質を混同した時、エゴの罠にはまり、自分を苦しみに陥れます。エゴは形あるモノに絶えず何かを求めています。自分の中のエゴに気づいた時、気づいている意識は、エゴを超えた意識になり、その時初めてエゴを超越できるのです。

音楽と共に今ここにあることができれば、エゴの入る余地はありません。今この瞬間は、思考のない感覚の世界だからです。

時間は私たちを思考の世界に誘い、ストーリーを作り上げるのです。時間にとらわれることは、頭の作り出す幻想の中で生きることになり、エゴの思うつぼです。

時間芸術といわれる音楽から時間の概念を取り去ると、音楽の真の姿が現れます。そのことへの気づきが音楽のパワーを受ける唯一の方法です。今ここにあるとは、時間がないことへの気づきであり存在そのものです。

今この瞬間に音楽だけを感じることができれば、そこにはもう時間などありません。永遠にある今ここだけが存在し、それが音楽の本質なのです。

時間と言葉は思考であり、絶えず全てをコントロールしようとします。しかし、この宇宙で人間にコントロールできるものは何一つなく、思い通りに行くことはありません。

エゴである思考を手放し、音楽のみを感じ、今ここにあるだけで、愛と喜びに満ちた幸福感である心の平安が訪れるのです。今この瞬間に音楽のパワーで時間と思考を超越することができるのです。

## ♪ゴルトベルク変奏曲BWV九八八

二段手鍵盤のチェンバロのための変奏曲で、「クラヴィア練習曲集第四巻」として一七四一年に出版されました。

原題は「様々な変奏を持つアリア」で、弟子のJ・G・ゴルトベルクが仕えていたH・Kカイザーリンクの不眠症を治すために作曲されたと伝えられていますが定かではありません。

三十二小節のアリアを最初と最後に配置し、その間にアリアの三十二音の低音主題に基づき三十の変奏が展開され、全部で三十二曲から成ります。最初のアリアは「アンナ・マクダレーナ・バッハの音楽帳第二巻」一七二五年に収録されています。

各曲は二部構成で前半後半を、それぞれリピートします。第十五、二十一、二十五変奏のみがト短調で、他は主題と同じト長調です。三の倍数の変奏はカノンであり、第三変奏の同度のカノンから第二十七変奏の九度のカノンまで順次音程が広がります。

第十六変奏は序曲と題され、後半の始まりを告げ、前半部が荘重な付点リズムで、後半部で速度を増すフランス風序曲の形式で書かれています。第三十変奏は十度のカノンではなく、当時の流行歌二つを組み合わせつつ主題とも重ね合わせて終曲としています。

# 第4章

# 役割を演じる思考と音楽のパワー

## 役割を演じるエゴと音楽

思考は絶えず何かを求め、自分の身の安全や安心を確保するために何かの役割を演じています。しかも自分が役割を演じていることなど気づかず、全ては無意識のうちに全自動で起きています。

家族の役割、社会の役割、立場の役割など自分にとって都合のいいように思考は解釈し、エゴは絶えず目に見える形に依存します。地位や名誉、賞賛など他者承認として存在意義を確立し、アイデンティティを強化します。

その心理は他者の関心が否定され、自分の存在が脅かされるのではないかという恐れや不安の感情から生まれます。

思考が作り出すポジティブな感情には、私はできる、私は偉大だという優越感があります。ネガティブな感情として私はできない、私は哀れであるという劣等感があります。

しかしエゴにとっては否定的な感情であろうと肯定的な感情であろうと、自己強化できればどちらでもいいのです。

ポジティブな自己肯定感の裏には、まだ足りないという欠乏感や不満足感が隠れています。ネガティブな自己意識の中には、みじめな私、注目されたい私という強い欲求や願望が隠れています。

そのことに気づくことがエゴを克服する手立てとなります。自分を俯瞰して観察することで、思考を乗り越えることができます。何かに対して、あるいは誰かに対して優越感や劣等感を感じている自分に気づいた時、エゴは気づきの意識として昇華されるのです。

エゴは賞賛や承認などのポジティブな関心が得られないと、哀れみやみじめな私を演じてネガティブな感情を引き出そうとします。特にネガティブな反応は、昔の心の傷あるいは過去の苦しみが原因となって、また新たな苦痛を生み出します。

罪を犯す人の心理は、有名になりたい、注目を浴びたいという極端なエゴの形として他者に関心を求めます。

エゴの別の側面である被害者意識は、哀れみや同情を自分以外の何かに求め、自責ではなく他責の思考で他のせいにします。思考は絶えず自分は悪くないと正当化し、被害者役を演じ他者の関心を得ようとします。

エゴは幻想であるストーリーを勝手に作り上げ、その中の主人公を演じます。しかも物語に自分を同一化してしまうと、無意識になり演じていることさえも気づくことはできません。その物語の自分は永遠に続き、心の傷はますます深まるばかりです。

エゴはアイデンティティの一部になった、ストーリーの終結を望むことはありません。特別な自分を演じる自我は、思考と自分の本質は別ものであることを気づかれないように必死で守ろうとします。

苦しみは最終的に役割を剥がす役目を担っています。長年のため込んだ感情による心の傷は、思考と真我を切り離す気づきへと導きます。エゴは苦しみを持って自滅し、自分の真の本質である今に在る存在意義が見えてくるのです。

愛も実はエゴイスティックで、所有の一部としての欲求を満たす表面的なものが多いのです。特に恋といわれる愛情の初期段階は、相手に自分のアイデンティティの強化を求め、所有の欲求が根底に隠れています。

真の愛は、相手に何も求めず無条件です。私とあなたを分ける分離感がなくなり、全てが一つに繋がっていることに気づくことが本当の愛なのです。

音楽で愛を感じることができるでしょう。思考を取り去り音楽だけを感じるのです。音楽によって今ここにある時、全ての生命が一つであり、繋がっていることを実感できます。

それが音楽のパワーを享受することであり、純粋に音楽と繋がることになります。苦しみが剥がれ落ち、真我、あるいは自分の存在そのものに気づいた時、音楽は私たちに力を与えてくれるのです。

## ♪平均律クラヴィア曲集第一巻第六番　ニ短調BWV八五一

この曲集についての概要は、前述一〇六ページを参考にしてください。前奏曲と三声フーガ、特にフーガは、二小節の主題において六度跳躍とくさび型アクセントの対比が特徴的で、反行形も随所に現れ、構造的にも興味深い曲となっています。

# アイデンティティの確立と音楽

生死をはじめ人間の思考は、全てをコントロールしようとします。しかし人は人生においてコントロールしているつもりで、何一つコントロールできるものはありません。

古今東西、目に見える世界は階級によるピラミッド構造になっています。いつの時代も権力者や支配層と支配される側に役割が割り当てられ生まれながらにして決まっています。しかもその機能がその人のアイデンティティとなり、無意識のうちに機能して役割を演じています。

支配者は声高に「人間は平等である」と言い、自分たちの都合のいいようにコントロールしようとします。人や事象に平等なものは何一つなく、生まれながらにして役割は決まっています。

役割や機能はモノや形への同一化であり、思考によるアイデンティティは、人間の本質への気づきを妨げています。

人は哲学や精神世界に触れることによって自分は何者か？　生きる意味は何か？　なぜ生まれてきたのか？　など知りたい、あるいは知る必要があるという欲求に取り付かれます。しかし思考で自分の定義を考えようとすればするほど、人は混乱します。

そもそも生きる目的や達成しなければならないことなど何一つないことに気づけば、手放しの境地から自然と心の平安が訪れます。

思考は絶えず何かを求め、理解し定義付けようとします。目的や目標は未来に答えを求め、出生の意味を探ることとは、過去への執着になります。

人生は今この瞬間しかありません。過去の記憶を思い出している時は、今この瞬間です。未来を想像している自分は、今ここにいます。

今ここしかない人生において過去に執着し苦しんでいれば、その苦しみは永遠に続くことになります。今この瞬間の連続に生きている私たちが、未来に対して不安を抱いていれば、その不安をずっと持ち続けることになります。

私たちの存在は完璧で、全ては調和の中で生かされていることに気づけば、自ずと感謝の気持ちが湧いてきます。

時間は幻想で過去や未来に自分の本質を探しても見つかることはありません。自分のアイデンティティを確立するために、思考によって自分を定義付けることはできません。

人間は長所や短所などの一側面を、言葉などの思考を使って言い表せるような浅はかな存在ではありません。言葉は全て方便であって、過去の言葉を持ち歩き、引きずることには何の意味もありません。

この目に見える世界で人々は、様々な役割を演じ機能を果たしていることは事実です。人には個性があり能力も様々です。それぞれの役割があり一人ひとり違うのです。その違いを認め多様性を認識し、相手の存在を尊重すると自我やエゴは自然と消えます。

機能や役割への自分の同一化が無意識状態を作り、苦しみを生み出します。思考から離れ役割を演じている自分に気がつくことができれば、その役割から解放されます。言葉による定義付けではなく、自分の本質を見出すことができれば自ずと心の平安が訪れます。

親子関係で父親という役割を演じ、その役割に自分を同一化すれば、子どもも役割を演じ、人間の存在自体が脅かされます。人間関係において機能や役割というアイデンティティを同一化し、自我の一部として取り込まれてしまうと様々な弊害が出てきます。

正常な人間関係が築けないだけでなく、上下関係など疎外感を味わい、人間味を失うことになります。そもそも関係性は思考による幻想であり、自分で勝手にストーリーを作り上げ、その中に埋没すると、自分の本質は見えなくなり、人間らしさは消えてしまいます。

人は自分自身だけでなく他者についても何者であるかという観念があり、相手に対してイメージを作り上げます。お互いの観念が向き合う関係性では、存在を認め合う真の人間関係は築けず、役割に没頭するニセの自分である幻想の中に生きることになります。

人は誰か有名人や権威ある人の前に立つ時、緊張で両手に汗ばみ、鼓動が激しくなるなど身体に変調を起こします。その時、人は社会的な役割を演じ、アイデンティティによる観念を通して、思考による関係性を勝手にこしらえます。

人前でピアノを弾く時も同じです。緊張により手が震え、冷静に演奏できないなどの状態に陥ります。その時に今この瞬間に音楽だけに集中できれば、思考による緊張感など入る余地はありません。

演奏者と聴衆という役割や機能の中で音楽が存在すると、音楽の本質は曇らされます。役割や機能を超えたところに音楽の真の姿が現れます。音楽は一つであり繋がっています。演奏する人、聴く人の関係性を超えたところに音楽の真の姿があるのです。

関係性は思考が作り出す幻想であり、アイデンティティの強化です。全てを手放し、あるがままに今この瞬間に、ただ音楽だけを感じることができれば、喜びと心の平安が訪れます。

今ここにある音楽と共にあることで、一瞬にして私たちを幻想の世界から今この瞬間に戻ることができて、真の幸福を感じることができるのです。

## ♪ 無伴奏フルートのためのパルティータ　イ短調BWV一〇一三

フルートのための組曲で、十八世紀の無伴奏フルート独奏曲の最高傑作といわれています。表題は二十世紀の編集者によるものであり、バッハ自身のものではありません。現存する十八世紀の写譜には、フランス語で「バッハによるフラウト・トラヴェルソのためのソロ」と書かれています。

古典組曲はアルマンド、クーラント、サラバンド、ジグーという舞曲の組み合わせが普通で、バッハ時代にはサラバンドとジグーの間に、様々な舞曲を加える様式が定着していました。

この作品ではブレーが最後に置かれますが、バッハの組曲パルティータではブレーが最後に置かれることはなく、ジグーで終わるものがほとんどです。

作曲の時期や経緯については確かなことはわかりませんが、一七一七年秋に、ドレスデン宮廷フルート奏者ビュファルダンの演奏に感銘を受け、一七一八年頃に彼のために作曲されたのではないかといわれていますが確実ではありません。

アルマンドとクーラントに息継ぎブレス箇所が極端に少ないこと、弦楽器や鍵盤楽器向きの分散和音の音型が多用されていることから、元来は他の楽器のために作曲されたのではないかと考えられていました。

この曲は四つの舞曲から成ります。第一楽章、アルマンド、四分の四拍子。第二楽章、クーラント、四分の三拍子。第三楽章、サラバンド、四分の四拍子。第四楽章、イギリス風ブレー、四分の二拍子になっています。

## 真の幸せと音楽の存在

幸せとは心の状態であり、愛を感じる喜びであり心の平安です。人は愛を経験し、魂の成長のために生きているともいえますが、人は絶えず幸せを求めて探しています。

愛の対義語は、憎しみとか無関心といわれています。目に見える物質世界を相対的に捉えると、そういえるかもしれません。しかし愛の感情の元には恐れや不安の感情が隠れています。恐れや不安のネガティブな感情を乗り越えるために愛が必要です。

愛は感謝と赦しです。感謝とは今ここにあることへの気づきです。全ては完璧な存在であり、私たちは何かを求めなくてもすでに満たされており、刻々と物事は起きています。そこには時間や空間の概念はなく、永遠に続く今この瞬間があるだけです。

仏教の経典である般若心経に「色即是空《しきそくぜくう》、空即是色《くうそくぜしき》」とあります。全て形あるモノは、実体がなく空あるいは無であるということです。元々あらゆる事物や事象は実態がなく空であり、そのことが事物を成り立たせています。

物質世界は相対的に捉えることができます。色の世界があるから空に気づくことができ、空があるから色の世界を認識できるのです。知らないことあるいは認識できないことは存在しないのです。

起きることが起きており、全ては調和の中で、完璧に起きていることに気づけば、自ずと感謝の気持ちが湧いてきます。

人は一回や二回の成功はたやすくできますが、成功の状態を継続させ、持続することは難しいのです。人生において時間はなく、今この瞬間しかありません。過去や未来は思考が作り出す幻想で、今とは何の関係もない繋がりのない瞬間瞬間を私たちは生きているからです。

物質世界では継続することが安定や安心に繋がり、人々はそれを求めて生きています。今に感謝することで継続することができるのです。

赦しとは全てを抵抗せずに、あるがままに受け入れることです。心の抵抗があると赦しはありません。一切の恐れや不安を手放すことで赦すことができるのです。

また愛とは全てが一つに繋がっていることに気づくことです。分離感からくる私や個人が強調されると闘いや対立が起こります。各々の正義感がぶつかって争いが起きます。それは愛とは真逆の方向です。スピリチュアル的にいうとワンネスに気づくことが大切です。

現代では幸せとは多くの場合、人々が演じている役割になっています。笑顔の陰に苦しみや恐れが潜んでいます。本当は不幸を感じているのに、幸せだと思い込むと、心と身体のバランスが損なわれ、鬱やトラウマの状態に陥り、病的な過剰反応を起こします。

心と身体は密接に繋がっています。緊張して手に汗ばみ、笑顔の中に陰が見え隠れします。感情などの心の状態は、特に顔相として身体に現れます。その人の生き様が顔に現れているのです。もし自分の中に恐れを感じるなら、抵抗せずに自分の中の恐れを認識する必要があります。自分を俯瞰して観察することで、心の抵抗がなくなり、恐れや不安から抜け出すことができます。恐れや不安は、個人的なものとは何の関係もなく、事実に対しての思考が作り出す心の反応であることに気づくことが必要です。思考による判断や解釈と事実そのものを切り離しましょう。起きている事実には何の意味も価値もなく、全ては中立で、あるがままです。しかしエゴはすぐに解釈し、言葉によるレッテル貼りをします。事実は一つですが、それに対しての解釈は千差万別で、その違いがわかり合えず、分離を生み出し対立を招くのです。

その意味で人は一人ひとり見ている世界が違っており、自分という宇宙あるいは自分の世界で生きています。自分で勝手にストーリーを作り上げ、自分の幻想の中で生きています。今ここが全てなので原因と結果はなく、自分の中に因果があるのです。

この世に見える世界は自分の心の反映であり、心の状態が現実世界として現れています。そもそも思考が感情を生み出し、勝手に湧いてきた感情を、どうにかしようとしてもどうにもできません。手放して降参し明け渡して、ただ放置するだけでいいのです。観察して気づきの存在になることが思考を超え、悟りや目覚めの道に繋がります。

幸せを探しても見つかりません。愛を感じて恐れから解放されるには、思考が作り出す幻想から離れ、事実を判断したり解釈したりせず、今に在ることで喜びと安らぎに満たされます。

その時に音楽のパワーを感じ幸せの境地に入ることができます。音楽と共に今ここにあることで真の幸せと音楽の存在を感じることができるのです。

## ♪ 前奏曲とフーガ　変ホ長調「聖アン」BWV五五二

この作品はバッハの最後のオルガン自由作品で、彼の芸術の神殿での最高に輝く珠玉の一つです。「クラヴィア練習曲集第三巻」に含まれ、前奏曲は曲集の第一曲で、フーガは終曲にあります。変ホ長調は調号のフラットが三つある調性で三位一体を表すとされます。

クラヴィア練習曲集全四巻は、生前のバッハが自費で世に送り出した大作です。第一巻、一七三一年出版は、一段鍵盤楽器のための六つのパルティータ。第二巻、一七三五年出版は、二段鍵盤チェンバロのための「イタリア協奏曲」と「フランス序曲」から成っています。

第三巻、一七三九年出版は、オルガン（二段鍵盤とペダル）のためのドイツ・オルガン・ミサ。第四巻、一七四一年出版は、「ゴルトベルク変奏曲」です。

イエスの母である聖母マリアの母、イエスからすれば祖母にあたる聖アンナの名を持つこの作品は、イギリスの聖アン教会オルガニスト、ウィリアム・クロフトが作曲した賛美歌を使っています。

この曲は、イタリア人作曲家、ピアニストのフェルッチョ・ブゾーニがピアノ曲に編曲し、A・シェーンベルクもオーケストラ用に編曲しています。

前奏曲は二百五小節に及ぶ雄大な曲で、父、子、聖霊を象徴するフランス序曲風の付点リズム、シンコペーション、下行句の三つの対照的な主題がイエスの運命を描写するかのように展開されます。フーガはプレリュード以上に特異な作品で三つの主題に基づいています。聖アンのテーマである最初の四つの音は、譜面上に十字架を表しているといわれ、賛美歌を主題とする荘重な二分の二拍子の第一主題に始まります。

「クラヴィア練習曲集第三巻」には、三という数字に関するバッハの思いが伺えます。冒頭の前奏曲と最後の三重フーガは、音楽的にそれぞれ三つの部分に分かれ、クラヴィア練習曲集を通して第九番目（九は三の三倍数）に現れる調性、変ホ長調はフラット記号が三つで書かれています。

その中に含まれる曲数が大小合わせて全二十七曲（三の三乗）、前奏曲直後の「三位一体」曲が合計九曲、最初の三曲（キリエと変奏曲）は、変ホ長調の調号が使われ、最後のグローリア三曲は三声部になっています。

# 関係性による気づき

私たちは子どもに対して大人あるいは先生という役割を演じています。時には幼児語を使ったり、声質を変えたりして上から目線になります。

人間関係において上下関係や主従関係など関係性を作ってしまうと、それが態度に表れます。相手より多くを知っており、身体が大きいからといって、人間的に優れているわけではありません。人間の存在においては同等で、ただ生まれてくるのが遅かっただけなのです。

思考はいつも私と相手を分離し、関係性を作りたがります。大人も子どもも人間の存在においては対等であり優劣などありません。相手の存在を意識し尊重した時、真の人間関係が生まれ、関係性を正常に保つことができます。

この世に生きている限り時として役割は必要な時もあります。親が子どもの要求を満たす時、あるいは危険を避ける時には親としての機能が役立ちます。

相手をコントロールしようとして、怒ったり怒鳴ったりして怒りを相手にぶつける場面に出くわします。感情は感情に反応し、相手を意のままに動かすことはおろか、たいていの場合、相手に怒りをぶつけると事態は悪化する一方です。

注意を喚起するには相手に怒りをぶつけるよりも、穏やかに気づきを与えるほうが往々にしてうまくいくでしょう。注意を促すことと相手に怒りの感情をぶつけることは、何の関係もないことに気づくべきです。

怒りの感情は、相手の怒りの感情に反応します。感情による負の連鎖が始まり、悪循環に陥ります。いかに今に在り今に集中して、冷静に対処することが求められます。

刺激に対してすぐに反応するのではなく、刺激と反応の間にスペースを置きましょう。本能的に即座に反応するよりも、一息入れたほうが事態は好転します。

そもそも時間は存在せず、私たちの人生は、今この瞬間の連続で、過去や未来とは何の関係もなく、時間の繋がりのない今ここにあるのです。

思考は全ての事象を繋げて捉えようとします。しかし時間の概念は、幻想で過去の出来事と今この瞬間に起きている事実には何の繋がりもありません。今この瞬間に集中して時間の概念を超えて、事態に対処すれば問題など端から存在しないことに気づくことができます。

役割で自分を規定している人は、その機能が自分のアイデンティティになっています。親子関係において親は親の機能を果たさなくなることを無意識のうちに恐れています。

子どもが成人した後も親は、親としての役目を諦められず、子どものニーズに応えたいという思いを手放すことができません。

役割を演じ続ければ続けるほど、いつまでも子どもを支配したい、影響を与えたいという欲求は募るばかりです。時としてエゴは子どもに罪悪感を抱かせ、自分の優位性を印象付け、親としての機能を維持しようとします。

表面的には子どものためと装い、子どももそう信じ込まされているかもしれません。しかし、そういう場合、大抵は自分のアイデンティティを維持したいだけなのです。

エゴは他者に思いやりを見せ掛けて、存在意義を強化しています。それが無意識で起きているので、本人はなかなか気づくことができません。

エゴは他者を操ろうとして自分の存在意義を確立します。それは自分が上だろうと下だろうと優劣は関係ありません。自我にとってアイデンティティが維持さえできれば、関係性などどうでもいいのです。

自我は、あなたより優れていようと劣っていようと、エゴの存続のためなら手段を選びません。エゴは無意識であることを気づかれるのが恐いのです。

自分が無意識で役割を演じていたことに気づけば、その機能は終わりを告げます。エゴによる機能不全は、気づきの意識によって乗り越えることができます。その時に初めて真の人間関係を築くことができるのです。

エゴの思考パターンは心の抵抗であり、全てを抵抗せずに、あるがままに受け入れるとエゴは消滅します。抵抗すれば相手も抵抗し、手放せば相手も手放します。

エゴを個人的に受け止めずに、ただ受け入れればいいのです。刺激に対してすぐに反応せず、スペースを置いて冷静に対処しましょう。

過去の心の傷も無意識の中での思い込みや決め付けによるもので、思考が作り出している苦しみや恐れです。何歳になっても自分の不幸を親のせいにし、人間関係の恨み辛みをいつまでも引きずるのです。執着し引きずっているのは自分のエゴなのです。

人間誰しも精一杯生きており、その瞬間にできるだけの選択をしているつもりなのです。親がそうしなかったのは、しなかったからではなくできなかったからなのです。無意識が必死に役割を演じた結果が今に在るのです。

共通の過去を共有する関係性、特に親子関係や夫婦関係においては、できるだけ今に在ることが大切です。そうしないとお互いの心の傷は深くなり、無意識のうちに思考の罠にはまっており、心の傷は深まるばかりです。

思考は絶えず過去に執着し、未来への不安を煽ります。気づきの意識こそが私たちの過去と未来を解体し、古い心の傷を癒すことができます。

気づきとは過去や未来の思考や境界のない今ここの時空であり、あらゆる事象が現れては消える今この瞬間です。

無意識ではなく音楽と共に今に在ることで、気づきを認識することができます。言葉あるいはイメージを思い浮かべることで気づきを表現したり理解したりすることは不可能です。頭の中の音楽は私たちに言葉や記憶、あるいは想像を与えます。

「気づき」という言葉の意味を知的に理解しようとしても、ますます気づきを得ることはできません。

単純に今にくつろぎ、無や沈黙、休息の世界を感じることです。
音楽では音と音のない世界に気づくことです。気づきは意識でありモノではありません。音楽もモノではありません。

思考とは気づきに現れたり消えたりしているモノだということを見抜きましょう。目に見える物質的な事象に対する観念がどれほど深遠であろうと、どれほど浅はかであろうと、それらは全て気づきにおいて一時的に現れて消え去るものです。

耳を澄ませば音が聴こえます。聴覚を遮断すれば音は消えてしまいます。気づきとは今ここにあり、聴覚に意識を向けると音が聴こえ、意識を閉ざすと音が消えてしまうことに気づくことです。

気づきはすでにあり続けています。だからこそ気づきを認識することが今に在ることになります。決して現れたり消えたりしないのは、永遠に今に在る存在そのものです。

思考や感情、感覚、体験、物体、色、音などあらゆる事象は、現れては消えて絶えず変化しています。変化しない存在そのものの事実が今ここにあり続け、それが気づきなのです。

## ♪ 世俗カンタータ「墓を裂け、破れ、打ち砕け」BWV二〇五

「満足せるアイオロス」として知られ、一七二五年八月ライプツィヒ大学教授A・ミュラー誕生祝賀会で初演されました。全十五曲から成り、ギリシャ神話を題材にした劇的作品です。

台本はピカンダー。風の精が封印された洞窟を開き、地上全てを破壊しようと目論む風神の王アイ

オロスに対して、神々が説得を試みるストーリーになっています。

アイオロスはバスが受け持ち、彼を説得するのは西風の精ゼピュロス（テノール）と果実の女神ポモナ（アルト）、学術と法の女神パラス（ソプラノ）です。

## 苦しみと音楽

子どもとの関係性においては、親として大人として時には助け導くことが必要であるかもしれません。しかし何よりも大切なことは、人間としての存在を認めることです。

親を通して子どもは生まれてきますが、子どもは親を選べず、また親も子どもを選べません。人は地球上の物質である分子あるいは原子が膨大な数の確率で集まって存在しています。一つの命あるいは魂、意識があなたを通して子どもの身体に存在しているのです。

子どもは親の所有物ではなくモノでもありません。親は子どもに期待すればするほど、あるいはコントロールしようとすればするほど、自分の思い通りにならないことを理解します。

子どもは生きていく中で様々な経験をしますが、時には失敗や過ちを犯すかもしれません。しかし失敗や過ちも、その子どもにとっては必要な経験なのです。

なぜ必要といえるのでしょうか。それは現に今この瞬間に起きているからです。経験は全てその人の気づきになります。そもそも今この瞬間には成功や失敗、正解や間違いという二元的な概念自体入る余地はありません。

時として子どもは苦しみを味わうかもしれません。親としては苦しみを経験させたくないばかりに守ってやりたいと思います。しかし、その人にとって苦しみは成長の糧であり、気づきへの入口になります。失敗は失敗ではなくなり、成功への気づきとなるのです。

自我が芽生えれば思考による苦しみを勝手にこしらえることになります。苦しみはアイデンティティの強化であり、形への自己同一化になります。

苦しみはエゴに起因しますが、結局は苦しみが積もり積もれば抱えきれなくなり、エゴが剥がれ落ち、自我は自滅します。苦しみは過去に条件付けられた古い思考であり、自分で勝手に苦しみを作り出し、その幻想に勝手に苦しんでいるだけなのです。

苦しみは目覚めあるいは悟りへの境地へと導き、意識への気づきへと繋がっているのです。苦しみは意識を向上させてエゴを消滅させるという目的があるのです。宇宙の法則では乗り越えられない苦しみは与えられないのです。

もし苦しみに抵抗し続ければ、その苦しみは長引くことになります。苦しみを抵抗せずに受け入れ、赦して手放すことで、その苦しみは自然に消滅します。苦しみを無意識ではなく意識的に受け入れることで、意識の変容が苦しみを消し去ります。

エゴは常に私は苦しむべきではないと思い込ませようとします。その思考がますます苦しみを増大させるのです。苦しみを解体するには、今ここにある意識の気づきで手放すしかないのです。

子どもは自我が芽生え、エゴが強化されればされるほど、恨み辛みを勝手にこしらえ、正常な親子関係を築けなくなります。親は必死に思考による行動のみが解決の手段だと勘違いし、エゴの罠に落ちてしまいます。

行動はエゴを助長し、行動によってのみ救われると信じ込みます。しかしエゴによる行動はエゴを強化するだけで何の解決にもなりません。

エゴは所有に関心を向け、形あるモノにアイデンティティを求め、所有で評価や満足を得ようと試みます。しかし所有はどこまで行ってもエゴを満たし満足することはありません。

今ここにあることのみが解決の道です。形のない意識は、今に在る次元と密接に繋がっています。子どもに対して評価せず何も望まないで、ただ存在を認め、話を聴き、共に寄り添うことで今に在ることが可能になります。

今この瞬間にあるなら関係性は親でもなく子でもなく、役割や機能を演じる自分はなくなります。沈黙による気づきの意識は、存在そのものに光を当て、存在の意識へと私たちを導いてくれるのです。

音楽は苦しみを溶かしてくれます。思考が作り出す過去への執着、あるいは未来への恐れを今に在る音楽が気づきを与えてくれます。

音楽が形になればモノとしての所有の対象になります。音楽が存在としての意識になれば形のない大いなる存在となります。同じ音楽でも思考を使うか、意識の気づきに至るかで音楽の本質は異なります。

音楽の存在に耳を傾け、ただ音楽を感じるだけでいいのです。解釈や判断、言葉によるレッテル貼りを止めた時に、音楽の真の姿が現れます。今この瞬間に音楽の存在を感じることで愛を感じることができます。今ここには苦しみは存在しません。そこには音楽の真実があるのです。

## ♪ パルティータ第一番　変ロ長調BWV八二五

六つのパルティータは「クラヴィア練習曲第一巻」として一七三一年に刊行されました。クラヴィア組曲集の集大成であり、バッハ作品中で最初に出版された曲集です。

導入楽章を持つことは、イギリス組曲と共通しますが、パルティータの導入楽章は、それぞれ異なった名称を持っています。

組曲の構成は様々で、挿入舞曲の曲種や配列においては慣習を逸脱するものがあります。楽章構成や音楽語法が多様を極める一方、曲の冒頭の関連付けや終止音型の統一、対位法的展開や綿密な動機労作によって楽曲の統一感は一層高まります。

第一番、変ロ長調、ケーテン侯レオポルトの嫡子の誕生祝いとして献呈されました。プレリュード、アルマンド、クーラント、サラバンド、メヌエット一、メヌエット二（メヌエット一のトリオ）、ジグーの七楽章構成です。

クーラントはイタリア風で、ジグーは通例の対位法的な展開ではなく、分散和音を華やかに用いる分散様式の手法に拠ります。

## 存在と役割

私たち人間の本質は、存在そのものです。存在とは思考を超えた今に在る意識であり気づきです。行動は物質的な形の次元に属し、身体は形ある次元に属します。

私たちは父親や母親、祖父母、子どもなどの家族の役割もあれば、学生や社会人、社長、社員、職人、商人などの社会的な役割を担っています。

役割を演じ機能を果たし、行動している世界は形ある次元に属します。形の世界は絶えず変化し、一時的なもので移ろい行くものです。

仏教の教えに「諸行無常」とあります。全ての万物は変化し、永遠不滅のモノは何もないことを端的に表しています。目に見える物質的な形に属するモノには思考や感情、状態、経験も含まれています。

人間は形あるモノですが、存在そのものには形がありません。人間は身体つまり形ある次元では絶えず変化し、いつかは老いて死んでいく運命にあります。しかし存在意識のレベルでは、消滅し死に至ることはありません。

内的な意識あるいは魂の次元では時間も空間もありません。今この瞬間の連続が時空を超えて永遠に続いているのです。

愛を体現したいがために人間は存在しているともいえます。見せ掛けの愛は物質世界のレベルでは条件付きであり、モノ同様に所有の概念が伴います。

形を超えた存在の意識では、真実の愛があります。それは所有の欲求や上下の関係性のない存在意識としての愛です。それは今に在る意識であり、存在そのものでもあります。

愛とは自分の内と外とを分けている分離感は幻想であり、万物は何一つ分離や独立しておらず、全ては一つで繋がっていることに気づくことです。他者に自分自身の存在を見出すことでもあります。

仏教ではそのことを「諸法無我」といっています。

万物は現れては去っていく、全ては一時的で自然発生的に起きていることを見抜くと、所有への欲求や支配的な態度に執着することはなくなります。変えられないものを変えたいと思い、避けたいと思っても避けられないことがわかれば、自然に手放しは起こります。

誰かに認めてもらいたい、誰かに愛されたいと求めれば求めるほど、自己と他者あるいは主体と客体による分離感は強まり、愛は感じられなくなります。真実の愛は存在そのものを認め、二元性でない一つの命である一元性を認識することです。

何かを体験する時よく観察してみると、何一つ自分ではコントロールできず、全ては自動的に勝手にことが起きていることがわかります。

釈迦は「起きることが起きる。それ以外は決して起きない」といっています。どんな状況でも役割に同一化せず、あるがままに生きることの大切さを表しています。

私たちは事象に対し分析したり、解釈したり、判断したりします。刺激に対して即座に反応するのではなく、手放して放置するのです。あるいは時には諦めることも必要になります。

諦めるとは明らかに状況を見極めることであり、断念することではありません。自然の流れに任せ、深く委ねることです。今できることを一生懸命、集中してやればいいのです。

状況をあるがままに認識し、自然発生的に訪れては去ることに身を任せるのです。起きることを無理やり変えたり、取り除いたり、管理したりしなくても、ただ真実は起きているのです。

思考は絶えずコントロールしようと試みます。しかし、その思考も自然に現れては消えるものであることを認識するのです。たとえ思考にとらわれていても、今この瞬間に思考が起きているだけなのです。

それがわかれば思考のない気づきとして、今にくつろぐことができます。そしてあるがままを受け入れることができるようになります。自己のない気づきから叡智に満ちた反応が自ずと立ち現れるのを感じることができます。

自己中心的なエゴは、個人の苦しみや他者との対立を生じさせます。思考が私の存在を分離させ自分だと誤解させ、無意識のうちに思考の言いなりになります。

思考は道具であり手段であり、自分の存在とは何の関係もありません。思考は生きていくために必要ですが、使ったらしまわなくてはなりません。

思考に頼らずあるがままに意識を信頼すると、自然に他者への思いやりと感謝が生まれます。何もしなくてもすでに完璧な存在で満ち足りて生かされていることに感謝できます。

そして思考が生み出す恐れや欠乏感は、豊かさに取って代わります。もはやどのような困難な状況に出会っても、今に在る意識で冷静に対処できるようになります。

音楽は役割を演じると存在そのものの光は失われます。音楽の楽しみや感動は、思考によって捉えることもできます。しかし思考のない存在そのものにフォーカスすると音楽の本質は光り輝きます。

音楽に対して言葉を使って解釈したり、評価したりせずに、ただあるがままの音楽の存在だけを認識するのです。音楽の存在を気づきの意識として、ただそこでくつろぐのです。

思考から離れて休息できれば、音楽との一体感を強く感じることができます。この世界は何一つ独立しておらず、全ては繋がっていることを理解すると音楽への愛も深まります。

音楽は絶えず変化し一時的で自然発生的なものであることを認識できると手放しの境地で、あるがままに音楽の存在を感じることができます。音楽と共に今に在ることで思考による幻想の世界を抜け出し、内なる意識の目覚めによって今ここにあることができるのです。

## ♪ オルガン小曲集「主イエス・キリスト、われ汝を呼ぶ」BWV六三九

オルガン小曲集の解説は七七ページをご覧ください。この第四十一曲は品行と体験のコラールです。オルガン・コラールの中で最も感動的であり、美しい感傷的旋律のために好んで弾かれ聴衆にも感動を与える作品の一つです。

この曲は他の「オルガン小曲集」の編曲とは明らかに様式を異にしています。アルトとテノールが一つの音域にまとめられていて、オルガン小曲集の中で唯一、三声部編曲です。

二つの手鍵盤と足鍵盤用に書かれ、定旋律はカンタータのアリアのように哀愁を漂わせながらも優雅であり、軽い装飾によってソプラノに置かれています。

アルトとテノールの分散和音は、十六分音符が主体で四つずつスラーによって繋がれ、中音域の弦楽器を模倣しています。

バスには終始留まることのない八部音符は、不安定な心臓の鼓動を描いており、罪に沈む心の憂いを表現しています。歌詞の意味と物悲しい旋律から、このような音楽的表現を見出して感動的作品に仕上げています。

作詞者はJ・アグリコラで、アイスレーベンに生まれ、ルターの弟子であり、アイスレーベン聖アンドレ学校長を務めました。彼はヴィッテンベルク大学の神学講師を務めた後、ベルリン宮廷説教者になっています。

コラール旋律の作曲者は不明です。バッハはこの曲をヘ短調に編曲していますが、原曲は短三度低い二短調（ドリア旋法）なので調号は付いていません。

バッハは三位一体後第四主日のために、同名の「教会カンタータＢＷＶ一七七」を作曲しています。他に「カンタータＢＷＶ一八五」の第一、六曲に使用しています。

## 意識的に今に在る

役割を演じる行動をするのではなく、ただ目的のために行動する時、その行動は知的で的を射たものになります。役割に自己意識を通して個人的に受けとめると、役割にとらわれた行動は歪められます。

その役割にアイデンティティを見出さず、今この瞬間に集中して、やれることをひたすらやるのです。そうすると道は自ずと開けます。

目に見える物質世界は、五感を使って頭で認識している限り幻想であり、仮想現実の中で生きていることになります。どんな役割も思考が作り上げた物語で、個人的に受け止められる時、エゴによるアイデンティティは強化されます。

そのストーリーにのめり込めばのめり込むほど、目的のない無意識の自己同一化は強まり、苦しみはますます深まるばかりです。

最終的に苦しみは、それ以上抱えることができなくない、エゴは自滅に追い込まれます。そうすると自然に手放しが起こり、気づきが与えられます。それが目覚めであり悟りであり、意識の覚醒となります。

思考が作り出した幻想の世界において、役割を演じないで深い洞察を以って、自分を誇張せず、自分らしく、あるがままに生きている人もいます。

それは確実に今に在り、意識の進化した人々で、世の光になります。しかも彼らの影響力は、思考の及ばない次元にまで達し、存在そのものに光が当たり、周囲の人々まで意識の変容をもたらします。

思考の作り出すストーリーに埋没しないと、行動がシンプルになり、自我が剥がれ落ちた状態になります。その人は何も特別な人間ではなく、目覚めて気づきに至った人です。その人の行動は、非常に力強く効果的です。

頑張る必要も努力する必要もなく、あるがままに生きるのです。私たちはすでに完璧な存在で、この世界もすでに満たされ、完全に調和し、超バランスで刻々と起きることが起きています。

そのことに気づくと、自然に愛と感謝が湧き、自分も他者も赦すことができるようになります。そうすると他者に対して恨み辛みを抱えることも、自ら苦しみを作り出すこともなくなります。

自分にも他者にも評価したり解釈したり定義したりするのを止めれば、存在そのものを感じることができます。その時の関係性は、役割や機能ではなく、今に在る真の人間関係を築くことができます。

エゴは役割を演じ、まだ不十分だと絶えず何かを求め続け、存在するためには何かを獲得しないといけないと、恐怖や不満足感で生き延びようとします。しかし全ては完璧ですでに与えられており、今ここに生きていること、存在そのものが、その証です。

人の本質は誰よりも優れてもいないし、劣ってもいません。その人の存在は、その人自身でしかありません。それを認識した時、自分も他者も分離感がなくなり、真の哀れみと慈しみで、自尊心と他者への尊重が育まれ、真の関係性が構築できるのです。

仏教では「一切皆苦《いっさいかいく》」としています。世の中の全ては苦しみであるというのです。人は誰しも避けられない「生老病死《しょうろうびょうし》」の四つの苦しみがあります。また自分の思い通りにならないことも意味しています。

苦しみや不幸は、思考が作り出している幻想です。エゴにとらわれている人は、自分自身や他者に及ぼす苦しみを認識できません。刺激に対しての反応は人それぞれで、一つの事実に対して幸福を感じる人も不幸を感じる人もいます。

ネガティブな反応は心の抵抗であって、苦しみの感情は思考による産物です。起きていることに意味や価値はなく、事実は全て中庸で中立です。意味付けや価値観は思考が行っています。

エゴにとっては喜びも苦しみも、感情のベクトルとしては同じです。思考は全てを相対化し二元的に捉えます。恐れや恨み辛みなどのネガティブな感情は、分離感を強め被害者意識を生み出します。

感情と身体は密接に関わっており、心理的変化が身体機能や免疫にどのような影響を与えるか体験的に理解できます。嬉しい時も涙が出ますし、悲しい時も涙が出ます。嬉しいも悲しいも思考にとっては同じで、感情のベクトルがポジティブかネガティブに触れるだけの差しかありません。

自分の中に、ある感情が生まれた時、それがポジティブであろうとネガティブであろうとアイデンティティの強化であることに変わりはありません。

感情はエゴによるものであることに気づけば、アイデンティティはエゴから気づきへのシフトが始まり、エゴはもはやエゴではなくなり、思考を乗り越えることができるのです。

ネガティブな感情の中で自分を勝手に苦しみに変えていることに気づけば、あるいは自分を俯瞰して観察することができれば、エゴは気づきの意識となって反応の限界を乗り越えることができます。

気づきとは思考も境界もない、今この瞬間の時空であり、あらゆる事象が、今ここで現れては消える変化の次元です。気づきを認識することは、頭の中の声に注意を向けて、それを感じている言葉と時間のない存在そのものです。

エゴは小賢しく知的ではありません。気づきという言葉の意味を知的に理解しようとしても理解できません。思考による小賢しさは自己破壊に繋がり、自分と他者を分離し、苦しみを作り出します。単純に思考のない今ここにくつろぐのです。

耳を澄ませば、今ある音楽が聴こえます。この時、聴覚を使って感じています。耳を閉ざせば、音は消えてしまいます。気づきとは今ここにあり、耳を澄ませたら音楽が現れ、聴覚を閉ざせば音楽が消えることに気づくことです。

音楽は意識の中に立ち現れては消え去りますが、音楽そのものは、ずっとそこにあり続けています。だからこそ音楽の存在を認識することが、心の安定をもたらすことになります。そこにはすでに思考はありません。

聴こえる音などあらゆる物質的な現象は、現れては消えて変化し続けています。しかし音楽が存在しているという事実は、今ここにあり続けます。それが存在意識への気づきです。常に今聴こえてくる音があり、今この瞬間の時空でしか起きていません。

過去の記憶を思い出しても未来のイメージを思い描いても、全ては今ここで起きており、時間にとらわれていたら気づきの意識には繋がりません。過去や未来に関する思考は、意識の気づきには至らないのです。

音と音との間にある沈黙に思考のない気づきを認識してみてください。音楽は何の努力もなしに、すでに今ここにあります。音楽と共に今ここで休息することができるのです。

## ♪ イギリス組曲第三番　ト短調BWV八〇八

バッハ自身が「前奏曲つき組曲」と呼んでおり、「イギリス組曲」（前述九八ページ）各曲には長大な前奏曲が置かれています。

第一番を除く五曲の前奏曲は、イタリア風協奏曲あるいはダ・カーポ・アリア形式が見出せますが、二声の対位法的な書法による緻密さを内包しています。イタリア的な様式とドイツ的な響きの融和を感じさせます。

調選択と六曲の配列には「フランス組曲」や「パルティータ」のような一貫性や論理性は見られず、作曲された順番ないし楽曲の難易度に沿って単純に並べられています。

第三番、ト短調、プレリュード、アルマンド、クーラント、サラバンド、ガヴォット一・二（ミュゼット）、ジグーの七楽章で構成され特にガヴォットが有名です。

ミュゼットは本来、小型のバグパイプのことで、この楽器を用いる舞曲からこのように呼ばれました。保続低音を持つ牧歌的な舞曲の性格を描写しています。

## 分離感と音楽

思考は分離感を作り出し、分離感は苦しみを作り出します。ネガティブな感情には恐怖や不安、怒り、恨み辛み、悲しみ、罪悪感などあります。ネガティブな感情が不幸を生み出します。

多くの人々は無意識であるため、思考が苦しみを生み出していることさえ気づくことはありません。完全に今に在る時、その時が気づきの瞬間であり、思考からの支配つまり自我から脱することができるのです。

無意識は心の状態と自分を同一化しており、そのことに自分では気づきません。眠っている時に見る夢は、夢を見ている時は気づけませんが、夢から目覚めると夢だと気づくことができます。

それと同様に思考の中で生きている人は、自分が思考と同一化してしまっていることに気づくことができません。

無意識の観念は、絶えず過去と未来にフォーカスし、私たちに後悔と不安の感情を与え、苦しみを作り出します。過去に私はこうすべきであった、未来はこうなるべきだというのです。

そもそも人生において「ねばならない」や「べきである」ことなど何一つありません。思考は絶えず時間にとらわれ、過去の経験から判断し、未来への目標を定めないと不安なのです。

思考は今に在ることができないので、現実と物語を混同します。思考から離れ今に在る気づきの意識が私たちに心の安らぎを与えてくれます。今この瞬間は、生命あるいは魂が経験する場であり、生命と一つになる瞬間です。

釈迦はそれをタタータという言葉で表現しています。「起きることが起きる。それ以外は決して起きない」とあるがままに生きることを説いています。

人は知らず知らずのうちに自分で苦しみを作り出しています。それは無意識な生き方で自我にとらわれている状態です。またエゴは他者を攻撃し、自分を正当化して生き延びようとします。

人類の負の歴史はエゴが作り出す物語であり、正義感同士の衝突であり、善悪の二元性の概念の中で起きています。

今この瞬間に集中し、自分の行動に責任を持つことから始めましょう。思考を現実化させるのではなく、今に在る意識を現実化するのです。

意識は意識を観察することで、思考による行動から抜け出すことができます。思考から気づきへの意識の変化が起こると、エゴによる小賢しさよりも偉大な知性が私たちの人生に現れてきます。もうそこには分離感による自己はなく、私はいません。

現実は気づきの意識の外には生じないことがわかります。現実が気づきの外側に出現しないならば、現実は気づきから分離することはありません。

たった今立ち止まって思考が生じるのを観察してみましょう。その思考を観察しているのが気づきの意識であることがわかります。

音楽と音とは別ものでしょうか？　音なくして音楽は存在しません。音楽なくしてその音は存在しません。分離や独立して存在するものなど何もなく、全ては関係性の中で繋がっているのです。現実と意識も同じように切り離せないのです。

音楽に音がなくなれば、何でもありません。意識もそれだけでは何でもなくなってしまいます。音楽の全ての音が音楽とは切り離せない形で、音楽の中に音として存在するのと同様に、あらゆること象は、意識とは切り離せない形として気づきの中に意識として立ち現れます。

過去の体験から全ては、分離されているとか独立しているという感覚が起きるかもしれません。その時少しの間、思考のない気づきの意識の中でくつろいでみてください。そして音楽に耳を傾けるのです。

最初に音楽は、どれも頭に浮かぶイメージ、あるいは言葉などの思考を通して現れてくるかもしれません。ただ真っすぐに音楽だけを感じてください。すると思考は自然に消えて、音楽だけが立ち現れます。

物事を分離している思考が消えると、分離している境界線はぼやけてきます。真実はまるで分離していない継ぎ目のない音楽の流れのように感じられます。

それぞれの音が音楽と分離せず一体となり、音楽の本質が継ぎ目なく立ち現れます。私たちは音楽の直接的な体験によって分離は、ないことに気づくことができるのです。

## ♪ クリスマスの歌によるカノン風変奏曲「高き天より我らは来たれり」BWV七六九

二つの手鍵盤と足鍵盤を持つオルガン用の五つのカノン風変奏曲で、L・C・ミツラー設立の音楽研究団体である音楽学協会のための入会資格試験用に一七四六年に作曲されました。

この作品は「音楽の捧げものBWV一〇七九」と「フーガの技法BWV一〇八〇」と同じように共通して価値があります。その音楽語法は非常に抽象的であり、ある特定の楽器で演奏するという固定観念はありません。従って様々な楽器で演奏されています。

このコラール・パルティータは、非常に力強い生命力に満ち溢れ、天使の群れが高く、あるいは低く舞い乱れ、彼らの愛の歌が幼子イエスの揺り籠の上に優しく鳴り響きます。救われたキリスト教徒たちは、嬉しさに踊り心から喜んで甘美なるメロディーを歌います。

バッハは、この作品で全ての驚くべき知性と技巧を音楽に結実することに成功しました。また抽象的な対位法技法が、見せ掛け以上の意味を持つことを学ぶことができます。

演奏では、個々の声部の独立性と音質の分離に留意しなければなりません。第三変奏をよく響かせるために、三段手鍵盤と定旋律を弾くもう一人の演奏者が必要です。レジストレーションは基音レジスターを優勢させ、最後の変奏のみプレーノによるオルガン基音全奏を要求しています。

# 第5章

# 過去への執着と音楽の存在

# エゴの形と音楽

思考は人間が現代社会において快適に便利に生きていくには必要です。文明の発達や科学の進歩は思考がもたらしたポジティブな側面です。

思考は道具であり手段です。道具は使い終わったら元の位置に片付けられなくてはいけません。人生において思考が主体になることは決してありません。

思考が人生を支配するようになると、苦しみや様々な機能不全をもたらします。思考においてネガティブな側面をエゴといいます。エゴは多くの精神障害に見られ、病的あるいは中毒的であるといえます。

思考は現実化するといわれますが、思考が現実化することは決してありません。思考にはそのような力を備えていませんし、人は自分が思うように生きることはできないからです。

エゴは絶えず思い通りにコントロールしよう、管理しよう、変えたり取り除いたりしようとします。しかし思考には何もできないことがわかるとエゴは自然に消滅します。

自己の目に見えない内面の気づきの意識のみが現実を作り上げます。目に見える外の世界は、目に見えない内側の心の投影に過ぎません。

多くの人は意識を意識できないので、無意識のうちに現実は起きています。私たちの無意識が現実を作り出しており、その意味では無意識が現実化するといえます。

無意識を意識できると、気づきの意識を認識できます。無意識を意識する観察者であると、全ての事象はスムーズに流れるようになります。たとえ問題が起きても今に在る気づきの意識で、集中して冷静な対応が可能になるのです。

今この瞬間の思考入り込む隙間のない世界では、私という主体は存在しません。スピリチュアルに言うと万物は一つ命でありワンネスで、分離し独立して存在するものなど何一つありません。私はあなたで、あなたは私なのです。

自分を特別な存在に見せたい、他者に印象付けたいがために、嘘をつく人がいます。エゴにとっては、アイデンティティの強化であれば嘘でも欺きでも何でもいいのです。

全ては一つに繋がって調和しているので他者に嘘つくことは自分に嘘つくことであり、その嘘は必ず回りまわって自分に返ってきます。

人に与えたものは、必ず自分に返ってきます。仏教でも「因果応報」といって、そのことを戒めています。

与えたものは与えた人から直接、自分に返ってこない場合もあり、いつ返ってくるかもわからないので、人は与えたものが必ず返ってくることが理解できないのです。与えたものが自分に返ってくることを頭で理解しても、身体ではわからないのです。

人に与えたものは必ず返ってくるので、与える人は受け取る人でもあり、受け取る人は与える人でもあります。だから与える人は豊かになれるのです。

思考は幻想であり、エゴも妄想です。思考による被害者意識あるいは虚構がストーリーを作り上げます。他者が私を陥れようとしているとか、私を支配しようとしているという物語です。

分離感による意識が自己と他者を分け、勝手に妄想を作り上げるのです。その妄想は様々な問題をでっち上げ苦しみを生み出します。

そもそも問題など存在しません。確かに生きていれば様々な課題にぶち当たります。しかし課題を冷静に一つひとつ解決すれば、問題にはならないのです。

課題を問題としなければいいのです。課題が出てきた時に、今に在り集中して対処すれば解決できない課題はありません。

新約聖書コリント人への第一の手紙十章十三節に「神は乗り越えられない試練は与えられない」とあります。

エゴは人生でぶつかる問題は誰か他者のせいだとします。しかし問題を自責ではなく他責にした途端に解決の道は遠のき、その問題はますます深刻になります。なぜならその問題を作り出したのはエゴであり、エゴに気づき自分で問題を解決するしか方法はありません。

エゴが作り上げる妄想が極端になった場合、自己中心的で自分は特別な存在であるという思い込みはますます強くなります。

自分は迫害されて犠牲者だとか、監視され脅かされているなどの被害者意識と自己中心的な特別感はエゴによって強調されます。

さらに国家や宗教、民族、組織などによる集団的エゴは、集団的機能不全をもたらし、これまで様々な紛争や対立を生み出し、多くの犠牲を生み出してきました。

個人や集団が無意識であればあるほど、エゴは人々に暴力や闘いなどの苦しみを作り出します。それはエゴが自己同一化し、アイデンティティの強化が無意識のうちに現れた状態だといえます。エゴは絶えず自分は何者か、何の役割を演じるかなど思考と自分を同一化します。

エゴから解放される瞬間を経験する時もあります。今に在り音楽に集中している時です。悟りのための修行をしなくても、音楽と共に完全に今に在ることができれば、エゴと自分の存在を混同することはありません。

現在、名前が残っている音楽家は、その瞬間瞬間に今に在り、音楽と共に成すべき音楽に取組み成果を上げた人たちです。

彼らの音楽的なインスピレーションは思考によるものではなく、音楽と一つになり、今と一つになった意識の賜物です。エゴによる分離感ではなく、今に在り音楽と一つになれる人は、新しい気づきの意識の境地を築きます。

音楽のテクニック的には素晴らしいのに、思考が音楽の邪魔をして、音楽の本質を引き出せない人もいます。音楽が手段になって、エゴが目的になり興味関心が自分自身に向けられている状態です。

意識は自己承認を促しますが、エゴは他者承認を求めます。エゴは波動でありエネルギー体で、そのエネルギーが承認欲求を引き出し、他者の関心を引くことで発散します。思うような承認を得られない場合、エゴのエネルギーは自ら苦しみを作り出します。エゴは絶えず何かを求め、利益や権力に関心が向かい、その時音楽が目的のための手段となります。

エゴはあるがままと対立し、分離感はより一層強まります。自己同一化は恐れや怒りにエネルギーを費やし、音楽へのエネルギーは削ぎ落とされ、音楽の輝きは失われます。

恐怖や不安定なエネルギーは絶大で、私利私欲のためなら手段も選びません。エゴは生き延びるために新たな手段を探します。

エゴは他者との比較でアイデンティティを強化し、無意識のうちに音楽の真の現れを邪魔しています。エゴは音楽が他者を癒し、関係性を円滑にし、今に在る音楽のパワーが人々を助けてくれることを知りません。

音楽から自分自身を分離させ、無意識のうちに満足や感謝が得られないと思い込むと、エゴはますます強化されます。エゴが音楽を支配すると、もはや音楽は物質的な所有の対象として、音楽の本質は消え去ります。

今に在る気づきの意識のみがエゴを解体し、音楽の存在を引き出してくれるのです。

## ♪ チェンバロ協奏曲第五番　ヘ短調ＢＷＶ一〇五六

チェンバロ協奏曲の詳細は前述の三八ページをご覧ください。第五番の原曲は消失したヴァイオリン協奏曲ト短調であるとされていますが、この原曲がバッハの作品であるかどうかは不明です。第二楽章は、「カンタータBWV一五六」のシンフォニアと同一で、「バッハのアリオーソ」として親しまれています。

バッハの初期のシンプルで古風な様式を示していますが、主題の有機的な展開など、かなり巧みな書法が駆使されています。一七三八年から一七四二年にかけて作曲されたと考えられています。

第一楽章、アレグロ・モデラート、四分の二拍子、リトルネロ形式による楽章で、同一音形を装飾反復し、やや固い表情を持った全奏による主題が現れます。

第二楽章、ラルゴ、変イ長調、四分の四拍子、弦のピッチカート奏法の伴奏を背景に繰り広げられる甘美なメロディーは、バッハの中でもポピュラーとなっています。

第三楽章、プレスト、ヘ短調、八分の三拍子、リトルネロ形式による舞曲風の活発なフィナーレで、躍動的でリズミカルな性格を持っています。

## ワンネスと音楽

人は私とあなたを区別した時に分離感が生まれ、その分け目からエゴが生じます。自己という観念は「私のモノ」というように、所有の概念を生じさせ、自分と所有物が一体化していると信じています。
それはエゴによる妄想であり、自分で作り出した物語の中で生きることになります。自分と他者を分ける自我が芽生え、所有にアイデンティティを求める状態は、幼い子どもの発達段階によく見られます。

自我は人間が自立する上では必要だといえますが、自己中心的になると様々な問題を生み出します。教育は文字通り知識やスキルを教え育て、思考力や判断力、表現力を養うことですが、自我を強化することにもなります。

文化や科学の発展には思考は大切ですが、思考と自分自身を同一視して、思考に埋没すると様々な弊害を生み出します。しかも自我は思考に支配されていることに気づかず、無意識の中で同一化しています。

思考は道具であり、目的のための手段です。使ったら元の位置に戻さなくてはいけません。思考に支配されるのではなく、無意識を意識して意識をコントロールできなければ、苦しみを作り出し、それに埋没することになります。

今に在り、思考は幻想であり自分の本質とは何の関係もないことに気づくことが大切です。生きている限りモノは必要ですが、必要以上のモノを求め、モノと自分を同一化し、モノにアイデンティティを求める時にエゴは強化されます。

エゴに支配された状態は、愛や感謝、赦しとは真逆の概念になります。エゴと愛は共存できません。

エゴが強化されると分離感による妄想はますます強まり、自己と他者あるいは全ての存在が別々のモノだと感じます。

私と生命も分離感による所有物となり、生命や大いなる存在への繋がりは感じられなくなります。そもそも私と生命は分離しておらず、生命は所有物ではありません。

仏教の教えに「今、生命があなたを生きている」といって、生命の所有を否定しています。私の存在そのものが生命だと気づくと、私と生命は一つであることにも気づくことができます。

私と生命が一つであることは、全ての生きとし生ける生命体も一つであり、繋がっていることもわかります。

生命は所有ではなく、与えられたものです。人は生きているのではなく、生かされているのです。全ては完璧に調和し、すでに与えられていることを理解すると自然に愛と感謝が生まれます。

人は一度に一つのことしか焦点を当てられず、同時に二つの事象に注目することはできません。考えながら感じることも、感じながら考えることもできません。感じている時は、感じている自分があるだけです。考えている時は、考えている自分があるのです。

それは過去や未来は存在せず、時間は幻想だということからもわかります。私たちが生きる世界は今この瞬間の連続で、一つのことしか入る余地がありません。

椅子に座って音楽を聴く時、音楽に焦点を当てるか、座っている椅子に焦点を当てるか、どちらか一つにしか集中できません。

次に一度に一つのモノに集中するのを止めてみます。思考がなく、何かに集中することもなく、ただ今にくつろぎ、気づきの意識としての自分を認識するのです。

その時に部屋の空間が意識に入ってきます。今の瞬間のみがある思考のない時空です。今この瞬間と空間への気づきが、切っても切り離せないことがわかります。

気づきの意識としてくつろぐと、部屋の様々なモノや音楽は継ぎ目のない空あるいは無、沈黙を感じることができるようになります。

これがまさに仏教のいう「色即是空」です。目に見えるこの世界に存在するあらゆる事象は、全て実体はなく、空あるいは無であるというのです。

思考がなければ部屋や椅子、床など何一つ独立したものは存在しません。思考が生まれると椅子という物体が立ち現れます。このことから思考が実体を作り出していることがわかり、思考がないと物体も存在しないことが理解できます。

多くの人の思考は、ひっきりなしに次から次へと現れて、全てのモノが独立して分離して存在すると思い込んでいます。それと同時に思考こそが全てを反映し描写し現実化できると信じています。思考を通して物体が立ち現れるのです。思考が分離し個別の物体を作り出しています。

何一つ独立して存在するものなどなく、全ては一つであり繋がっているのです。その一つ命である繋がりに気づくことこそがワンネスであり、愛を感じることに他なりません。音楽の繋がりを体験することが愛なのです。

## ♪ コレッリのテーマによるフーガ　ロ短調BWV五七九

A・コレッリの二つのヴァイオリンと通奏低音のための教会ソナタ第四番作品三から二重主題を借用しています。作曲は一七〇八年以前と考えられます。「小フーガBWV五七八」ほどポピュラーではありませんが、簡潔でエネルギッシュな性格に仕上がっています。

コレッリの第二楽章の主題は、ストレッタの形で三回現れます。バッハはコレッリの三十九小節に対して百二小節を紡ぎ出し瞑想的な特徴を与えました。

四声のストレッタは一つしかありませんが、一貫して四声が保たれており、コレッリを遥かに凌駕しています。バッハの円熟期には決して見られない十六分音符進行が開始される書法が二回現れ、隠れた主題の入りは巧妙に行われます。

# 決定論と思考を超える音楽

思考は全自動で勝手に湧いて出てくる一時的なものです。信念や観念、記憶、想像、解釈、判断、評価、概念、自我、エゴ、物語、幻想、意見、意思、認識、役割、自己、他者、言葉、イメージなどは全て思考の一側面であり形です。

「私は選択する」といえば、意識的に自分が選んだ感覚が強いのです。しかし思考や感情は意識しなければ無意識の領域であり、選択したようで実は何一つ選択できていません。

ベンジャミン・リベットの実験では、無意識が意識的な動作を開始させ、自由意志は動作の開始に役割を果たしていないことを発見しました。

動作を行う時、意識的に自覚するより以前に、無意識が発動しており、意思は動作に影響を与えていなかったのです。

意識的な動作には、意識は全く関与しておらず、動作は無意識によって誘発されることを示唆しています。

このことからも思考は現実化することはなく、無意識の内面が私たちの生きる世界を反映し作り出していることがわかります。

人間には自由意志がないことは、釈迦が二千五百年以上も前から見抜いていました。「起きることが起きる。それ以外は決して起きない」とあるがままの人生、タタータを説いています。

人生は全て全自動で起きており、起きることに意味や価値はなく、思考がアイデンティティを確立するために意味付けや価値付けをしていることがわかります。

人生はシナリオ通りで、選択の自由はなく、全てが決まっているという決定論を受け入れると、抵抗を止め手放し降参して、大いなる存在にお任せするしか道はありません。

## 人間に自由意志はない

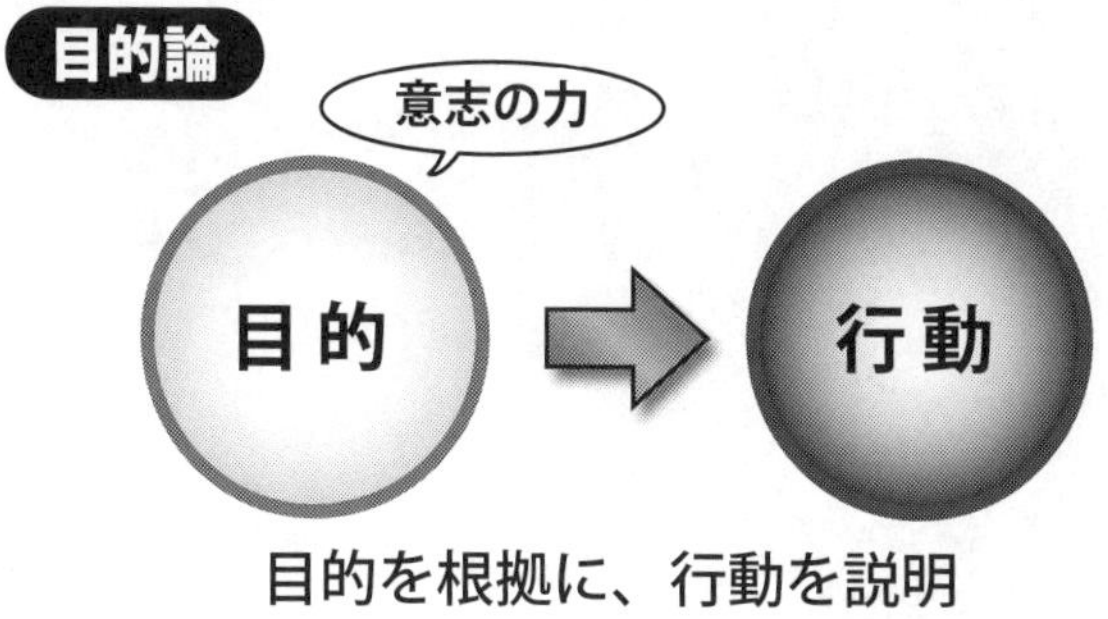


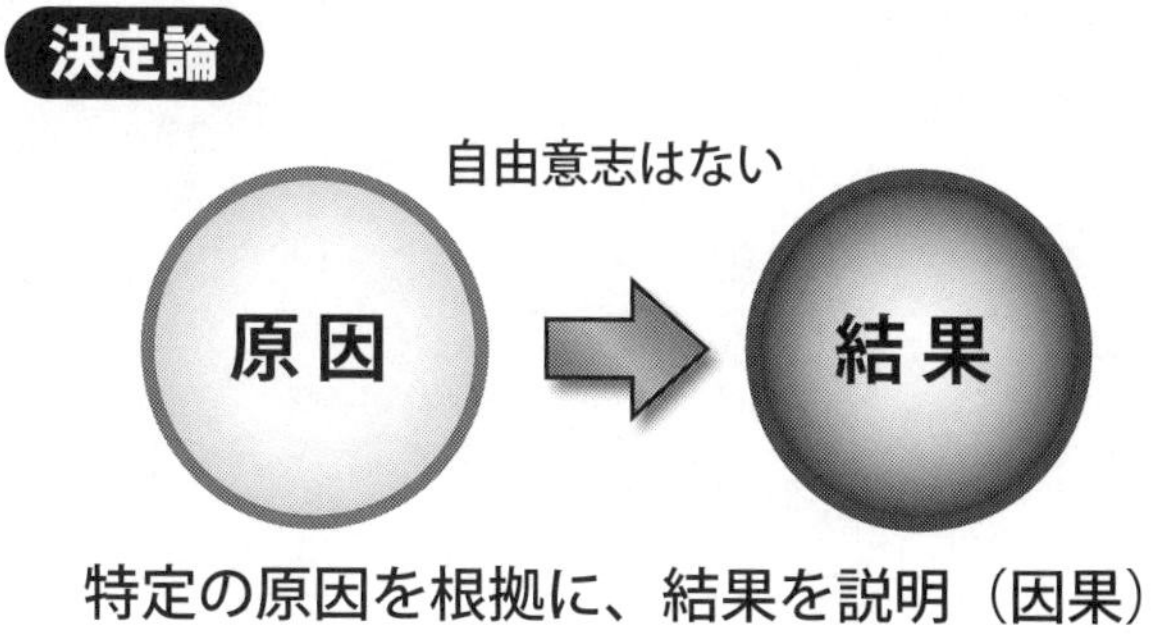


人生のシナリオは全てが決まっているという決定論を受け入れて、大いなる存在にお任せすれば、心の平安が得られる。

## ハイヤーセルフ（魂）に繋がる

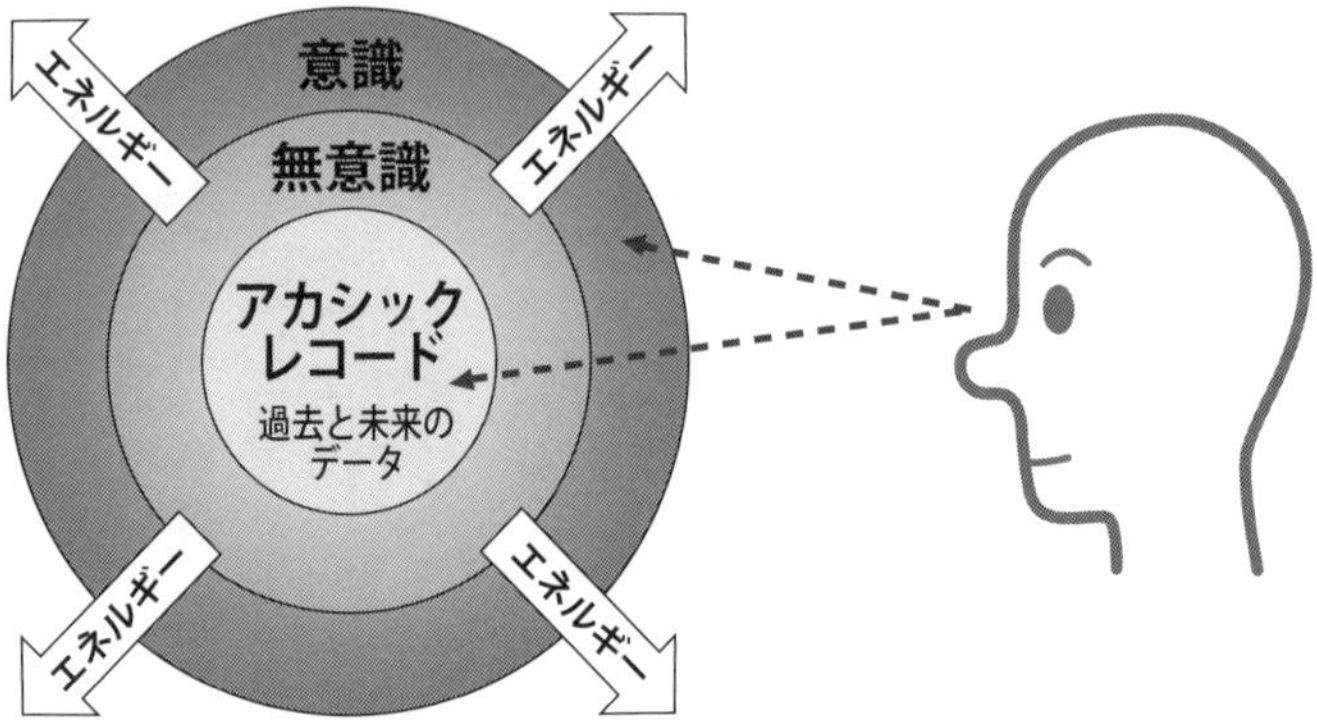


誰もが持つ高次元の意識に繋がれば、時空を超越した全ての情報「アカシックレコード」にアクセスできる。

古代インド哲学ではアカシックレコードという過去、現在、未来の全て情報が記された宇宙的データベースが存在すると考えられていました。

アカシックレコードにアクセスするにはハイヤーセルフに繋がる必要があります。ハイヤーセルフとは誰しもの内側に存在する高次元の自分であり、より高い次元にある意識のことを指します。日本人にとっては魂というほうがわかりやすいでしょう。

人間は自分の意思で選択して生きているように感じます。それは思考が作り出す幻想で、人間は思考による物語の中で生きており、全ては仮想現実なのです。

人生において選択し管理コントロールできることなど一つもなく、それがわかると全てを手放して、あるがままに明け渡し降参するしかありません。

思考は過去に条件付けられているので、過去に反応し続け執着します。仏教ではこれをカルマあるいは輪廻、因果といい、偶然や神の創造を否定しています。その人にとって必要だから今、起きているのであり、偶然やたまたまはなく、全ては必然であるのです。

思考と自分を同一化している時は、無意識の状態であり、思考に気づくことはできません。まさに思考に取り付かれている状態だともいえます。思考に自分を完全に同一化すれば、自分の内なる本質を見出すことはできず、エゴはますます強化されます。

思考は意識の極一部の側面であり、思考に気づく意識が思考を超えるために必要です。思考の自己への同一化の度合いは人によって、あるいはタイミングによってそれぞれです。

短い時間でも思考から解放され離れることができれば、自ずと人は安らぎを感じ、喜びと心の平安が訪れます。思考から離れることによって、身体の生命感を体験し、愛や創造力が生まれ、自分の本質を感じることができるようになります。

思考に完全に支配されている人は、エゴが前面に出て、分離感による自己と他者を分け、いつも緊張感と疎外感があり、何かの苦しみを抱いています。

思考による負の感情が、その人の生命力あるいはエネルギーを吸い取っているので正気がなく、今に在ることができません。そういう状態は相手を見ているようで見ておらず、音楽を聴いているようで聴いていません。関心が、ありもしない過去または未来に向いているのです。

過去には何一つ起きていません。未来にも何一つ起きません。全ては今この瞬間に起きています。思考は時間と言葉の世界にいるので、そのことに気づくことができません。

なぜ思考は分離感を生み出し、事物が別々に存在すると思い込んでいるのでしょうか？　それはどの瞬間も無意識のうちに時間にとらわれ、言葉とイメージが行動や体験を生み出すと信じ続けているからです。時間にとらわれ言葉を重視するので、物体が別々に存在するように見えるのです。

事象に時間の概念を当てはめると、過去と未来に執着し、今に在ることができません。事実に言葉を貼り付けた途端に、概念化してしまい、本質は見えなくなります。物事をイメージした途端に、イメージにとらわれて、真実は見えなくなるのです。

思考のない音楽の中でくつろぐことは大変役に立ちます。音楽と共にあることで思考から離れ、音楽の中で少しの間でもくつろぐことができると、言葉とイメージが自然に消えます。

その時に音楽の体験は分離がなくなります。全ては繋がっており分離するものは何もなく、一つであることに音楽を通して気づくことができます。

今この瞬間、時間を超えて言葉とイメージを離れて、あるがままに今ここにあるのです。あらゆる言葉とイメージは、過去に条件付けられた記憶から生まれます。

私たちは事実に対して無意識のうちに記憶を重ね合わせています。記憶は自己のストーリーであり過去の幻想です。エゴは都合のいいように解釈しこじつけます。起きたと思っている出来事も、もしかしたら起きていないかもしれません。

自分の存在は今ここの時空であり、言葉とイメージは思考による物語であることを認識しなければ、自己と他者は別々に存在すると感じる分離感による思い込みは、私たちを支配します。

音楽は思考を離れくつろいでいる私たちを分離したり恐れを与えたりはしません。音楽と共に今に在るなら、物事が別々に存在するという観念から離れることができます。音楽の存在を知ることで、無意識を意識し、意識を意識できるようになります。

音楽を意識すればするほど、生きるために思考だけを頼りにする必要はないことにも気づけます。自分が何者か、あるいは人生には何の意味があるのかを定義したところで、何の意味もないこともわかります。

解釈や判断することなしに思考を超えて音楽と共に今に在れば、座禅や瞑想することはなく、目覚めや悟りの境地に至ることができるのです。

## ♪ 狩のカンタータ「我が楽しみは、元気な狩のみ」BWV二〇八

現存するバッハの世俗カンタータの中で最も古く、一七一三年二月にザクセン・ヴァイセンフェルス選帝侯公F・クリスティアンの誕生祝いのための作品です。全十五曲から成り、第九曲のアリアはよく聴かれています。

歌詞のS・フランクは、題材をローマ神話の狩の女神ディアナ（ソプラノ）を中心に、その恋人エンデュミオン（テノール）を司会とし、牧神パン（バス）、野の女神パラス（ソプラノ）によって領地の豊かさと絡めてクリスティアンを讃美し、オペラの要素を取り入れました。

## 感情による音楽への気づき

思考を使うと、それに付随して感情が伴います。思考や感情が全て悪いのではなく、感情によって苦しみや恐れを作り出し、それにとらわれることが問題なのです。

思考による感情を完全に自己同一化し、それに気づかない無意識状態でいることが様々な弊害をもたらします。

過去に条件付けられた感情がもたらす苦しみが増して、それが長年蓄積されると心の傷となって人間を苦しめます。それが病的になると鬱や精神障害の形になってさらに苦しみは続きます。

身体は病気になることによって、私たちに危険を知らせ、信号を発して教えてくれます。それは身体の発する声であり、自然治癒力であり、身体自身の備わった知性でもあります。

感情は思考に対する身体の反応であり、身体と感情は密接に結び付いています。身体の声に耳を傾け、無意識的な感情を意識すると、もう思考による感情に自分を同一化し、支配されることはありません。

人間は病気になるとすぐに薬や医療に頼り、人工的に手を加えようとします。しかし自然の生命体である植物や動物は薬や医療に頼ることはありません。

身体の問題は、自己免疫システムによる自然治癒力で身体を修復できます。修復できなければ死に至るのです。それが自然の仕組みであり、調和であり循環なのです。

人間も元々自然治癒力が備わっています。無理に力を加えなくても、自然に身体を修復できる力を持っています。

身体の機能は、完璧に調整され超バランスで営まれています。それに気づくと今、生かされていることに感謝し、すでに完璧で全てが満たされていることに気づき、存在そのものに対して畏敬の念が生まれます。

人間も動物であり調和の中で、地球の一生命体として生をつかさどっています。しかし近年はあまりにも人工的な薬や医療に頼り過ぎて、自然治癒力や免疫力を落とし、薬害や医療過誤による弊害も出てきています。

人工的であるということは、思考的であることになります。思考が作り出すものには限界があります。思考ではなく、もっと意識的になることが必要です。

身体の自然な営みは、危機や脅威にさらされると防衛本能が働きます。思考による感情の中で特にネガティブな恐怖や怒り、恨み辛みの感情は、自分を守ろうとする防衛本能からきています。それは人間古来の習性であり、原初の機能であり、自動的な反応になります。

危機に直面し生命が脅かされると、恐怖の感情が生まれ、闘いあるいは逃げるために、身体は呼吸を速くし、心臓の鼓動を高め、すぐに反応できるように臨戦態勢になります。

本能的な反応は、外界で起きる状況への直接的な身体の反応であるのに対し、感情は思考への無意識の反応になります。

感情も事象や状況に対する反応でもありますが、私という個人が作り出す思考による幻想であることもわかります。

思考による無意識の反応は、事実と解釈や判断を混同します。思考にとっては事実よりも解釈や判断を重視し、自己にとって無益であれば反応せず、危険だと判断すれば反応します。

危機とは頭の中の虚構であり幻想であることが多いのです。本当の危機に対しては、思考ではなく、今に在る冷静な反応のほうが効果的であることが多いのです。

自己の幻想や物語を真実だと思い込むのは、感情の働きによるものです。不快な感情である恐れや不安、怒り、恨み辛みなどを取り除こうとすればするほど、その感情は増幅されます。感情は直接感じて感じ切り、最終的には手放すことが必要となります。

感情を個人的に受け止め、自己同一化してしまうと、苦しみが生まれます。感情は一時的なものであり、現れては消えていくものなので、どうにかしようと思わずに放置すれば自然に消えてしまいます。

感情の自然な流れに逆らわず、個人の物語の一部である不快な感情を手放すことができれば、苦しみも自然に消滅します。たとえ怒りや苦しみが現れたとしても、個人的に受け止めなければ、感情は単なる波動でありエネルギーでしかありません。

自己中心的なエゴによる感情は、自分の所有であると見なすと負の感情はますます強固になります。感情が自分に属しているように感じられるのは、分離感を保とうとする思考を重視しているからです。

時間の中で生きている自己中心的な感情は、絶えず分析したり排除したり操ったりしようとします。感情に対して心が抵抗することなく、感情に執着せずに、ありのままに今に在ることができれば、感情が苦しみを作り出すことはなくなります。

この感情に支配された状況を改善するには、音楽によって無意識を意識し、音楽による気づきを認識することです。

言葉とイメージを重視すると感情が自己中心的な物語の主人公のように見えてきます。言葉とイメージから離れ、音楽による気づきとしてくつろぐことができれば、もはや感情に支配されることはなく、不快な感情は消え去り、自然な音楽の流れの中に共にあることができるようになります。

一日の中で少しでも音楽による気づきを認識できると、身体と心に変化が表れ、たとえ不快な感情でも冷静に観察することができるようになります。

発見した感情に意識を向けてみます。感情をどうにかしようとせず、操ろうとせず、あるがままにしてておくのです。そうすると感情は自然に流れ出し、個人の物語に埋没することなしに、音楽にある気づきだけを認識できます。

感情をあるがままにしておくと、過去への執着から解放され、言葉やイメージを貼り付けることもなく、音楽のみを感じることができます。

もうその次元には負の感情は存在せず、ただ今に在る音楽のみが立ち現れます。全ての感情をあるがままにしておくと、音楽が深く受容されるのです。

## ♪ フランス組曲第五番　ト長調BWV八一六

六つの組曲から成っておりフランス風舞曲の配列からこう呼ばれるようになりました。二人目の妻に贈った「アンナ・マグダレーナ・バッハの音楽帳第一巻」一七二二年に、この組曲の第一番から第五番の五曲が含まれています。

数曲の舞曲より構成されアルマンド、クーラント、サラバンドと続き、最後はジグーで締めくくられています。これらの舞曲は、十七世紀後半に確立された鍵盤組曲の古典的定型です。舞曲の配列は、サラバンドとジグーの間にエアー、メヌエット、ガヴォット、ブレーなどが挿入されます。

第五番は、バッハの組曲の頂点ともいうべき秀作で、全組曲中で最も有名です。特にガヴォットは、演奏会でもよく取り上げられています。数曲は一七二二年に作曲されましたが、完成したのは一七二三年です。

冒頭楽章アルマンドは、モテットタイプの典型で、充溢感のある動機が自由に展開されます。声部数の増減と保続音の効果によって、実際の声部数以上の重なりや遠近感が生み出され鍵盤曲の最高傑作の一つです。

## 思考による感情

思考や思考に付随する感情が無意識あるいは観察されていなければ、それはエゴになります。エゴはネガティブな感情を引き起こし、自ら苦しみを生み出します。

この機能不全ともいえる苦しみが、痛みとなって様々な形で身体に影響を及ぼします。身体は心の状態の反映であり、無意識の反応が感情になります。

感情はさらに別の感情を生み出すか、あるいは今ある感情を強化することによってエネルギーを供給し、エネルギーのはけ口として苦しみはますます強まります。

この思考による感情の機能不全と悪循環は、留まるところを知りません。感情の負のループから抜け出すには無意識を意識するしかありません。

感情を生み出す元となるエゴに気づくことが大切です。そうしないと自己の幻想の中で生きていくことになります。

感情は思考の状態を教えてくれる指針です。心地よい感情は思考をポジティブに使えている証拠で、不快な感情はエゴに支配されている状態だともいえます。

感情の身体への反応が行動になって現れることもあります。思考が言語化される前に無意識的に取る行動です。大抵の場合、思考が言語化され、それが行動になりますが、無意識は感情に直接反応します。

それは個人の過去に条件付けられ、関係性によって役割を演じ、分離感による自己と他者を分ける無意識の行動です。この習慣化した行動は、無意識の領域で、変えようと意識しない限り気づかれることはありません。

無意識が身体に新たな感情を生み出し、それが行動や瞬間的な反応を引き起こし、個人のストーリーを作り出すのです。この自我が作り出した物語を現実だと思い込み、その中で気づかずに生きていきます。

エゴが作り出すネガティブな感情に気づくことができないと、安らぎや心の安定に至ることはありません。身体は絶えずストレスと緊張感にさらされ、苦しみを作ることで私たちに警告を与えています。

それでも気づくことができないと身体の回復機能は、鬱や精神病を発することで、ネガティブな感情を回避しようとします。

恐れや不安、不満、怒り、恨み辛み、悲しみなどのネガティブな感情は、身体に有害であり、自己免疫や自然治癒力など身体の正常なエネルギーの流れと機能を妨げます。

ネガティブな感情の元となるエゴに気づき、その気づきの意識が私たちの苦しみを取り去ることができます。

喜びや安心、快楽、幸福、心の平安などの思考が作り出すポジティブな感情は、身体機能を活性化し癒して元気になり、一時的には身体にとって良い影響を及ぼします。しかしポジティブな感情は、些細なきっかけで、瞬時にネガティブに反転する可能性を含んでいます。

それは思考にとって感情を生み出すベクトルが、ポジティブであろうとネガティブであろうと感情の幅としては変わりなく、エゴにとってはどちらでもいいのです。

人は目標を定め夢に向かって行動します。そもそも夢や希望は、欠乏感や今に満足できない感情の裏返しであり、未来志向の象徴です。もし目標や夢が達成できなければ、その反動からくる絶望感は大きなものになります。

人生には目的も目標も成すべきことも何もありません。あるのは今この瞬間の意識の存在だけです。過去には何もありません。未来にも何もありません。あるのは今ここだけなのです。

たとえ思い出の場所に行って昔を懐かしんでも、それは過去の記憶であり、思考による幻想だということがわかります。

思考が作り出す感情は、ポジティブであろうがネガティブであろうが、時間にとらわれているので一時的で絶えず変化します。変化しないのは今に在る意識の気づきであり、今に在る存在そのものです。

思考が生み出す感情は、状況に対する心の反応であり、自己同一化による無意識の反応であり、一時的で不安定なものです。

今に在る気づきの意識は。永遠で存在そのものの本質は不変です。思考を超えて今ここにあることが目覚めであり、悟りであり意識の覚醒なのです。

あらゆる音楽はあるがままです。感情が現れても、音楽との間に継ぎ目や分離はありません。音楽を分析したり解釈したり、思考が入り込んだ瞬間に何かの感情が生まれます。

全ての音楽は、存在することが完全に赦されています。時間に縛られた自己意識から湧いてくる感情は、音楽の存在を認めたり、心の抵抗なしに赦したり受け入れたりすることができません。

自己中心的な感情は、あるがままの音楽を感じることができません。それは思考による感情があるがままに抵抗することでアイデンティティを強化するからです。

思考は感情をコントロールしようとします。感情が個人の物語の中で過去と未来に条件付けられている以上、感情は現れては消え、そのエネルギーは一時的な苦しみや快楽を作り出します。

音楽と共にあり、その中でくつろぐことができれば、感情にしがみ付く必要すらないことに気づきます。音楽にラベルを貼らずに、ただ音楽のエネルギーあるいは波動を感じるだけでいいのです。

私たちは感情自体が苦しみをもたらすと信じてきましたが、実際には感情に付ける言葉やイメージ、解釈や評価が幻想を生み出します。

その物語に勝手に自己を同一化することで、苦しみや痛み、快楽や喜びを作り出していることがわかります。

音楽をイメージせず言葉を使わずに感じる感情は、純粋で害を与えることはありません。そこには恐れや怒り、抵抗のない、今ここに音楽の存在だけを感じられる次元があるのです。

## ♪ フルート・ソナタ第二番　変ロ長調BWV一〇三一

残っている古い清書譜は「フルートとチェンバロのための三つのソナタBWV一〇三〇からBWV一〇三二」でバッハの作品であると記されています。しかしBWV一〇三一第二楽章シチリアーナはC・P・E・バッハの作品ではないかといわれています。作曲年代は一七三四年以降とされています。

第二楽章の美しいシチリアーナは、ピアノ曲の編曲などを通じて「バッハのシチリアーノ」として広く愛好され、優れた作品であるのは誰もが認めるところです。深く沈んだ曲調ですが、時々聴こえる長調に転調する場面は光り輝き、その対比が美しいのです。

フルート曲にしては比較的音域が低い上、調性が当時のフルートでは比較的演奏しにくい変ホ長調で書かれていることから、元々はオーボエなど他の楽器のために書かれたものではないかと考えられます。

# 過去への執着と心の痛み

過去の事象は、記憶の中にしかありません。過去から学ぶことは、人間にしかできない思考の成せる業です。しかし過去が苦しみを引き出すと思考による記憶が様々な問題になります。

それは過去の記憶に自己同一化し、過去に条件付けられた思考が私を支配している状態になります。自己意識がストーリーを作り出し、その幻想の中で生き続けることになります。しかもその時の思考は無意識であり、潜在的に私という個人を捉えるのです。

頭の中の幻想は記憶だけでなく、様々な感情も付随して古い心の傷として積み重なっていきます。溜め込んだ感情は、また新しい苦しみを生み出し、悪循環は止まることがありません。

この心の病とでもいうべき、自分ではどうすることもできない機能不全の状態を、長く続ければ続けるだけ苦しみは増すばかりです。

感情的な思考が自己同一化しているので、アイデンティティの強化のために自ら過去の古い感情にしがみついている状態でもあります。

自分で作り出す古い心の傷である苦痛から逃れるために必要なことは、まず無意識に気づくことです。過去への執着を断ち切り、意識を時間の概念のない、永遠の今この瞬間にあることを意識するのです。

## 量子力学では意識や感情も素粒子

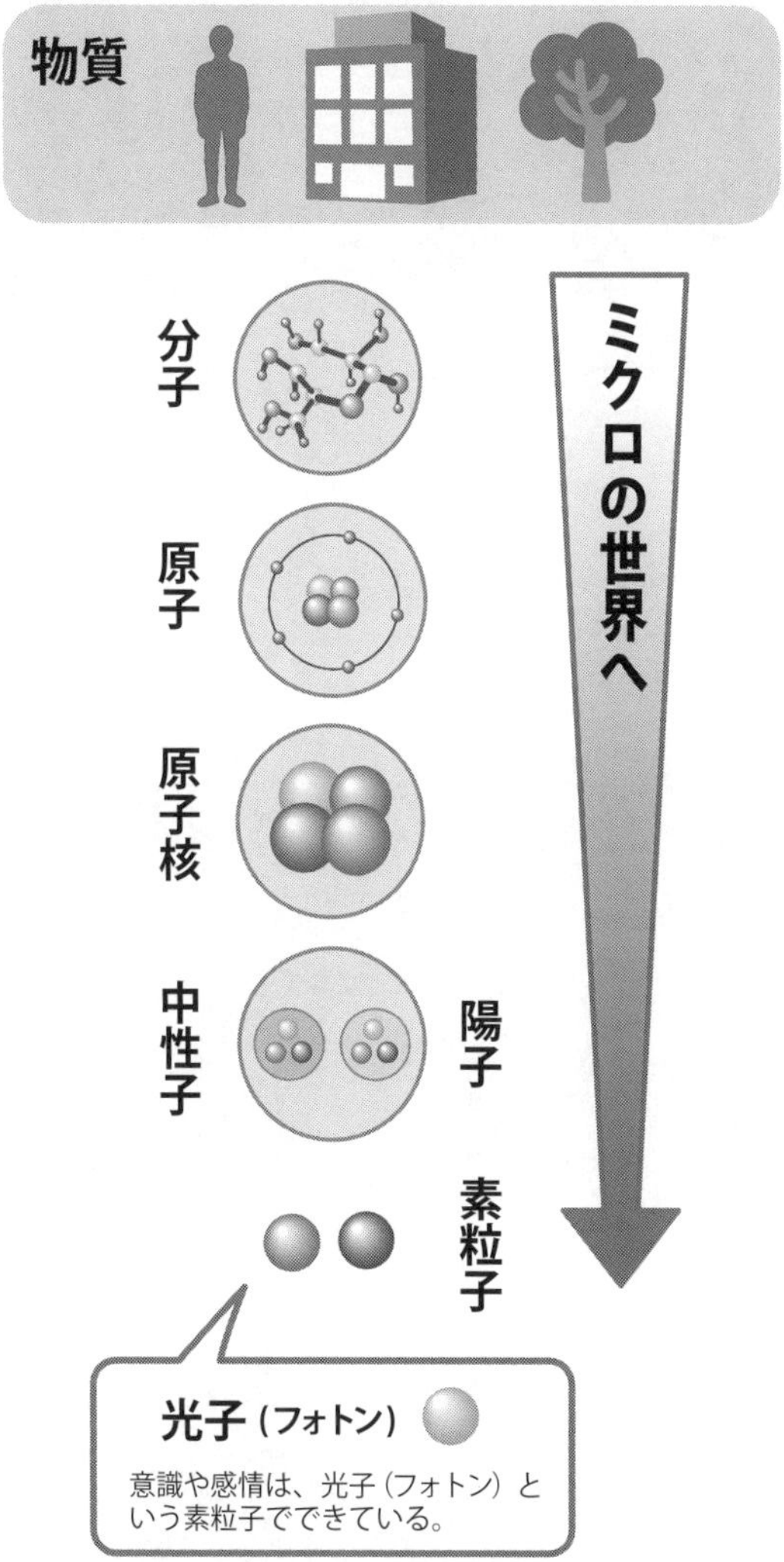

そうすることで思考や感情に支配されることなく、今ここにあることが、その人の存在そのものになるのです。

人間の意識については、量子力学によって科学的に証明されています。全てのモノは原子でできており、原子を構成しているミクロの粒子が素粒子です。

素粒子は観察することによってエネルギーである波動が、粒子としての物体に変化するのです。つまり意識すれば実体化し、意識されなければ存在しないことを科学的に証明しているのです。

目に見える時空は、今この瞬間の連続であり、今ここには過去も未来もない、今の意識が永遠にあるのです。

不快な感情が湧いた時は、きちんと意識して感情を観察し向き合うことが必要です。そうしないと感情から苦しみを無意識的に勝手に作り出し、蓄積して心の傷が残ることになります。

子どもは特にネガティブな感情をどうすることもできなくなり、感じないようにするか、逃避して感情の蓄積を回避する傾向にあります。子どものネガティブな感情と向き合うには、愛と赦しが必要です。

愛は人やモノ、世界はそれ単体で独立して成り立っているのではなく、全ては宇宙意識である波動、あるいはエネルギーと同一であり、全ては一つの存在であることに気づくことです。

赦しとは、一切の苦しみや心痛を手放し、あるがままに抵抗せずに、全てを受け入れることです。

子どもも大人も同じ存在であり、人として尊重されるべき存在そのものであることを認識するのです。

## 素粒子は二つの性質を合わせ持つ

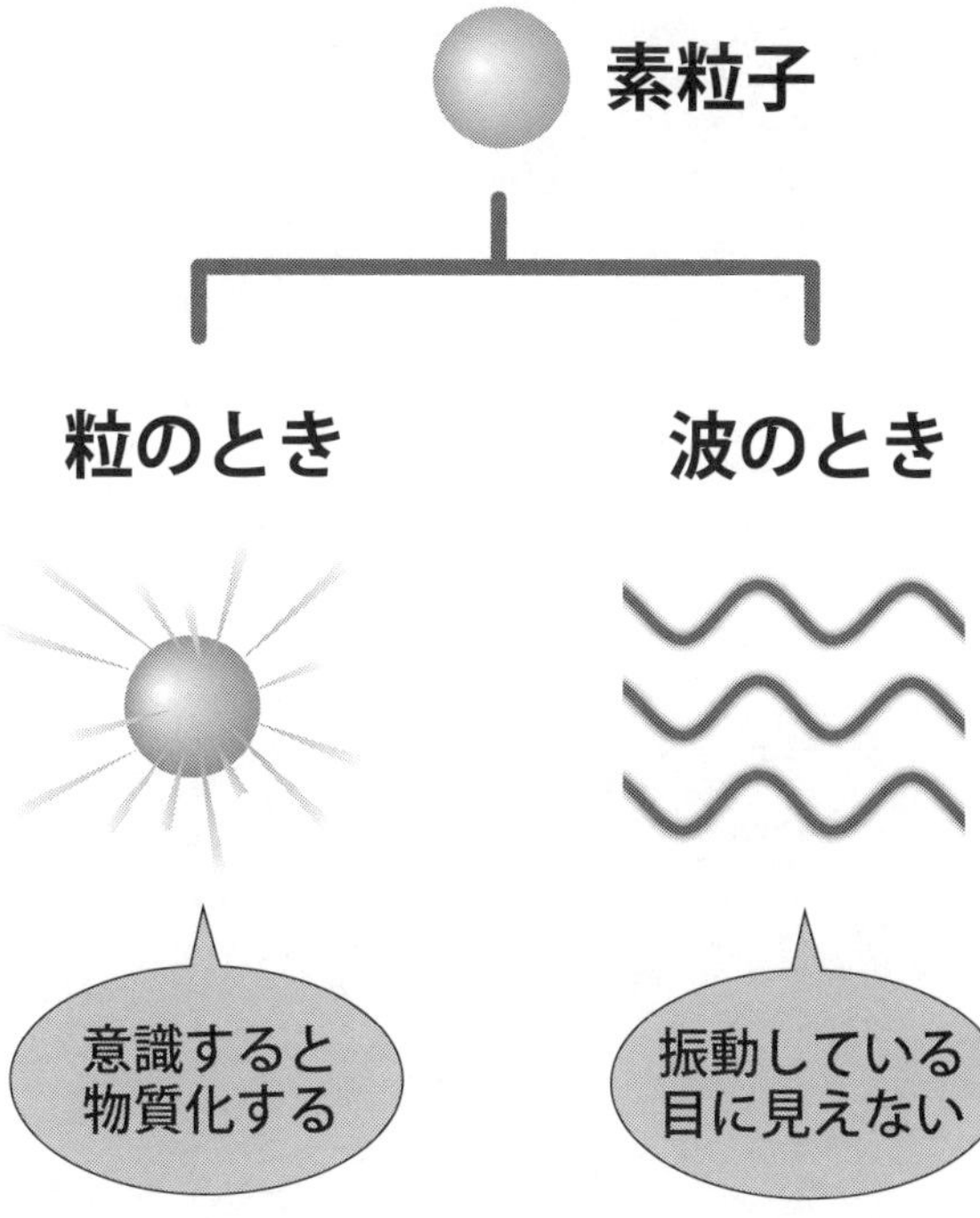


素粒子は「波動（エネルギー）」であり、「粒子（物質）」である。
意識されなければ存在しない。

感情と向き合い受け入れて手放すことで、苦しみから解放されるのです。

痛みの感情のエネルギーは絶大で、様々な問題を引き起こします。昨今のマスコミの報道や人類の負の歴史を見ると、古い感情による心の傷が原因となっていることは一目瞭然です。

間違った自己意識による感情的な苦しみは、エゴが作り出したものです。この古い心の傷を代々背負ってカルマとして生きている人もいれば、大きな不幸を自ら作り出して無意識のうちに生きている人もいます。

苦しみは意識の目覚めに達するために、あるいはエゴが剥がれ落ちるために必要な過程かもしれません。苦しみに耐えられない段階に達して、エゴがエゴを解体するのです。

釈迦は約二千五百年前から、「一切皆苦」として人間の苦しみの現実を見抜いていました。聖書でもキリストの十字架の苦難は、キリスト教の中心的な教義になっています。人間の古い心の傷である苦痛の認識は、昔から無意識のうちに様々な形で表現されています。

思考にとってはネガティブな感情であろうと、ポジティブな感情であろうと、アイデンティティの強化になれば、どちらでもいいのです。

苦痛や不幸を避けたいという思いと、苦しみを求めてそれに依存する思いは、矛盾するように見えて自己同一化の視点では同じになります。

一度苦難に支配されると、それを終わらせたくないと思うばかりでなく、哀れな自己を演じ、他者からの慰めを得ようとするエゴは、ネガティブな感情を必死で守ろうとします。

過去とは記憶に過ぎませんが、その記憶は今の音楽としての気づきに現れます。過去の思考は「私の何々」のように個人の物語として重要な部分を占めています。

過去の思考は観念や信念、概念、意見、評価を形成し、私の物語の一部になります。物語を自分と同一視することが、分離感を生み出し苦しみや葛藤を引き起こします。

過去の記憶は、言葉またはイメージとして現れます。音楽と過去の記憶が結び付いた時も、言語化されたイメージが湧いて勝手に再生されています。

個人に関する言葉やイメージを、重視する思い込みを何度も反復するパターンに陥ります。そうすると同じような人間関係を築き、同じような役割を演じ、未来に対して同じような不安を抱えるため、同じことを何度も繰り返すのです。

このような無意識に支配されると、私たちは選択の余地はありません。思考による言葉とイメージの反復が私たちの人生を支配するようになります。自分自身についてどのように考えようと、個人的には私とは何の関係もありません。

音楽と共に今この瞬間に言葉やイメージしている無意識を意識して、そこにくつろぐことができたら、気づきの意識は、もうエゴに支配されることはなくなります。

そうなると人生は以前よりも自然で楽なものになり、自己中心的なエゴは消えていきます。ストレスやいらだち、心の抵抗もなくなり愛と感謝で満たされるようになります。

音楽と共に今に在る気づきは、コントロールしたり、何かを付け加えたり、変えたり、努力したり、頑張る必要がありません。

今ここに音楽の存在を感じることで、全てをあるがままに受け入れることができ、自然に人生が流れるようになるのです。

## ♪モテット第三番「イエス、我が喜び」BWV二二七

十七世紀の代表的なドイツ・コラールです。一七二三年七月にライプツィヒで執り行われた郵便局長ケース夫人の追悼礼拝のために作曲されました。コラールの作詞者はJ・フランク、作曲はJ・クリューガーです。このコラールは一六五三年の聖歌集に収録されています。
全十一曲から成り、編成は五声の合唱です。ローマ人への手紙八章からテキストを選び、コラールの全節の間に挿入しました。
全六節のコラールの間に五つの聖句が挿入されることによって、歌詞の上でもシンメトリックな構造が作られています。シンメトリーの中心は、第六曲の大規模なフーガです。冒頭と終曲は、同一の音楽で、第十曲は、第二曲の短縮形です
ドイツでは愛好されている賛美歌で、多数の作曲家がオルガン曲や合唱曲を書いています。「クリスマス・オラトリオ」第四十曲にも取り入れられています。

# 量子力学と古い心の傷

古い心の傷はエネルギーの集積場であり、些細な事象に反応します。感情エネルギーは波動であり、その威力は大きく共振によって他に影響を及ぼします。

感情はポジティブであろうとネガティブであろうと、同じエネルギーであり他に伝染します。恐れや怒りの感情は、他の恐れや怒りの感情を引き出し、喜びや安心の感情は他のポジティブな感情を引き出します。どちらも波動ですが、周波数が全く異なります。

感情の多くは無意識であるため、人は無意識のうちに感情に反応しています。ポジティブな波動はポジティブな現実を引き寄せ、ネガティブな波動はネガティブな現実を引き寄せることは体験を通して理解できます。

その人の心の状態、あるいは無意識が現実を作り出すことがわかります。ポジティブな現実を望むのであれば、ポジティブな心の状態でいることが必要です。

古い心の傷もネガティブな感情に反応します。ネガティブな感情を抱いている人がそばにいると、その人の古い心の傷も呼び覚まされます。周りに誰もいなければ、古い心の傷は自分自身のネガティブな感情が引き金になることもあります。

他者に感情をぶつけると、その感情は増幅されて返ってきます。それが他者に向かおうと自分自身に向かおうと同じように返ってきます。

試しに怒りの感情を他者にぶつけてみてください。怒りは怒りに反応するため、あなたに怒りが増幅されて返ってくるでしょう。人に与えたものは、必ず自分に返ってくるのです。

相当に意識的でないと感情は、刺激に対してすぐに反応するため、事態は悪化の一途をたどります。今に在ることで意識を意識して、刺激と反応の間に十分なスペースを置くことが大切です。

ネガティブな人の周りにはネガティブな人が集まり、ポジティブな人は同じポジティブな人を引き寄せます。

イギリスの作家、ジェームス・アレンは、「私たちは、自分が望んでいるものではなく、自分と同種のものを引き寄せます」といっています。心はそれ自身が密かに抱いているものを引き寄せ、現実は心がそれ自身と同種のものを受け取るための媒体であることを示唆しています。

ここでいう心とは、思考であり感情であり意識でもあります。思考や感情に振り回されるのではなく、意識を意識して、今ここにあることが大切です。

目に見える物質は全て、振動する波動でありエネルギーです。物質を構成する最小単位は素粒子です。物質を形作っている原子は原子核の周りを電子が高速で動いており、原子核は陽子と中性子からできています。それらを総称して量子といい、一メートルの十億分の一のミクロの世界です。

量子は粒子と波動の性質を持っています。量子は観察者が知覚しないと波動の性質を示し、意識すると量子は粒子の性質になり実体化するのです。

意識が現実を作り出し、意識しないと現実化しないことが科学的にも理解することができます。何に焦点を合わせるか、意識を使って何にフォーカスするかが人生を生きる上でいかに重要かがわかります。

思考や感情もエネルギーの波動ですが、周波数が物質よりも高いので見ることも触れることもできません。多くの場合、思考も感情も無意識であるため、自分では気づくことができません。そういう状態は思考や感情に支配されていることになります。

無意識を意識することによって、思考や感情に気づくことができます。思考や感情にとらわれることがないように意識を使って今に在ることが大切です。

思考が感情を生み出しますが、古い心の傷は思考を支配し、新たなネガティブな感情を引き起こします。頭の中の心の声は、過去や未来について自己や他者について、恐れや不安に満ちた物語を作り出します。

その心の声に自分を完全に同一化すると不幸への依存はますます強まり、苦しみは深まるばかりです。ネガティブな感情は、気づかれないとますます大きくなり、いずれ痛みが喜びに変わります。

苦しみも喜びも同じエネルギーであり振動であり、古い心の傷にとってはどちらでもいいのです。あらゆる思考が古い心の傷の糧となり、悪循環である負のループができ上がります。

そうして古い心の傷は、気力や意思などのエネルギーを奪い、疲れ果てて鬱や精神的な病を抱えることになります。

古い心の傷にとらわれ自分で苦しみを引きずっていることがわかれば、音楽と共にくつろぎ、過去に条件付けられた思考をあるがままに放っておくことです。分析したり解釈したり評価したり判断したりする必要はありません。ただ単に音楽だけを意識してみてください。

やがて古い心の傷は、ひとりでに離れていき、今の気づきの中に溶けていきます。思考が消えた後に残された空間には、言葉やイメージは現れません。音楽で休息すればするほど、無理せずに沈黙の無あるいは空の世界が私たちの人生の中に出現します。

思考を通して自分が何者であるかを知ることは、不可能であることを理解できます。思考や感情は絶えず変化するので、安定した自己認識をもたらすことはありません。

音楽の存在があるがままで、今ここに存在しているという感覚を与えてくれます。思考を頼りに自己という感覚を離れた時に、自我の分離感と物質が独立しているという幻想は、自然に薄らいでいきます。

全ての思考をあるがままにしておくことが難しく、音楽と共に今に在ることが難しいと感じているのであれば、とりあえず音楽に耳を傾け「音楽と共に今に在ることに何か必要だろうか？」と自問してみてください。何も必要なものなどないとわかると、音楽のあるがままを感じられます。

何もしなくても何も達成する必要もするべきことなどなく、全てはあるがままで完璧で調和しており、すでに満たされていることがわかります。あるがままの音楽の存在を意識することにより愛と感謝を感じることができるようになるのです。

## ♪ ライプツィッヒ・コラール「いざ来たれ、異教徒の救い主よ」BWV六五九

「様々な手法による十八のライプツィヒ・コラール」としてバッハによって出版され、この曲集をもってバッハは死を予感しました。

この曲集のほとんどが一七〇八年から一七一八年にかけてのヴァイワール時代に由来し、出版を目的に一七四四年から一七四七年に改編し、生涯最後の数週間で出版されました。バッハの自筆によって非常に綿密に清書されています。

その筆跡は心を打たれるほどに初めは徐々に、それから急速に巨匠の精力の衰えを見せています。第十五曲の終わりでは、バッハはもはや自分では書くことができなくなり、ペンを婿のアルトニコルに渡さざるを得なくなり、最後の三つのコラールはバッハの口述により書き留められました。

最後の「コラールBWV六六八」は死期が近いことを悟り、バッハはその表題を「我は汝の御座の前に進む」に変えました。その手稿譜は二十六小節で中断しています。

肉体的に視力が失われましたが、彼の精神の目は天に向かって開かれました。バッハほど、音楽家として、そしてキリスト者あるいは神として死に至った存在はありません。

定旋律の限界を遥かに超えて渦巻く音の中に、古い待降節の旋律が隠されています。次から次へと新しい模倣が伴奏声部に現れて、これが神秘的な方法で定旋律の冒頭の音を包み込みます。

全体的に完全に理解することができないような素晴らしい美しさを有しています。厳かなヴェール

で覆われたコラール旋律は、神の御子の御託身の神秘を表しています。

定旋律は柔らかいリード管で、左手は柔らかい基音レジスターで弾かれます。足鍵盤に連結機カプラーは使いません。

## 罪の意識による執着と苦痛

感情は波動であるため周囲の人たちに様々な影響を及ぼします。ポジティブな感情は、同じ周波数であるポジティブな感情と共振し、ネガティブな波動は、ネガティブな感情を引き出します。

過去に条件付けられた古い心の傷は、家族や同僚など親密な人間関係において特に反応しやすく、眠っている古い感情を呼び覚まします。

古い心の傷は直感的に相手の弱点を知っており、ネガティブな感情を何度も挑発します。自己と相手の同じ周波数の感情が共鳴し、眠っていた古い感情を目覚めさせ、苦しみが再現されます。

幼い子どもが両親の古い心の傷によって同じ心の痛みを抱え、精神的に病んでいることは枚挙にいとまがありません。親が精神的に苦しみを抱えていると、子どもも同じように精神的に病んでいる場合が多いのです。

民族や国家で代々的に過去の精神的な苦痛が引き継がれて、様々な問題や禍根を残してきたことは歴史を見れば一目瞭然です。

思考が生み出す負のパワーは、相当に意識的でないと解消できません。無意識の度合いが強ければ強いほど、心の苦しみから暴力に発展する可能性は高まり、その暴力のはけ口を探して、子どもや女性などの社会的弱者に向かいます。

人は暴力では過去の苦しみを解消できないと頭では理解しても、暴力は繰り返されます。それは思考と自分の本質は別もので、思考による行動と個人には何の関係もないことの証でもあります。

思考による行動と個人を同一視するとますます分離感は強まり、暴力などの苦しみは深まるばかりです。暴力などの苦痛は、加害者であろうと被害者であろうと、同じ負の感情によるエネルギーであることには変わりありません。

今に在る意識で自分の中にある古い心の傷を認識しない限り、与えるほうも受けるほうも同じで苦しみは続くことになります。

愛し合った関係性が一転して憎しみの連鎖に変わり、同情や共感が受け入れられないと一転して怒りに代わることは経験的にわかります。

加害者であろうと被害者であろうと役を演じている限り、思考による物語の中で生きており、苦しみの連鎖は止まりません。

この世の幻想において古い心の傷が作り出す苦しみは、相手を苦しめたい、自分が苦しみたいという思いは、どちらもエゴであり欲望であることには変わりありません。

重度の心の痛みを抱えている人は、表面的には不幸な感情の塊を見せることはありませんが、絶えず何か不幸なことを探し、誰かと対決し、相手を攻撃する機会を伺っています。

愚痴や悪口、噂話が好きで、自分の感情と同調させることで自分が作り出すドラマに巻き込もうとします。全ては思い込みであり、被害者意識からくる妄想であることに気づかない限り悪夢は続きます。

こういう人たちは苦しみや痛みを自覚しておらず、他者に苦しみ与えていることさえ気づきません。自分を見失っている状態なので、事実と事実に対する反応を区別できません。

事実は全て中庸で解釈や判断が、その人を苦しめているのです。苦しみと自分の存在を同一化しており、自分自身が苦しみを作り出していることさえわかりません。

キリスト教では、こういう人たちを「罪人」と表現しています。それは的外れな生き方をしている人を指しています。罪人とは罪を犯した人ではなく、自分が的外れな生き方をしていることがわからない人のことです。

デモや様々な反対運動を率先して行う人がいます。彼らの理想は高く、スローガンは立派かもしれません。しかし過去に条件付けられた古い心の傷が、そのきっかけになっている場合も多く、デモや反対運動で問題を解決できるのは極稀なことです。

反戦運動や反戦デモが戦争を終わらせることができないのは、反発はさらに新しい反発を生み出し、敵は新しい敵を作り出すからです。負の連鎖は留まるところを知りません。

同じ土俵に上がるのではなく、俯瞰して冷静に判断することが求められます。苦しみや痛みは、手放して放棄して降参して、時には諦めることが肝心だということもわかります。

苦痛は身体が発する感覚ですが、人はどれだけ自分がこの感覚に苦しめられてきたかという物語を創作し、その主人公になろうとします。苦しみをどうにかしようともがいても苦しみは深まるばかりです。

苦しみにのめり込めばのめり込むほど、苦しみは増すばかりで、苦しみの感覚は物語の一部になり、さらに苦しみは続きます。

人は時間の概念を使って、ありもしない過去の記憶や未来の想像の中に痛みを作り出し、ストーリーに埋没します。

痛みや苦しみの感覚と存在しない過去や未来とは、どう繋がるのでしょうか？　思考が勝手に過去から現在、未来へと繋げて、時間が流れているような錯覚を与えていることがわかります。

では苦しみから離れるには、どうすればいいのでしょうか？　痛みと苦しみの感覚が現れたら、ただそれに気づき、そのまま放置することです。もっと手っ取り早いのは、音楽と共に今に在ることができれば苦しみや痛みは消え去ります。

思い通りにコントロールしようとか操ろうとか取り除こうとかせずに、ただあるがままの音楽と共に今に在るのです。

思考のない気づきの意識として音楽にくつろぐのです。言葉やイメージは幻想であり、一時的で変化するものです。

たとえ痛みや苦しみに関する言葉やイメージが現れても、それを理解したり解釈したり評価したりせずに、ありのままに一旦受け入れて手放すのです。湖に現れる波紋のように、放置すれば波紋はいつか消えてなくなります。

音楽と共に今にくつろぐと、苦痛も快楽も同じ知覚の感覚だということもわかります。心の痛みを観察してみると、過去の記憶の中にある言葉やイメージであり、痛みの感覚そのものでないことがわかります。

心と身体は密接に繋がっているので、心が作り出した幻想を身体が反映しているだけだと気づくことができます。物語や言葉を現実だと信じ込まなくなった時に、音楽が私たちの本質に立ち替わって現れるようになります。

そうすると痛みは中身のない空あるいは無の世界に変わり、音楽と沈黙の次元に気づくことができます。

音楽の気づきの中でくつろぎながら無意識を意識すると、痛みや苦しみの感覚は軽くなり、心の抵抗は薄らいでいきます。それが音楽の今に在るパワーであり、愛であり、音楽による今への感謝と赦しになるのです。

## ♪ 二つのヴァイオリンのための協奏曲　ニ短調BWV一〇四三

彼の残した三曲のヴァイオリン協奏曲のうちの一曲にあたり、対位法を駆使した作品で、音の織物を編み上げるような構成になっています。

ケーテン時代の一七一七年から一七二三年頃に作曲されたとされています。バロックのヴァイオリン音楽の一大作品として評価が高く、短調作品でバッハの厳格な形式を感じさせることから演奏の機会も多い作品です。

後に「二台のチェンバロのための協奏曲第三番ハ短調BWV一〇六二」として編曲されています。楽器編成は独奏ヴァイオリン二、ヴァイオリン二部、ヴィオラ、通奏低音、全三楽章で、急緩急により二つの独奏ヴァイオリンは対等に扱われています。

第一楽章、ヴィヴァーチェ、冒頭二十小節の間に、第二ヴァイオリン、第一ヴァイオリン、通奏低音、第二ヴァイオリン、第一ヴァイオリンの順で、三小節半のフーガ主題が五回現れるフガートで開始されます。

独奏部を挟んで、通常のリトルネロの代わりに第一ヴァイオリン、通奏低音、第一ヴァイオリンの順でフーガ主題が回帰します。フーガ主題冒頭動機は、合奏部がユニゾンで独奏部の伴奏として繰り返し用いられ、楽章に統一感を与えています。

第二楽章、ラルゴ、平行調のヘ長調、緩やかな八分の十二拍子、高貴さを備えた華麗な楽章です。

通奏低音が長短のリズムを刻む上で独奏が模倣し合い、トリオ・ソナタの緩徐楽章のような様式で合奏部は和声的な伴奏に終止します。

第三楽章、アレグロ、ニ短調、四分の三拍子、リトルネロは、一拍同度の近接カノン風に書かれています。独奏部は第一楽章と同様に同度の模倣で始まり、増音程と減音程が強調された印象深い動機や、独自の動きをする合奏部との掛け合いにより、より強い緊張感を保ちながら進みます。

# 第6章

# 今ここに生きる音楽の意識

# 苦痛と快楽の気づき

過去に条件付けられた古い心の傷にとってみれば、苦痛であろうと快楽であろうと、同じ感情エネルギーの供給であることには変わりません。

エゴは苦痛を避け、快楽を得るために必死に奔走します。しかし身体的な反応と思考にとっては、快楽であろうと苦痛であろうとどちらでもいいのです。

人間のエゴによる集団的機能不全の典型である、戦争や紛争が終わることはありません。暴力的な映画が大ヒットし、マスコミのワイドショーは、暴力や争いがほとんどです。

暴力に付き物のドラッグや麻薬が裏社会ではびこり、上層階級が人身売買によってアドレノクロムを売買する秘密結社など、人類の平和とは矛盾する現実が毎日繰り広げられています。

どれも過去に条件付けられた古い心の傷からくる事象への反応で、エゴ的な思考、あるいは個人の物語への自己同一化の産物です。

エゴによる集団的機能不全は、分離感による自己と他者の概念が強まれば強まるほど増大します。しかも多くの暴力やその反応は、無意識であり、被害者も加害者も同じ苦しみを背負うことになります。

苦痛は些細なきっかけで快楽に変わり、いつでも快楽は苦痛に取って代わる要素を絶えず持ち合わせています。

この目に見える物質世界を相対的に二元的に捉えている以上、人間から苦しみが消えることはありません。まさにこの世は仏教が教えるように「一切皆苦」なのです。

暴力などの機能不全は狂気の沙汰ですが、狂気を狂気だと認識することで狂気の終焉は始まります。無意識は人々を苦しめますが、今に在って意識的であることが気づきへの入口になります。

気づきとは継ぎ目も境界もない今ここの時空であり、あらゆる事象が現れては消える真実の世界です。今にくつろぐことができれば現象は、その気づきによって起きていることが理解できるようになります。

物質の現れである境界線は、頭の中の思考によって認識していることがわかります。言葉と観念が浮かぶと、空間に周囲との境界線を浮かび上がらせ、相対的に物体として認識されます。

物体の幻想を観察している意識が気づきなのです。気づきがなくなると、独立した存在としての物体の認識も消えてしまいます。

気づきとは音楽に注意を向け、それを聴いて音楽を感じている存在そのものです。言葉や観念で気づきを理解することとは不可能なことです。音楽ができることは、言葉や観念を与えるだけで、気づきを知的に理解することはできません。

単純に思考のない音楽だけの世界にくつろぐことで、全ての言葉や観念は、より深いところにある気づきを認識しやすくなります。

気づきは意識であり、物質でも思考でもありません。思考とは気づきによって現れる物質世界に属します。気づきに関するどんなに素晴らしい概念や信念も、現れては消える一時的な思考です。

耳を傾ければ音が聴こえます。聴覚を閉ざせば、音は消えてしまいます。気づきとは今ここにあり、耳を傾ければ音楽があり、耳を閉ざせば音楽が消えてしまう意識そのものです。

自分自身の内部や外部に現れるモノは、気づきの意識の中に立ち現れて消え去りますが、気づきは永遠に今に在り続けます。永遠とは時間のない世界です。時間と言葉は、思考に紐付いています。

今に在って気づきを意識することが、あるがままであり、心の平安をもたらしてくれます。そうなると気づきは、絶えず変化する物質世界と自己同一化することはもうありません。

物質における現象は、何が現れて消えようとも、音楽が存在しているという真実は、永遠に今ここにあり続けています。それが気づきなのです。

気づきは常に今この瞬間の時空でしか起きません。過去の記憶を思い出しても、未来の想像し思い描いても、気づきの意識とは何の関係もありません。過去や未来に関する思考は、全て時間の幻想であり、物質的なモノであり一時的で変化します。

もし思考にとらわれている自分を発見したら音楽と共にあり、思考が沈静化するのを静かに待ちましょう。沈黙の中にある気づきを認識してください。気づきの意識は、すでに今ここにあります。

苦痛の時も快楽の時も気づいている意識を、音楽の存在を認識してください。私はいつにもなく、存在そのものがあり続けています。永遠に変化しないものは、音楽の存在そのものなのです。

## ♪コーヒーカンタータ「そっと黙って、お喋りなさるな」BWV二一一

一七三四年から一七三五年に作曲されました。ライプツィヒでのコーヒー熱を皮肉った内容の喜劇です。依存症が社会問題となり本作は、これを題材としています。

歌詞はC・F・ピカンダーによるもので、初演は、G・F・テレマンが一七〇二年に設立したコレギウム・ムジクムによってライプツィヒのツィンマーマン・コーヒーハウスで執り行われました。

歌劇ではなく器楽伴奏付きのカンタータとして演奏会形式のために書かれましたが、衣装での上演が多くなっています。

登場人物は語り手（テノール）、シュレンドリアン（旧弊な人、バリトン）、リースヒェン（シュレンドリアンの娘、ソプラノ）。

# 気づきを認識する

時間からの解放は、この世には時間など存在しないことを認識することから始まります。そのためにしっかりと今に在ることと、無意識を意識する観察力が必要です。

思考にとらわれることなく、今の自分の存在そのものを認識し、過去や未来に執着しない存在としての自分を感じるのです。もし今に在ることができていなければ、ネガティブな感情が勝手に湧いてきて、そのことを教えてくれます。

思考による自己同一化を遮断するには、今に在る気づきと意識が必要です。自分自身にアイデンティティを追求しなければ、私たちは古い心の傷による苦痛から解放されます。

一度作り出した苦痛そのものから逃れることはできませんが、思考と個人的な事象を結び付けなければ、ネガティブな感情からくるエネルギーは小さくなります。

気づきの意識が思考による思い込みを取り除いてくれます。今に在る感覚が過去によって条件付けられたり、未来へ期待したりすることもなくなります。感情の波動が今に在る周波数へ変化し、思考にとらわれることはなくなります。

人は外見的にどんなに繕っても、心の状態は身体に表れ、特に表情や思考として言動に表れます。人は感情の波動を絶えず放射しており、その感情エネルギーは無意識的に感じ取ることができます。同じ感情の周波数は、共振によって同じ感情を引き寄せます。起きる出来事も心の状態が現実に投影されます。

目に見える物質世界は、まさに仮想現実でパラレルワールドになっています。そのことは量子力学の分野で科学的に証明されています。

物質は粒子か波動の性質を持ち、観察し意識することで波動の性質は、粒子になり実体化するのです。つまり思考ではなく意識が現実を作り出しています。認識されると波動は現実となり、認知されないと存在しないのです。

他者をどう感じて、どう反応するかは、他者の心の状態に大きく左右されます。直接的に相手の言葉に反応することもあれば、相手の感情の波動に反応することもあります。

言葉は思考の形であり、言葉を持ち歩くと思考にとらわれ続けることになります。しかも無意識であるので、自分ではそのことに、なかなか気づくことができません。

過去への執着は、無意識のうちに苦痛にしがみ付いていることになります。しかも自分の無意識と他者の無意識が反応すると、無意識の度合いは深まり事態は深刻化します。

暴力は様々な機能不全を作り出してきましたが、暴力の種は誰にでもある些細なネガティブ感情にあります。ごく普通の人が様々な問題を生み出す可能性があるのです。

ネガティブな感情に支配された普通の人に責任の所在はあるのでしょうか？　物質世界で生きている限り、法治社会で暮らしている限り、もちろん社会的な責任は生じます。しかし誰でも罪を犯す可能性をはらんでいます。

これをキリスト教では「万人は罪人である」と表現しています。無意識で的外れな生き方をしている人たちを指し、思考である思い自体も罪であるとしています。人間は意識的に進化するように作られていますが、無意識であることが一番罪であるというのです。

苦しみの中で気づきへの過程が、意識の進化に寄与するのであれば、無意識による苦痛も意識の進化には必要になります。

勝手に湧き出るネガティブな感情も目覚めや悟りの境地には、存在意義があり不可欠なのかもしれません。今聴いている音楽を中断してみてください。

その時に何か思考が浮かんだら、それを意識します。その思考がなくなったら、残された思考のない沈黙の空、あるいは無の世界にくつろいでみましょう。それが思考のない気づきの意識なのです。

自分が何者であるか？　何のために生きるのか？　音楽とは何なのか？　人は思考で何でも理解しようとします。また思考によって考え出されたものを信頼する傾向にあります。

思考に頼ることで分離感は強まり、物質世界は別々に独立して存在すると思い込みます。思考に頼れば頼るほど、相対的に捉え、独立の感覚は強くなり、存在そのものはかき消されます。

結果的に分離感からくる観念は、苦痛を生み出します。私たちは思考による感情に共鳴するので、個人として苦しみを抱えてしまいます。

音楽に思考を重ね合わせると感情が湧いてきます。たとえそれがポジティブであっても何らかの形で、それが傷つけられたと感じた場合には、そのイメージを守ろうとして苦しみに繋がります。

このような概念は、音楽を追求することでも生じます。私たち一人ひとりが別々に存在すると感じると、時間の中に展開する音楽はモノとして捉えられてしまいます。

その物質化した音楽の中に自分自身を見出すようになります。その時、音楽は過去のモノとして不十分なものに感じられ、完全な音楽を未来に対して求めるようになります。

その結果、音楽は思考の一部として未来に存在すると信じてしまいます。そもそも過去にも未来にも何もありません。あるのは今この瞬間です。

過去や未来に何かを求めても、ないものを追いかけているので、永久に見つかることはなく満足感は得られません。欲望は果てしなく続くのです。

時間の罠にはまると今が手段になってしまい、未来や過去の目的のために生きることになります。真実は今が目的であり、今ここが全てなのです。人生の目的は今ここに生きることです。

音楽は今への気づきであり、音楽と共にあることで、安定した満足感や安らぎ、愛、喜び、心の平安を得ることができるようになります。

分離感は対立や闘いを生み出します。独立した別々の存在ならば、切り離されているという感覚を強く持ちます。

空間的に他者と隔たりを感じ、傷つけられているという被害者意識は、自分の正義感を強くし、相手を間違ったものにして、物事を善悪で判断するようになります。この二元性がさらに対立を生み出し、無意識が強化され暴力へと発展します。

音楽の存在への気づきは、全ては一つの存在であり、愛を持って相手の中に自分の存在を見出すことができるようになります。音楽によって一体感が得られ、ワンネスを認識するのです。

音楽のパワーによって思考を超え、独立して存在するのは思い込みであることを見抜くことです。思考が剥がれ落ちた時に純粋な音楽の存在が現れ、思考は生きるための道具となります。

音楽は気づきの意識の中に、気づきとは切り離せない形として現れます。音楽は気づきの意識そのものに他なりません。今ここに音楽の存在があるのです。

## ♪ シンフォニア第九番　ヘ短調BWV七九五

三声のインヴェンション（前述二二ページ）第九曲、ヘ短調、四分の四拍子。三声のフーガで溜息の音型を含む第一主題、半音階下行のラメント・バス、十六分音符の部分からなる三つの主題が同時に対位する三重対位法で書かれており、バッハの生前から評価の高い曲です。

主題が二つの対位主題と組み合わされる三重対位法によって構成されます。冒頭で中声部によって提示される主題は、休符と二度下行がため息のような性格を表現しています。

低声部に置かれる対位第一主題は、苦悩や悲しみの表現に使われる四度音程の半音階下行を基礎としています。さらに主題は不協和である三全音の跳躍（第二小節冒頭）を含んでおり、哀歌的な曲調を強調します。

冒頭二小節では上声部が休止し、二声となっていますが、第三小節からの主題提示では、上声部が主題、中声部が対位第一主題を受け持ち、低声部が新たな対位第二主題を導入します。

曲全体を通して主題は、十回提示されますが、冒頭を除く九回は、常に二つの対位主題が組み合わされています。曲はシンメトリックに構成され、主題の四から五回目、七から八回目は長調で現れます。

# 時間の幻想と今に在る音楽

人は時間にとらわれると苦痛を勝手に作り出します。思考は過去、現在、未来と時間が流れていると思っています。

思考は、過去とは過ぎ去ったこと、現在とは今に在ること、未来とは未だ来ていないことと頭で理解できます。しかし真実は、私たちの人生はいつでも、どこでも今ここで起きており、今ここにしか生きていません。

過去に起きたと思っていることは、今ここで起きたことです。現在、体験していることも今この瞬間、この空間で起きています。未来をイメージしている時も、今ここで思考しています。

私たちは今までも、ずっと今でしたし、これからもずっと今にしかいません。人は今ここ以外の時に生きたことはありません。

苦しみは今を否定し、今に在ることができない時に生まれます。今ここが避けられないことがわかると降参して手放して、全てを受け入れるしかありません。それが愛であり赦しなのです。

真実の愛は、無条件であり所有の概念はなく、今ここでしか感じられません。人は愛を経験したいがために生きているともいえます。愛を感じるために生かされているのです。

今を受け入れると心の抵抗が消えて、あるがままの存在のみが現れます。これが赦しです。赦しとは、抵抗せずに全てをあるがままに受け入れることです。

思考は常に原因と結果を求め、因果関係に過剰反応します。今ここに徹底して生きることができれば因果はなくなり、起きることが起きていることに気づけます。

思考に取り付かれている人は、感情の起伏が激しく、すぐに動揺します。ポジティブであろうがネガティブであろうが思考にとっては関係ありません。

喜びは悲しみに、愛は恐れに、快楽は苦痛に一瞬にして変わる可能性を持っています。それは思考にとっては過去、現在、未来へと時間は流れており、繋がりを持たせたいからです。

真実は今この瞬間の連続で、瞬間瞬間に繋がりはありません。だから思考による二元性は、一瞬にして反転する可能性を含んでいるのです。

苦しみはエゴが作り出す幻想です。両者はお互いを必要としてエネルギーを補完し合っています。事実である出来事は、刺激として思考のフィルターで解釈され、言葉として投影されます。言葉は方便で、全てを表現できず不完全なため、エゴにとって都合のいいように歪められます。

現実は今に在っても心は今に在らずで、思考は現在という時を、過去や未来の眼鏡を通して見ているのです。つまり思考を通して経験している中身は、今の事実ではなく、過去あるいは未来に条件付けられた出来事として反応しているのです。

自分が作り出した幻想、あるいは夢の中で勝手にもがき苦しんでいるだけなのです。思考に取り付かれている人は、自分の物語の中から抜け出すのは難しいのです。

ストーリーの内容に関わらず、エゴが強い人ほど、分離感が強い人ほど、感受性が強い人ほど、物語は強固になり、幻想であるにもかかわらず現実だと思い込みます。

夢を見ている時は、それが夢だとは気づきません。夢から覚めて初めて、夢だとわかります。自分の作り出した夢の中で生きている人は、今に在る気づき、あるいは意識の進化である目覚めや悟りに至らないと、ずっと夢の中で生きることになります。

その人が作り出す幻想が現実となり、一人一宇宙、一人ひとり見ている現実は違います。内面の心の状態あるいは意識のあり方が投影され、現実世界となって現れているのです。人間は仮想現実の中で生きており、心の幻想である自分で作り出したストーリーが現実になるのです。

エゴの自己中心は、今起きていることに抵抗することで、音楽が分離独立して存在するという感覚を持ち続けます。音楽の存在を表現するために、重視するのは言葉とイメージです。

今のあるがままに抵抗すると、存在ではなく言葉にとらえられます。言葉を持ち歩いたり、イメージを持ち続けたりするのは、エゴを持ち続けることになります。

苦痛をよく観察してみましょう。誰かが、あるいは何かが私を苦しめたり、困らせたり、いらだたせたりしているのではありません。

これらは全て言葉とイメージであり、思い込みや決め付けから発生していることがわかります。出来事を自責ではなく他責にした時、思考にとらえられ苦痛は生まれます。

今ここにあり意識を観察することは、音楽に対する言葉を解釈したり分析したり、評価したりする必要がないことにも気づきます。

ただ気づきとして音楽の中でくつろぐのです。音楽に思考が入り込むことで、自己中心のエゴが保たれます。今この瞬間の音楽に言葉とイメージで抵抗し続けることで、エゴはエネルギーを得てますます強化されます。

私たちは絶え間なく物語を創作します。それによって音楽に対する抵抗が生まれ、時間に依存するエゴはさらに強化されます。

エゴは未来に願望を実現しよう、自由になろうとします。今の苦痛から解放され自由になるかもしれないと、ありもしない未来に期待します。心の自由は今に在ることで可能となります。

今度は逆に音楽に快楽や喜びを感じるとエゴは、それを維持するために奮闘し夢中になります。まさに無意識で夢の中にいる状態です。

苦痛と快楽が音楽と共に思考の中にある時、自分の中の夢や物語を創造し、苦痛を避けたり快楽を追い求めたりします。

あるがままの音楽の存在は、エゴが作り出す物語が創作だったことをわからせ、何も解釈や評価する必要のないことだと気づかせてくれます。

感覚と気づきは別々のモノではなく、感覚が気づきへと導きます。感覚に抵抗したり執着したりするのは、ストーリーの中の言葉とイメージです。

これがわかると未来に快楽を求めることも、過去の苦痛にとらわれることもなくなり、今ここを感じている音楽の存在だけが現れるのです。そうすると物語は消えて、夢から目覚めることができるようになるのです。

もし物語が現れたとしても、音楽と共に今に在る気づきの意識で、時間の中で苦しむことはありません。そこには今のあるがままの音楽があるだけなのです。

## ♪ ヴァイオリン協奏曲第二番　ホ長調BWV一〇四二

後に「チェンバロ協奏曲第三番ニ長調BWV一〇五四」に編曲されました。第一番同様、作曲年代と経緯の詳細はわかりませんが、一七一七年から一七二三年頃と考えられています。

楽器編成は、ソロ・ヴァイオリン、弦楽合奏、通奏低音です。第一楽章、アレグロ、二分の二拍子、ホ長調、リトルネロ形式とダ・カーポ形式の融合した独自の様式が熟達した書法で示されています。

第二楽章、アダージョ、四分の三拍子、嬰ハ短調、冒頭に低弦で現れる六小節の主題の音形を、繰り返す持続低音の上から長い保続音でソロが始まる美しい楽章です。

第三楽章、アレグロ、八分の三拍子、ホ長調、十六小節のリトルネロに同じく十六小節のソロが四回現れ、四回目は、二倍の三十二小節挿入されるリトルネロ形式です。舞曲に由来する明るい音楽で全曲を締めくくります。

# 目覚めのための苦痛

感情のエネルギーは、目に見えなくても周囲に大きな影響を及ぼしています。身体に表れる感情のサインを周囲は即座に察知します。

言葉遣いや息遣い、表情、身体から発せられるオーラと呼ばれる波動は、誰でも感じることができます。身体から発せられる波動のエネルギーは、量子力学でも科学的に証明されています。

私たちは相手の言葉や態度のように目に見える物質的な反応に留まらず、目に見えない内面の同種の感情に共振しています。ネガティブな感情は同じ周波数であるネガティブな感情を引き寄せて対立を生み出します。

相手が深刻な心の傷を負っている場合、自分自身がしっかりと今に在ることができなければ、相手の心の傷に同化して影響を受けてしまいます。

人間関係において夫婦関係や親子関係など近ければ近いほど、相手の感情に影響を受けやすくなります。相手の言葉や態度などの刺激に対してすぐに反応せずに、いかに冷静に今ここにあることができるかが影響を受けないための鍵になります。

このような今に在る意識の進化は、目覚めや覚醒、禅の世界では悟りといわれるもので、刺激と反応の間にスペースを十分に取ることによって今に在ることができるようになります。つまり思考を超えてネガティブな感情から離れるのです。

今ここにありネガティブな感情を手放すとは、頭で理解できることではありません。他から見ると冷酷で無感情のように見えるかもしれません。しかし思考よりも深いレベルで無意識を意識している状態なのです。他の人よりシンプルな人間というだけで、何も特別な人でもありません。

人は自分を特別視し選ばれた人にしてしまうと分離感が強くなり、思考にますます支配されるようになります。

そもそも自己と他者を分ける個人は存在しないので、自由意志を発動する主体も客体も存在しません。事象は全てあるがままで中道なのです。

目覚めあるいは悟りとは、この世界のモノは全て別々に分離して存在するという思い込みから解放されることなのです。それは何も存在しないことではなく、ただ起きることが起きているだけで、物事を相対的に捉える二元性から自由になることを意味しています。

存在するのかしないのかも二元的な捉え方であり、相対性まで否定すると存在そのものまで否定してしまうことになり、私たちの存在自体がなくなってしまいます。

問題なのは思考による分離感が生み出す苦痛や葛藤であり、思考そのものは人間が生きていく上で大切な手段です。決して思考を目的にしないことが大切です。

独立した存在としての自分を感じなくなるとエゴの感覚が弱まり、シンプルに生きられるようになり、他に良い影響を与えることができます。分離感は自分を自分以外の人やモノを分け隔て、別に存在しているという個人の観念を強め、その観念が苦しみを作り出します。

思考が作り出すストーリーによる感情や身体に与えるネガティブな影響に気づき、自分自身を俯瞰して見ることができるようになると、物語を個人的に捉えず、もはや問題だと思っていた事象も問題ではなくなります。

音楽も全ては中庸であり、この物質世界がますます、茶番に見えてくるかもしれません。しかし全ては幻想だと気づくと、もうその幻想に振り回されることはなくなり、逆に物語を楽しむことができるようになります。

この世界は様々な関係性や役割があるものの、どれも本質的には切り離されて独立した存在ではありません。全てが一つに繋がっていることを認識できれば、自然に愛と感謝を感じられるようになり、ポジティブな波動が良い影響を与えてくれるようになります。

音楽にも善悪や明暗などの二元性はなく、ただ中庸な音楽の存在のみがあり続けます。その音楽は、いつかに向かうことも到達することもなく、ただくつろぎとしての心地良さや心の平安があるのです。そこには存在としての音楽のみがあるのです。

## ♪ オルガン協奏曲　イ短調BWV五九三

オルガン協奏曲は、オルガンのための独奏曲全六曲が存在します。一七〇八年にバッハは、ヴァイマール宮廷オルガニストとして就職し、一七一四年に宮廷楽長に迎えられ、この地で長く活動を続けました。

バッハは主に教会音楽の作曲や演奏を仕事としていましたが、イタリア音楽を愛好し、その影響を採り入れながら自己の作風を育みました。

そして彼はイタリア協奏曲の優美な様式に魅了され、ヴァイオリンをはじめとする旋律楽器が鍵盤楽器と近親性を有している事実にも着目しました。

器楽協奏曲を独奏オルガンのために編曲するという創意を抱き、六曲のオルガン協奏曲は、その成果として世に送り出されました。

第二番イ短調は、最もポピュラーでA・ヴィヴァルディの合奏協奏曲集「調和の霊感」第八番イ短調作品三の八を編曲したもので、三楽章から成っています。

バッハの編曲は洗練されたものになっており、第一楽章の繰り返される音符は二つの手鍵盤に分けられ、終楽章の同時に二つの手鍵盤を使用するところでさえも、さらに二重足鍵盤が要求されます。

アダージョ楽章は、バス声部に下行するオスティナートが置かれ、バスの上に展開される二つの旋律声部のデュエットは、美しくオルガンに適したものになっています。

# 感動と音楽

過去に条件付けられた思考は、その時の強烈な体験と感情が結び付けられて記憶の中に残ります。人は強烈な体験や感動した時、記憶として保存されます。

感動の幅が大きいほど、あるいは強烈なほど、記憶の中に鮮明に残ります。その状況がネガティブでもポジティブでもどちらでも変わりありません。

記憶容量には限界があり全てを記憶できないので、思考にとって都合のいいように書き換えられて保存されます。

過去とは記憶であり未来とは想像であり、どちらも思考が作り出す幻想であることがわかります。感情と状況がセットになって記憶として残るのです。

過去の強烈な感情と、その時の体験が紐付けされて記憶として脳に保存されます。例えば悲しい感情と、その時に聴いた音楽が組み合わされて記憶となります。

同じような感情が湧いた時、その時聴いた音楽が頭の中に蘇ります。あるいはその音楽を聴いた時に、同じような感情が湧いてきます。

音楽と感情のセットが記憶の中に残っている状態では、音楽または感情が引き金になり思い出されることがあります。

感動は人を動かします。強烈な感情ほど、人は動かされ記憶に残るのです。この性質をうまく利用したのが映画音楽やＢＧＭなどの環境音楽です。

環境音楽は音楽だけを聴くのと違って、状況と組み合わされるので、純粋な音楽の感動とは違った側面があります。思考と音楽が結び付き、記憶あるいはイメージとしての音楽が形成されます。

思考が引き金になった音楽は、過去の記憶あるいは未来の想像が条件付けられた音楽になります。しかも多くの場合、無意識の中の音楽になります。

自分を俯瞰して観察し、意識を冷静に意識できるようになると、どんな状況でも、いかに思考が記憶やイメージの引き金になりやすいか認識できるようになるでしょう。

引き金になる状況があったら、すぐに気づき意識を観察するのです。すると自然に感情が湧いて、その感情を変えようとせずに、しっかり味わいます。その時、今に在ることができるのです。

今に在れば自分と思考を同一化しないので、感情に支配されることがなくなります。そして今にくつろぐことができるのです。

無意識に引きずり込まれることがなくなれば、苦しみや妄想に惑わされずに、今に在るパワーを強く感じることができます。

意識の進化によって目覚め、あるいは悟ることができれば、思考による感情エネルギーが作り出す苦痛は、今ここにあるパワーに変容します。思考は無意識を必要としますが、今この瞬間は無意識を必要としません。

思考は意識の進化に対する最大の障壁に見えるかもしれません。思考が精神を歪め、関係性を破壊し、感情を支配し、無意識状態にします。そして自分と心を同一化し、苦しみを作り出します。苦痛を感じていると人生の状況もつまずきが多くなります。身体もストレスを感じていると機能不全を起こし、病気になることでストレスを解消しようとします。

現実は心の状態の投影だということもわかります。感情に支配され、思考と自己を同一視してしまうと、エゴがアイデンティティとなります。

エゴはネガティブな感情エネルギーを、糧としてますます肥大化します。エゴによる苦悩は、重くなり自己を支えきれなくなると崩壊します。負荷が掛かり過ぎて壊れてしまうのです。

もうこれ以上、苦痛に耐えられないというところまで追い込まれると、手放しや諦めの境地に至ります。苦難や困難が人を気づきへと導きます。そして自我も不幸な物語も、自分の本質とは何の関係もないことを認識できます。

こうなるとエゴは無意識に引きずり込まれることがなくなり、逆に今に在る気づきの意識へと変容します。過去の苦しみから解放されて、内的な心の平安が最優先されます。

思考と感情から離れて、純粋な音楽と共に今ここにあることができれば、愛を感じ喜びと心の平安が訪れます。心の抵抗を手放し、思考を沈静化し、意識を観察して、外面も内面も今ここにある状態と一つになるのです。

いつでもいつにいても、今あるモノと一体化するのです。今ある音に耳を傾けるのです。感覚を研ぎ澄まして今ある音を感じるのです。

人類の意識の変容は、宗教や既成概念にとらわれることはなくなり、意識的に選択する自由が現れるのです。まずは無意識を意識することから始め、そうすると音楽の存在への気づきが現実となるのです。

## ♪ パルティータ第二番　ハ短調BWV八二六

一七二六年バッハは、自作品の出版を開始しました。ライプツィヒに赴任して三年半を経た頃のことです。出版に際してバッハの計画は、慎重と周到を極めました。

規模は「イギリス組曲」のように長大でなく、「フランス組曲」のように華麗でなく、内容は平易でしたが、鍵盤楽器のヴィルトゥオーゾとしてバッハ自身が納得できる充実したものです。

公開演奏のレパートリーよりも家庭やサロンなど私的な場で演奏しようという一般の人々を想定しました。毎年一曲を順次刊行して売れ行きを確かめながら一八三一年に六曲まとめて再版しました。

ライプツィヒ・トーマス教会の前任者クーナウにならって組曲をイタリア風に「パルティータ」とし、クーナウの作品集から「クラヴィア練習曲集」の表題を付けました。

第二番、ハ短調、シンフォニア、アルマンド、クーラント、サラバンド、ロンド、カプリチョの六楽章あり、シンフォニアは重厚な序奏で、淡々と進む中間部と二声のフーガの三つの部分から成ります。

冒頭は付点リズムがフランス風序曲を思わせますが、グラーヴェ・アダージョというバッハのテンポ指示に従うなら、より重々しく、あるいは和音の響きをたっぷりと聴かせるような響きとなります。

挿入舞曲ロンドは、フランス歌曲および詩の形式に由来します。元々二つのパートの掛け合いで歌われ、二声部の模倣的なやり取りで進んでいきます。

終曲カプリチョは、本来ジグーが占める位置にあって三声の対位法で書かれています。第一小節から三つの声部がいきなり鳴り響きますが、フーガは厳格で後半は反行主題が扱われています。

## 量子と音楽による思考の解放

人間の苦しみは思考が作り出す幻想です。自分と思考を無意識に同一視した時に苦痛は生じます。しかもその苦痛は本人だけでなく、周囲の人をも巻き込んでしまうエネルギーを持っています。無意識だからこそ苦しみは蓄積し、過去に条件付けられて心の傷として長い間、その人を苦しめることになるのです。

苦しみから解放されるにはどれくらいかかるのでしょうか？　まず無意識を意識することから始めるのです。

そして苦しみは思考が作り出す幻想だということを認識するのです。思考と自己を同一視しなくなれば、意識の変容の力で苦しみは解放へと向かいます。

いかに今ここにあることができるかが、苦しみへの解放には大切です。そして時間が過去から現在、未来へと一定方向に進んでいるという錯覚に気づくことです。

「時間の矢」といって多くの人は、時間があると頑なに信じて時間に振り回されています。時間は人間の思考が生み出した概念であり、時間は存在しません。

事実として時間には方向はありません。過去と未来を区別するものは、物理法則のどこにも存在しないのです。ニュートン力学による古典万有引力の世界でも、過去と未来を区別することはできません。

量子力学では物事は、粒子と波動の性質を持っており、観察されることによって波動の性質は、素粒子という物質の最小単位として認識されることが科学的に証明されています。

例えば時計は十三時四十七分二十五秒というように特定の値を示します。これは時間を連続的なものではなく粒状のものとして扱っています。

この物質世界は、ごく微細な粒からできており、連続的ではないということです。神はこの世界を連続的な線では描かず無数の点で描いたのです。

真実はこの世の中は物質ではなく、出来事の集まりだということになります。固い石でも量子の振動でしかなく、複数の相互作用の結果、石としてまとまって存在しています。しかし長い時間で見れば、崩れて再び砂に戻るまでのごく短い状態でしかありません。

私たち人間も、今たまたま人間の状態であるということです。膨大な確率でエネルギー体である素粒子が集まって、人間という状態を作り出しているのです。

今ここにあるという観点では、出来事どうしの関係性として捉えたほうが、遥かに理解しやすい構造になっています。過ぎ去った過去もこれからの未来も、思考によって人がそう感じているだけで、今ここにあるのは関係性だけだと達観できます。

物事は他との関係性に依存しており、釈迦も「諸法無我」として二千五百年以上も前に、この真実を見抜いていました。

古い感情は、無意識のうちに自己同一化して気づきを妨げます。意識して古い心の傷と向き合うことで、あるいはあるがままに受け入れることで今に在り思考を乗り越えることができるのです。

今に在ることに抵抗すると苦しみが生まれます。受け入れるとは、今この瞬間に感じていることを素直に認め、全てを抵抗せずに赦すことです。

そうすることによって今に在ることができ、今この瞬間は思考の入る余地などありません。エゴは分離感を生み出します。思考を超えることによって断片ではない神との一体感による真のエネルギーが湧いてきます。

イエスは聖書のマタイ福音書五章四八節で「あなた方の天の父が完全であられるように、あなた方も完全な者となりなさい」と神との一体感を説いています。

他人を自分だとして、全ては一つの存在だと認識できると、愛を持って相手を受け入れられるようになります。自我などなく、全ては一つの存在であるという概念は、紛れもなく宇宙意識であり、エゴのない愛の世界なのです。

今ここにあることへの気づきは、音楽にたとえることができます。音と音との間の沈黙は、次の音と次の沈黙へ絶えず入れ替わります。自然に現れては勝手に消えるのです。

音楽が別々に存在して物質的な存在だと思い込むと、解釈したり評価したりして、苦しみや対立を生み出します。私は自己中心的な思考で音楽を捉えることになります。

自分の音楽が正しいと感じた時は、他の音楽が心の平安を奪い去るに違いないと恐れを抱きます。これは全くの誤解で、別々に存在する音楽などありません。

私たちはこれまで安定を求めて一時的な音楽の中に、自己というアイデンティティを求めてきました。物質である音楽の中に永遠と安定を、見出そうとしても決して見つかることはありません。

釈迦が言うように「諸行無常」であり、全てのモノは変化し衰退します。時間は変化そのものです。一時的な満足や快楽は得られるかもしれませんが、この物質世界では永続的に安定や快楽を感じることはできません。

時間に縛られた私たちは絶えず未来の音楽を追い求め、過去の音楽を持ち続けます。私たちは音楽の本質を探し続けますが、本当の音楽は見つかりません。音楽はあっという間に通り過ぎてしまうので、それによって満足することも安定を感じることもできません。

真実はずっとあり続けていて、あらゆる音楽は訪れては去っていく一時的なものであることを、理解すると自然に音楽の本質を追求しなくなります。

できるだけ頻繁に今に在る音楽の存在を感じ、今にくつろぎましょう。音と音の間にある沈黙には、仕切りや境界がないことがわかります。音楽において音と沈黙が切り離せないのと同じように、私とこの世界を分ける分離感などないこともわかります。

ですから日常的な現実を避けようとか否定しようとかしても逃れられません。起きることが起きているだけで、今ここの現実のみが全てなのです。

この認識が生まれると、日常の現実は抵抗なく受容され、全てを受け入れることで現実は変容します。自己という主体のない、ただ今に在る音楽の存在を感じられるようになるのです。

## ♪ 二台のチェンバロのための協奏曲第一番　ハ短調BWV一〇六〇

チェンバロ協奏曲の詳細は前述の三八ページをご覧ください。この曲の原曲は現存しませんが、「オーボエとヴァイオリンのための協奏曲BWV一〇六〇a」という説が有力です。

原曲の独奏楽器の旋律が、それぞれのチェンバロの右手パートに移し替えられていますが、第一チェンバロの右手は、音型が細かく跳躍も多く、弦楽器的な音型が現れます。

第二チェンバロは、旋律が伸びやかで、いかにも管楽器を思わせます。第一チェンバロがヴァイオリン、第二チェンバロがオーボエのパートを基にしていることがわかります。

作曲年代は、自筆譜が残っていないので明らかではありませんが、ケーテン時代一七三二年から一七三六年頃と考えられています。

第一楽章アレグロは、ハ短調と変ロ長調の二つの調が最初の四小節間で対置され、以後の展開の中で長調と短調が頻繁に入れ替わります。第一チェンバロが十六分音符のパッセージを弾き、その一方で第一チェンバロの左手部分と第二チェンバロが掛け合いになっています。

第二楽章、変ホ長調、アダージョ、八分の十二拍子、この楽章では雰囲気が一変し、歌うような旋律を二台のチェンバロが交互に弾き交わします。弦楽器はピッチカートで伴奏します。

終楽章はハ短調、アレグロ、四分の二拍子、テンポの速い軽快な曲想が特徴的です。冒頭のリトルネロの旋律が極めて広い音域にあることが、曲全体に大きな広がりを与えています。

二つのソロの対話と共にソロ楽器対合奏群との対話も素晴らしく、音楽構造が厚くなった分だけ音楽的内容が豊かになっています。

# 自分探しと音楽の気づき

人生において身近な人の死など大きな喪失感や絶望感にさいなまれると、「自分は何者であるか」という問いの答えを求めて自分探しの旅をします。しかし自分の本質を外に求めれば求めるほど、自分を見つけることはできません。

多くの人は無意識であるため自我にとらわれ、思考の幻想によるニセの自分を作り上げています。私の名前は何で、職業は何で、子どもが何人いてなど説明を始めるでしょう。

しかし全ては一時的で過去に条件付けられた記憶に過ぎません。その人が考える精神的な信念や観念が、どんなに立派であっても所詮は思考の羅列です。

自分自身を知るとは、信念や観念を超えた今に在る奥深い存在意識です。自分という個人も過去や未来という時間も存在しないという気づきなのです。

自分探しの無意味さや個人を形作る主体もなく、永遠の今があり続け、それにくつろぐことが自分を知る唯一の方法になります。

「自分が何者であるか」や人生の意義を考える時点で、思考にとらわれていることになります。自分には何が必要で、何をしなくてはならないかという思いが湧いてくるかもしれません。

しかし大事だと感じていることも、やらなければならないことも思い込みであり全ては一時的で、つきつめてみれば物事は、全て何でもない何者でもない、移ろい行くものであることがわかります。どんなに悟っていても生きている限り、また不意に怒りや不安が湧き起り、相手を攻撃し、自己防衛し、自分を正当化するでしょう。

全ては全自動で起きています。コントロールしようとしても何一つ自分の思い通りになんかなりません。自由意志があり、自分で選択しているつもりでも、全く思考は現実化していません。

自分の都合のいいモノを引き寄せ、不都合なモノを遠避け、移ろい行き変化するモノに安心や満足を求め、それが見つからないと、また不安になり急に怒り出します。

目に見えるモノにアイデンティティを探しても見つかることはありません。真の心の平安を望むのであれば、静止して俯瞰して観察することです。

心の抵抗を手放し、今ある現実と一つになるのです。今見えているモノ、今聴こえている音、触れている空気を感じ、それと一体化するのです。今を敵に回すのではなく、全てをあるがままに受け入れるのです。それが赦しなのです。

自分はスピリチュアル的であり、ワンネスや一つ生命に気づき、意識の進化や目覚め、悟りの境地であるとして、真理を理解しているように感じていても、所詮は思考が作り出す幻想に過ぎません。

今この瞬間に起きていることは、その人にとって必要で大事だから起きているのです。何か問題が生じても、いかに今に在ることができるか、どう反応するか試されているのです。

自己中心的で自己の存在が脅かされればされるほど、人は無意識になり、それに反応します。個人のエゴを個人の問題だと捉え、自分のエゴも強化します。

自分の内面の意識の投影が、現実を作り出しています。無意識の人は、無意識の中にエゴを個人的に捉えます。被害者意識から他者から受け取るモノは、実は自分が他者へ与えていることになります。自分とエゴとは別もので、思考と自我とは何の関係もないことに気づきます。自分は何者であるかという答えは、自分とは何者でもなく存在そのものであるという気づきです。

本当の自分には、信念も観念も必要ありません。なぜなら存在に理由はなく、あるがままの存在が自分の本質だからです。

私たちは聴覚を通して音楽を体験します。ところが音楽している感覚についての考えを直視してしまうと、聴覚は消えて音楽は、かき消されてしまいます。

例えば音楽について「心地いい」とか「うっとうしい」と言葉によるレッテルを張った瞬間に、今ある音楽は感じられません。音楽を直接体験するとは、音と音との間の沈黙を感じることです。

「いい音楽だ」という思考を使って直接体験することはできません。言葉の貼り付けは物語であり、音楽自体を感覚として体験しているのではありません。

人は考えることと感じることは同時にできません。思考または感覚、どちらか一方だけしか使うことができません。

感覚は一時的であり変化するものです。生きている以上、思考をなくすことはできないので、今に在る意識として音楽と共にくつろぐのです。あるがままに休息することによって、直接的に音楽を体験できるようになります。

そこには自分のストーリーはなく、今の音楽を生き生きと一体感を持って感じる存在のみがあるのです。

音楽について様々なことを考えることができますが、音楽の本質を知るには、音そのもの、あるいは音と音との間の沈黙を感じることが大切です。音楽に言葉のラベルを貼り付けた途端に、直接的な音楽の体験を受けることはできません。

音楽の言葉は、音楽そのものではありません。言葉は方便であり方向を指し示すだけで、そこに音楽の本質も癒しもありません。音楽の言葉である楽譜も手段であって、音楽そのものではありません。頻繁に今に在る音楽の気づきの中でくつろぐことは、音楽に生じる様々な感覚を味わうためにも効果的です。

## ♪ 平均律クラヴィア曲集第二巻第二番　ハ短調BWV八七一

「よく調律されたクラヴィア曲集第二巻」は、全ての全音と半音を用いて作られたプレリュードとフーガから成っています。

曲集成立の具体的な時期は証明できませんが、「クラヴィア練習曲集」を四巻まで出版した時期であり、バッハは出版の機会を伺っていました。第一巻一七二二年完成以降に書き溜めたものに、個別の作品の散逸を防ごうとして一七三八年から一七四二年の間に改訂や集成が行われています。

この曲集二巻には、新作よりも過去の様々な曲を取り入れたものが多く、二十四調をそろえるために移調して加えられた作品もあります。

清書後も大胆な修正が加えられており、この曲集がバッハにとって単なる寄せ集めではなかったこともわかります。教則教程としても重んじられ、第二巻はバッハの弟子たちが、それぞれ筆写譜を所有していました。

二十年前の第一巻に比べて多様性がさらに強まり、バロック様式を脱却し前古典派へと向かう傾向も見られます。

短三和音で終止する曲が第一巻に比べて増えているのは、時代と共に短調が自立したこと、そして短三和音が綺麗に響く調律がいっそう普及したことの証しであるといえます。

第二番、八短調、第一巻では最終曲の二十四番にしか繰り返しが登場しませんでしたが、この曲では前半と後半に繰り返しが置かれています。アルマンドのような舞曲になっており、前半と後半がそれぞれリピートされるのが通例でした。

四声部フーガ一は、一小節の短い主題ですが、聴きどころが中間部に現れます。曲の折り返し点でテーマが導入され、そこで元通りのテーマと、それから倍の長さにゆっくり再生されます。

倍の長さに引き延ばされた主題が堂々と現れ、さらに音程を反行させ、上下逆にした主題が重なる手法でひときわ光る作品になっています。

## 豊かさと音楽の存在

思考は常に自分とは何かと考えます。人はモノと何ら変わりありません。物質世界から見ると人は、三十七兆個の細胞の集まりです。細胞は分子の集まりであり、分子は原子の集まりであり、原子は素粒子の集まりです。

原子は原子核と電子から成り、原子核は中性子と陽子から成るエネルギー体で、原子は絶えず振動しています。

原子の九十九・九パーセントは空洞で、般若心教では「色即是空」という仏教の基本的な教義において物質の真理を説いています。物質には実態がなく、物体の本質は「空」あるいは「無」であることを千年以上も前に見抜いていました。

物質である人間も空あるいは無の存在で、自分という主体や自我という認識はありません。しかし思考による分離感で私という個人を作り出し、自分という妄想の上に苦痛を作り出す機能不全が生じます。

思考は誰かに関心を持たれ認められ、評価されたいという承認欲求は絶えません。またお金でも地位でも名誉でも、もっともっとと思う満足感を知らない強欲な欠乏感も底知れません。

すでにある人生の豊かさに気づくことが、思考の罠から逃れる第一歩になります。全ては調和の中にあり、生きているのではなく生かされていることに気づくと、自然に感謝の念が湧いてきます。

幸せとは感謝できる感覚であり、愛を感じている状態です。愛とは感謝と赦しであり、赦しとは抵抗せずに全てをあるがままに受け入れることです。

豊かさは物惜しみのない与えることにあります。与えることも受け取ることも実は変わりないことに気づきます。与えると与えられるようになり、与える人が豊かになれるのです。

イエスもルカの福音書六章三十八節で「与えなさい。そうすれば自分も与えられます」といっています。

全ての豊かさの源泉は、自分の内側にあります。そのためにまず外側の豊かさに目を向け、感謝することが大切です。

思考はないものに目を向けさせ、今ある気づきを曇らせます。空気も水も自然も全て調和と循環から成っており、全ては全自動で永遠にいつでもいつでも完璧な人生があるのです。豊かさへの絶対的な信頼感が人間を強くしてくれます。

豊かさを認め感謝できることが意識の進化であり、目覚めでもあるのです。そうすれば豊かさの波動が外に向かって溢れ出て、周りを良い影響で包み込むことができます。

自分の心の状態や内面が、現実世界を投影しています。ポジティブな意識は、ポジティブな現実を生み出し、ネガティブな意識は、ネガティブな現実を引き寄せます。

何も所有していなくても、豊かさは感じることができます。この現実世界はすでに完璧で、必要なモノはすでに与えられています。

「持っている人はさらに与えられ、持っていない人は持っているものまでも取り上げられる」とマルコによる福音書四章二十五節でイエスは説明しています。

思考は自分自身について知りたいと思い、過去の記憶を隅から隅まで探り、自分自身を定義付けしようと試みます。しかし自分の本質を外側で見付けようとしても見つかりません。

思考を超えるとは、自分自身を定義付けすることなしに、自分の本質である存在意識を自分の内側に認識することです。それは今この瞬間の真実であり、今ここだけが現実なのです。

人は思考している時も、その思考にリアリティを感じます。それは現に今この瞬間に思考しているからです。人生の状況において今この瞬間しかあり得ないので、今ここで起きていることをリアリティに感じるようになっているのです。

今この瞬間に思考にとらわれるのではなく、思考から離れて無意識を意識することで、思考が作り出す苦痛から解放されるのです。

今起きていることは、その人にとって必要だから、今この瞬間に起きています。「起きることが起きる。それ以外は決して起きない」と釈迦は偶然ではなく、人生の必然性を説いています。

人は考えることと感じることを同時にできません。一つのことだけにしか意識を向けられないのです。考えている時も今この瞬間であり、感じている時も今この瞬間です。

時間は幻想であり、今この瞬間が全てなのです。時間は存在せず、過去も未来も思考の中にしかありません。今この瞬間は掴みどころがなく、今この瞬間の連続の中で全ては起きているのです。

多くの人は外側の物質的なモノに自分を同一化し、自分を定義付けようとします。年齢や性別、職業、家族、地位、健康、経済、人間関係など外的状況は、過去に条件付けられた思考です。自分の本質は、今ここにある存在意識であり、内なる生命の源です。

音楽を聴いている時、そこには今あなたが感じている音が聴こえます。今度は目に見えているモノに集中します。すると聴いていた音は感じられなくなります。

意識の空間には、今感じているモノしかありません。あるのは今この瞬間に感じている一つの意識だけなのです。

普段、私たちが一つの実体のある独立した形と見なしているモノは、本当は自分の内なる意識なのです。

この物質世界は、意識の中に今この瞬間に現れていて、それを感じているのです。見たり聴いたりする沈黙の空間には、仕切りや境界線がなく、独立して存在しません。もし分離感を感じたら思考が生じている証拠です。

自分というマインドが音を聴いているように感じ、その時に思考が現れています。それは私という思考あるいは観念なのです。

もしマインドの中に音が現れたら、あるがままに感じましょう。そうするとマインドは消えてしまいます。

音楽と共に今に在る気づきとしてくつろぎましょう。その時、意識の中に現れている音と音との間の沈黙には、別々に存在する独立したものなど何もないことに気づきます。それが音楽による今ここにある存在意識そのものになるのです。

## ♪ 音楽の捧げ物BWV一〇七九

この作品は、一つの主題に基づく十六の小品から成る曲集です。フーガ二曲と四楽章から成るトリオ・ソナタ、並びに十曲のカノンが含まれています。

一七四七年五月七日にプロイセン国王フリードリヒ二世の宮廷を訪ねた際、二十一音から成る八短調のテーマを「王の主題」として国王より与えられました。

バッハはこれをフォルテピアノにより即興演奏して人々の喝采を浴びました。謁見後、三声のリチェルカーレと七曲のカノンを印刷して七月七日に献呈しました。

さらに九月末にはカノンを二曲と六声のリチェルカーレ、王が得意としたフルートのある四楽章のトリオ・ソナタを書き足し出版しました。なおリチェルカーレは、フーガ様式の古い呼び名です。

分冊で出された出版譜は、最終的に十二曲となりました。バッハがどのような配列を意図していたか、そもそも通しで演奏されるように構想されたかどうか自体、確証は得られていません。

新バッハ全集では、二つのリチェルカーレとトリオ・ソナタをこの作品の柱とみなし、カノン群をこれら三曲の後に置きました。使用すべき楽器編成についても、ほとんど指定されていません。

チェンバロ一台で演奏可能なのは、二つのリチェルカーレと二つのカノンの計四曲です。当時の記録によれば大王は、バッハにジルバーマン製フォルテピアノの試奏を求めました。

王の宮廷鍵盤奏者を長く務めたカール・フィリップ・エマニエル・バッハは、一七四〇年代にすでにフォルテピアノ作品を残しており、そこには多数の強弱記号が書き込まれています。

バッハが楽器を指定したのは、「二つのヴァイオリンによる同度のカノン」と「フルート、ヴァイオリン、通奏低音のためのトリオ・ソナタ」のみです。

# 第7章

# 内なる意識と完璧な音楽

# 調和と今に在る音楽

出来事を通して善悪を区別し、物事の表面あるいは一部分だけを判断し、良いとか悪いとかの一時的な判断を決め付けます。そもそも起きていることに何の意味も価値もないだけでなく、自分の都合のいいように意味付け価値付けをしているのは自我であり、後付けしていることもわかります。

あらゆる出来事が全体との調和の中で、ただ刻々と起きているだけです。起きている事象に善悪も損得も優劣も苦楽もありません。

人生で偶然のような出来事も、今この瞬間に起きていることは、その人にとって必要だから起きているのです。思考は物事の必然性を理解できません。思考の都合のいいように解釈します。

自然の営みや生命の神秘を見る時、思考は意味付けや価値付けをすることによって、自身の存在意義を見出そうとします。思考からすると、この物質世界は無秩序や混沌としか見えません。

真実は無あるいは空である沈黙や静寂があり、思考が消えた時に初めて、秩序や調和があるがままにあるべき姿で現れてきます。

思考にとっては無秩序に見える原始的な大自然よりも、造られた公園のほうが心地いいかもしれません。それは思考が作り出した秩序であり、心が理解できる範疇だからです。

無秩序や混沌に見える大自然や生命の神秘は、善悪や優劣といった区分の概念を超えています。相対的で二元的な概念は、思考を使っても理解できません。

思考から離れて感情を沈静化し、静寂の中で俯瞰して観察すると、存在そのものを感じ取ることができます。

秩序と調和は形のない意識の領域で、自分の存在の本質も、調和の中にあることに気づくことができます。

これまでの無意識的な思考が、調和の中の意識的な存在そのものになり、人生の状況も全体との関係性の中で調和するようになります。

人生において出来事は、全て中庸です。人が勝手に善悪や優劣、苦楽、損得、喜怒哀楽などのレッテルを貼り付け、解釈や判断して思い込み、決め付けていることがわかります。

ポジティブな感情である善や優、楽、徳、喜などは、常に悪や劣、苦、損、悲などのネガティブな感情に一瞬で変化する可能性を持っています。全てのモノは変化しており、今この瞬間しかないので同じ状態が続くことはありません。

逆に不幸と思えるようなネガティブな状況が続くこともありません。問題は現実をどう捉えるかで決まるのです。現実は心の投影であり、自分という主体も、自我も思考が作り出す幻想に過ぎません。

私たちが見ていて現実だと思っている世界は、仮想現実であり、バーチャルとリアルの境界はもはや存在しません。

私たちが夢を見ている時は、それが夢だとは気づきません。目覚めた時に初めて夢だったことに気づくのです。目覚めや悟りとは、それが夢であり幻想であることに気づくことです。

全てがあるがままに導かれており、生かされていることに気づくと心の抵抗がなくなります。何一つとっても私たちの思い通りにはならず、コントロールできないことがわかります。

現実を選択しているようで、人生をコントロールしているようで、生老病死をはじめとして何一つ自分では決められていません。

人間に自由意志はなく、全ては全自動で流れのままに導かれているのです。あるがままに生きることが本当の意味での自由に生きることになるのです。

思考は状況や出来事を個別の存在であるかのように捉え、善悪など物事を相対的に二元的に判断します。しかし何一つ独立して存在するモノはなく、全ては調和の中に繋がっています。

物事に相対的な意味や価値を与えているのは、分離感による自己であり、起きることが起きているだけで、事象に意味や価値はありません。

全ての事象が関係性によって繋がっていることは、善悪や優劣などの二元的な思考が結局は幻想であることを意味しています。全てのモノが変化し一時的な現れに過ぎないこともわかります。

起きた出来事について判断したり意味を見出したりしないで、あるがままに事実を受け入れることが調和なのです。一見して偶然に見える出来事も全体の調和の中の一部であり、独立して相対的に存在するものは何一つありません。

私たちの身体を構成するミクロの原子も、物質的な世界を構成するマクロの宇宙も、無限の可能性である因果の中で、全体との繋がりの中で調和しています。その高い次元での秩序と調和は、人間の思考で理解できるものではありません。

言葉や思考を超えたところに、人間の本質である存在意識があります。全体との調和は、起きた出来事との関係性において抵抗せずにあるがままに受け入れることが大切です。

あるがままとは何も行動しないことではありません。今という時と内なる意識の調和が一体となって行動する時、効率ではなく効果的な生命の力が躍動するのです。

音楽の存在を通して、この世界の全てのモノは別々に存在するという思い込みから目覚めて、分離した自我はないことに気づくことが大切です。

それは「何も存在しない」とか「別々に存在する」とか極端に行き過ぎた二元的な考え方から解放され自由になることです。調和とはバランスであり、中庸の意識が相対的な思考を中和できます。

思考は現在と未来に焦点を当て、物事を二元的に、あるいは相対的に捉えます。しかし思考から離れ、物語や夢に共鳴しなければ、思考が現実化することはありません。

目覚めや悟り、意識の進化とは、現実だと思っているストーリーや夢から覚めることであり、思考と一体化することで生まれる苦痛や葛藤とは無縁の状態です。

自分がネガティブな感情を所有しているという分離感から生じる自己も存在しません。ただ人は今ここで起きていることをリアルに感じるので、思考している時は、思考を現実として捉えます。

今あるモノ、例えば音楽であれば音楽の存在と共に今に在ることができれば、音楽をリアルに感じて、その瞬間は思考の入る余地はありません。

自分と自分以外の他者あるいはモノが別々に存在するという分離感の観念が苦しみを生み出しています。様々な問題も思考による分離感の現れで、自分という主体がなくなれば、問題自体も問題ではなくなります。

音楽の存在は音と沈黙の現れであり、一時的で変化するものです。音楽による内なる調和を意識して、音楽の醸し出すストーリーを楽しむことができます。

何も独立して存在しないという概念は、何も存在しないという意味ではありません。この物質世界は様々な関係性から成り立ち、どれも切り離されて独立して存在するモノではありません。

音楽における音と音との間の沈黙を感じ、音楽と共に今に在ることができれば、音楽そのものの存在が姿を現します。あるがままの音楽は、私たちを無理のない心の平安へと誘います。

音楽と共に生きることは、目的も目標も努力も忍耐も必要ありません。必要なのは音楽と共に今に在る意識だけなのです。

## ♪ 農民カンタータ「おいらは新しい領主様をいただいた」BWV二一二

一七四二年八月にライプツィヒ近郊のクラインチョハーで行われた新領主C・H・ディスカウの着任祝宴で演奏されました。全二十四曲から成り、農民の夫婦が登場し、新しい領主を称える歌を歌います。ザクセン方言を用い、当時の俗謡旋律や民族舞曲を盛り込んだ喜劇的な作品です。

当地の方言丸出しの明快なテキスト、民謡や流行歌のリズムやメロディーをふんだんに取り込んだ音楽と親しみやすい作品として人気があります。

歌詞はＣ・Ｆ・ピカンダーによるもので、クラインチョハー農園に領主として着任したディスカウはピカンダーを雇うことになり、そこで上司を讃える一曲を手土産にしました。

登場人物は地元の男（バス）と女ミーケ（ソプラノ）のペアのみです。楽器は弦楽器と通奏低音に加え、ホルンとフルートが含まれています。

台本の構成では前半は、噂話の形式でディスカウへの讃辞を交わします。後半は祝宴で披露する歌選びを通じて様々な音楽を楽しむものです。

一七四二年夏を過ぎると、バッハはコレギウム・ムジクムとも疎遠になります。第二十曲のアリアは、世俗カンタータＢＷＶ二〇一フェーブスとパンの争い「速く、速く、渦巻く風よ」からの転用です。

## エゴによる機能不全と音楽

人生の現実は、今この瞬間です。今という瞬間と、どのような関係性であるかによって人生の状況は変わります。

エゴは今という時との関係性において機能不全的な状態であるといえます。機能不全の状態はほとんどが無意識です。今この瞬間と意識的であることができれば、もう無意識の思考に人生を支配されることはありません。

今ここの時空は、人生における生命と切り離すことができません。今ここだけが真実であり、思考や感情が作り出す世界は全て幻想です。

今という瞬間といかに意識的な関係でいることができるかが、人生の状況を大きく左右します。エゴは現在という瞬間を理解できないばかりか、生命と調和していません。

エゴ的な思考は今を無視し抵抗し、この瞬間と共存できません。エゴは時間の中でしか生きることができません。

エゴが強ければ強いほど、人生の状況は時間に支配され、いつも過去と未来にフォーカスします。自分の存在意義を過去によって決定し、自己実現を未来に求め、今に在ることができなくなります。それがエゴによる機能不全の状態なのです。恐怖や怒り、不満、不安などのネガティブな感情は、エゴの機能不全による産物で、無意識的に時間に縛られている状態です。

今という瞬間に対するエゴは、目的のための手段として反応します。エゴにとって現在は、過去のポジティブな記憶の思い出で生き延びようとします。または今よりも良いであろうという未来への想像で期待して存続しようとします。

エゴにとって現在は、克服すべき障害に見えてきます。些細な出来事でも問題にしてしまい、解決を困難にして混乱した状態を作り出してしまいます。

そうなると人生の状況は問題だらけの現実となり、問題を解決しないと幸せにはなれないと思い込み、自ら恐怖を作り出し、その恐怖にさいなまれます。

人は生きている以上、様々な出来事や課題が出てきます。それを問題にするかしないかは、思考が判断しています。

たとえ課題が出てきても、今に在って意識し冷静に集中して対応すれば、問題と思っていたことも問題ではなくなり乗り越えることができます。思考は課題を問題にしてしまいます。今という瞬間を障害として見ている限り、問題は解決されることはありません。

ほとんどの課題は時が解決してくれますが、エゴが問題として、あるいは克服すべき障害として思っている限り、問題は永遠に続き終わることはありません。

無意識のうちに現実に抵抗し恐怖や不満を感じると、今のあるがままと共存できずに問題を作り出します。そうなると外面の物質世界は、内面の心の投影なので、起きる現実は苦難に変わります。

今という瞬間と自分との関係を俯瞰して意識することが大切です。そして冷静に集中して自分を観察するのです。今この瞬間を目的のための手段としない、あるいは現在を問題としていないかを絶えず自問し観察するのです。

自分と今との関係が機能不全だと気づくことができれば、今に在る存在が真実となり、機能不全は解消されます。今に在る気づきの意識で機能不全を取り去ることができるのです。

思考の中で自我と呼ばれるエゴが重要人物であるかのように感じるのは、言葉と時間に執着していることが大きく影響しています。

私の物語は、自分を定義するために私が使う様々な言葉や時間は、過去と未来にフォーカスしています。言葉と時間を重視していると、分離感から自分のことを独立して存在する個人だと思い込みます。

エゴが強くなるとあるがままをコントロールしたり思い通りにしたり管理したり変えたり取り除こうとしたりできると信じています。しかしコントロールできるものなど何もありません。

それは今ここで起きることが起きているだけだからです。今ここで起きていることに意味も価値もありません。全ては今ここであるがままだからです。

自我の中心には思考があります。思考から感情が勝手に湧いてきます。自己があると強く信じていると負の感情も強く湧いてきます。

もし私がネガティブな言葉を重視すると、この言葉が引き寄せるネガティブな感情が自然に湧いてきて、感情に共鳴する意識が現実となります。

ネガティブな感情が強ければ強いほど、現実はネガティブな波動に引き寄せられ、それが個人の一部だと勘違いします。自分の本質は深いところに根差しており、思考の抵抗の及ぶ浅はかなところにはありません。

思考を超えて自分の存在を、意識して感じることが大切です。その時に役に立つのは、音楽の存在です。

音楽と共に今に在ることができれば、思考の入る余地はありません。ただ音楽の存在を感じるのです。

音楽の存在を意識する時、自分は独立した存在であるという主体は、もうそこにはありません。あるのは音楽の中の沈黙です。沈黙は音と音との間に隠れています。

思考は今ではなく、次の瞬間、次の状態を求めるので、今に在る静寂は見過ごされてしまいます。沈黙は思考ではありません。思考のない気づきの意識でくつろぐことができれば、空や無といわれる沈黙を体感できます。

沈黙は音楽の外にも内にも存在します。沈黙に境界はありません。音楽の中の沈黙を認識できるようになると、思考のない気づきの意識の中でくつろぐことができます。

あらゆる音楽は沈黙から現れて、その中に消えていく一時的なものです。思考から離れて無あるいは空の状態になり、ただ音楽の存在を意識してみてください。

## ♪ イタリア協奏曲BWV九七一

チェンバロ独奏のための全三楽章の協奏曲です。「フランス風序曲ロ短調BWV八三一」と共に「クラヴィア練習曲集第二部」として一七三五年に出版されました。

この曲集は、十八世紀イタリアとフランスの代表的な器楽ジャンルが対比付けられているだけでなく、ヘ調とロ調という遠隔転調、増四度近親転調という対比が見られます。

第一楽章はヘ長調、テンポの指定はありませんが、多くの版ではアレグロと補足されています。第二楽章アンダンテ、ニ短調。第三楽章プレスト、ヘ長調。

曲中にフォルテ（強奏）とピアノ（弱奏）の指示があり、二段鍵盤チェンバロを用いて協奏曲における楽器群の対比を模倣しています。

この曲はバッハが存命中にも人気があり、単一の楽器で演奏する協奏曲最大で最高の曲であると評されています。

## 時間の非実在と音楽の現実

今という瞬間は、今起きている事実で唯一の真実です。今起きていることは、絶えず移ろい変わり行き常に変化しています。人は変化そのものを見て時間の経過を感じてきました。仏教では無常観として捉えています。

ドイツの哲学者インマヌエル・カントは、「時間と空間の概念は、人間の感性に備わった主観的な観念である」と主張しました。

人間は月の満ち欠けや太陽の動きから時の移ろいを把握していました。月は三十日間をかけて満ち欠けし、十二回繰り返して一年になります。

古代エジプトでは一年を十二ケ月、一日を十二時間かける二に分割し、古代ギリシャでは一時間を六十分に、一分を六十秒に分割しました。

紀元前四十五年にユリウス暦、十六世紀にグレゴリウス暦、十七世紀中頃にクリスチャン・ホイヘンスにより振り子時計、一八八四年に国際子午線会議でグリニッジ天文台の標準時刻が定められました。

時間とは人間が作り出した概念で、時代と共に変化してきたことがわかります。人は時間を過去から現在、そして未来へと一方方向に進む矢のように感じます。しかし過去は思考による記憶であり、未来は想像です。あるのは一瞬一瞬である現在、あるいは今ここだけの瞬間です。

今この瞬間を感じ、瞬間的に今を認識することは難しいのです。次の瞬間に今は過去になり、今この瞬間は常に更新されています。

今という瞬間は捉えどころがなく、時間は存在しません。時間は人間の錯覚であることが真実として理解できます。

今ここを図で表すとカーナビの矢印が自分になります。動いているのは自分ではなくて、周りの景色が動いているのです。

時間の矢は、一方方向に進む電車の中で車窓を眺めている自分の状態で表すことができます。三次元の世界に生きる自分は電車の中にいて、電車の外は高次元の世界で外へは絶対に出られないのです。私たちはまさに仮想現実の世界を生きているといえます。

時間は、ある一時点の長さであり、時刻はある一時点と定義できます。現代ではループ量子重力理論やブロック宇宙論において時間は、存在しないことが科学的にも証明されています。

今ここは時間ではなく空間でもありません。今は時間など存在しなかったという気づきであり、過去や未来は思考であり、いつでも今しかないという存在意識です。ここは場所ではなく、いつにいてもここしかないという存在意識です。

たとえ過去の記憶を思い出している瞬間も、未来を想像しイメージしている時も今ここでしているのです。明日にやろうとしても、明日は来てみれば今日であり、明日は永遠に来ないのです。あるのは永遠にある今ここなのです。人生の現実は今この瞬間だけで、人生は常に今なのです。今は瞬間瞬間の連続のように見えますが、過去、現在、未来と繋がってはいません。繋がって感じられるのは時間の幻想であり、思考が作り出すイリュージョンです。

確かにこの物質世界で生きていくには時間の概念は必要です。どこへ行くにも、計画を立てるにしても、人と待ち合わせをするにしても、成長するにしても、何かをするにしても時間を使います。時間は目的を達成するための一つのアイテムなのです。道具は使い終わったら元の位置に片付けられなくてはなりません。

時間がもっと欲しいとか、時間をないように感じたり、時間に振り回されたり翻弄されたり、私たちは時間を物質のように感じています。時間への執着がなくなると、時間の流れがスムーズに感じられます。

時間は存在せず、実体がないのに、ないものに心を奪われた状態は本末転倒です。時間を管理しているようで、実は時間に管理され支配されているのです。

全ての事象は時間の影響を受け変化していますが、全ては今ここで起きています。たとえ過去の写真を眺めている時も、今ここで見ています。

時間そのものを経験することはできません。時間は思考であり、真実は現在という瞬間だけが存在しています。

音楽を聴いている瞬間も今ここです。音楽は時間芸術といわれますが、音楽に時間の概念を加えると、真の音楽の輝きは失われます。

時間とは思考が作り出す過去と未来であり、心が作り出した偽りの自分になります。真の音楽には思考の入る余地がありません。

音楽から時間の概念を取り除くと真の音楽が現れます。現在という瞬間と調和して音楽と一体になるのです。

あるがままの音楽を受け入れると、私の時間とエゴは解体します。エゴにとって今という瞬間は理解することはできないので、音楽の本質も感じられません。

音楽は今の現れであり心の抵抗があると、現れを超えた形のない一つの生命と音楽とを隔ててしまいます。音楽の受容は、今がとる現れの中に形のない内なる世界への入り口になります。音楽がこの瞬間の形に反応し、今を目的のための手段とするとエゴは強化されます。その時、音楽は形を超えて輝くことはなくなりパワーも失われます。

今に抵抗せず、今ある音楽の現れとして共にあることができれば、自己の形との同一化は消滅し音楽の力が現れます。それが音楽の本質なのです。

## ♪ トッカータ、アダージョとフーガ　ハ長調BWV五六四

ヴァイマール時代の一七一二年から一七一七年頃の作品とされており、アダージョの楽章にA・ヴィヴァルディのイタリア協奏曲様式の影響が伺えます。ブゾーニによってピアノ編曲されています。バッハは三楽章から成るイタリア協奏曲の形式を巧妙にオルガンへ移すという最初にして唯一の試みをしています。

トッカータ、ハ長調、四文の四拍子、トッカータの典型である速いパッセージによる細かな音形の変化を伴った即興的で技巧的な長いペダル・ソロの後、合奏を思わせる華々しい和声部に入り、最後は壮大に締めくくっています。

アダージョ、イ短調、四分の四拍子、ヴァイオリン協奏曲緩徐楽章の様式を模倣しており、左手のオクターブの伴奏音型に、右手で奏でられる甘美で哀愁を帯びた旋律が印象的な曲です。

七声部による終結部は、G・フレスコバルディの掛留音と不協和によるトッカータの手法によって

不協和音を連結しています。

フーガ、ハ長調、八分の六拍子。平行八度音程から走り去るように聴衆を当惑させたまま置き去りにします。陽気で明るい雰囲気のテーマが基本となり、展開する快活で緩やかな対位法で構成されています。

## 夢の限界と音楽の喜び

抵抗と執着は様々な問題を引き起こします。無抵抗と手放しが物質世界から解放されて、本当の自由を手に入れることができるようになります。

抵抗はエゴによる物質への自己同一化であり現実逃避になります。心の抵抗は、私という分離感による自己イメージを強め、自分と他者を切り離すことによって思考による幻想が現実になります。

起きている出来事は、移ろい行く一時的な現れに過ぎません。自我は後付けで意味と価値を見出し、勝手に自由意志があると決め付け、全てを管理コントロールできると信じています。

しかもエゴは無意識的に仮想の世界を現実だと思い込み、対立や闘いを生み出します。それはまさに夢を見ている状態だといえます。

夢は目覚めると消えてしまいます。しかし今の瞬間に夢の中にいると、それが現実だと錯覚して、夢が現実となります。

人生も夢を見ている状態と何ら変わりはありません。私はいつの間にか生まれていて今ここに存在し、いつの間にか死んで人間の状態ではなくなります。物質世界は全て一時的で変化し移ろい行くものです。

過去の記憶をたどってみれば、全てが夢のように感じるかもしれません。夢は物質世界におけるつかの間の物語です。物語にリアリティを感じるのは、全てが今この瞬間に起きているからです。

自我は夢を相対的な現実として自己のストーリーを作り出します。しかし絶対的な現実は、今ここに存在する意識で、起きることが起きている夢が入り込むことのできない、生命が展開する形のない次元です。

夢から目覚めることが悟りであり、意識の進化になります。目覚めは言葉と時間のない世界への気づきであり、意識的で今に在ることによってのみ自分のドラマは終焉を向かえます。

人生において思考の力を使って物質的に成長や拡大を追求する時期は誰にでもあります。思考そのものが悪いのではありません。

思考という道具を使って、今に在ることができれば、行為そのものが目的となり、もはや結果は問題ではなくなります。

思考が作り出す問題は、古くから宗教において罪あるいは悪魔として戒められてきました。特に傲慢、強欲、嫉妬、憤怒、色欲、暴食、怠惰は七つの大罪としてキリスト教世界では概念化されています。形ある物質世界では罪深い人間であり、形を求めている以上、限界を経験することになります。思考を超えて、いかに意識的で今に在ることができるかが本当の意味での成長になります。外的な限界は、内的にのみ乗り越えることができます。人は限界にぶつかると無意識的にエゴの罠に落ちてしまいます。抵抗することなしに今のあるがままを受け入れた時、初めて限界を乗り越えることができます。そしていかに意識的でいられるかが鍵となります。

限界において自己が作り出した苦しみを抵抗なく受け入れられると心の平安が訪れます。それが思考を超えることであり、目覚めあるいは悟りになります。そこには恐れや不幸のない世界であり、抵抗を完全に放棄した状態です。

自然に罪といわれる概念が努力なしに謙虚、忍耐、感謝、勤勉、慈悲、節制、純潔の美徳に変容します。恐れや苦しみは地球上の生命体における無意識による集団的機能不全です。機能不全は外的な環境汚染として現実化し、紛争や戦争を引き起こしています。

人々にとって幸福は現実に起因し、物質的に依存していると信じて疑いません。起きる事象は絶えず変化し、幸福を感じると必ず反動として不幸が訪れます。人は幸福を持続させようと血眼に悪戦苦闘し、自分の幻想を生きています。

幸福は追い求めるものではなく、今ここの完璧さに気づき、調和して生かされていることに感謝することです。

思考と形を超えたところに完全性があり調和があるのにエゴで見逃しています。今この瞬間を無抵抗で受け入れ、時間のない永遠性を見出さなければ、喜びや心の平安である真の幸福はあり得ません。

喜びや心の平安は形ある物質世界からもたらされることは決してありません。形のない次元から意識的に今に在ることで、思考から解放され真の幸福が訪れます。エゴは絶えず自己防衛や自己正当化し自己意識を強化します。エゴの関心は今ある現実ではなく、私の存在意義が大事なのです。

エゴは今ある音楽ではなく、音楽に付随する感情を重視します。この世界は完璧で調和と循環で成り立っており、音楽もそれだけで完璧であるがままです。

思考は音楽にストーリーを付け足して、意味付け価値付けをします。音楽は一時的な現れとして、本当は何も生まれていないし何も死んでいないのに、解釈し判断しようとします。

力強い音楽の実践は、エゴが現れた時に抵抗せずに意識的にあるがままに今に在ることです。すぐに解釈したり判断したりせずに、音楽と思考を切り離して、ただ何もしないのです。そして自分の奥深いところで音楽を感じ、俯瞰して意識を観察するのです。

最初は思考を介在させたくて違和感があるかもしれません。しかし、その後に音と音との間に広々としたスペースである沈黙や無、あるいは空の世界を感じることができるようになります。

その世界はエゴの入り込むことのできない時空であり、自己のない今ある次元が立ち現れます。その時、音楽の中に思考を超越した真の生命力が輝き出します。

今に在る生命力は、大いなる存在である宇宙の力と音楽とを調和させ、もはやネガティブな感情の入る余地はありません。

音楽への全信頼は、自己意識を強化したり自分を特別な存在にしたりする必要はありません。そこには思考と時間を超えた永遠なる音楽の存在のみがあるのです。

## ♪ カプリッチョ　変ロ長調「最愛なる兄の旅立ちに寄せて」BWV九九二

初期作品としては特に有名で、作曲はバッハの長兄ヨハン・ヤコプが、スウェーデン宮廷のオーボエ奏者として迎えられ、その出発にあたり送別曲として一七〇三年頃と考えられていますが詳細はわかりません。

全六楽章から成り、各楽章には解説的標題が付けられており、作品の中心となる第三曲は、繰り返される半音下降の旋律によるパッサカリアです。

第一楽章、アリオーソ、旅を思い留まらせようとする友人たちの優しい言葉。第二楽章、他国で起きるかもしれない様々な不幸の想像。第三楽章、友人一同の嘆き。第四楽章、友人たちは集まり、別れを告げる。第五楽章、郵便馬車の御者のアリア。第六楽章、郵便ラッパを模したフーガ。

# 外と内の意識と音楽への信頼

私たちは目に見える物質世界において、物体があることによって三次元の空間を認識しています。何も見えない闇夜だったら、そこには何もない世界であり、空間そのものを認識することはできません。星があることによって空間が立ち現れ、空の空間を感じることができます。

雲など何もない真っ青な空を見ている時、そこには二次元である青色の平面世界が映っています。雲あるいは鳥や飛行機などの物体があることによって空の空間を認識できます。

部屋の中で壁や椅子など何もなかったら部屋の空間を感じることはできません。空間に物体が存在することで部屋の空間を認識することができるのです。

音楽において音がなかったら沈黙そのものを感じることはできません。音と音との間の静寂は、音が立ち現れることによって認識できるのです。音の存在は音のない世界を認識することによって、音の存在を実感できるのです。

空間そのものを見たり聴いたり味わったり嗅いだり感じたりすることはできません。空とは無であり存在していない状態です。物質の存在を感じることで空間に気づくことができるのです。

存在を認識するには、まず空あるいは無を概念的に捉える必要があります。空間に気づくと物体の存在そのものが立ち現れます。

空あるいは無は内なる意識の空間であり、存在の本質である生命の源です。それは見ること、聴くこと、感じることができない形のない沈黙の世界であり、感覚の奥にある存在そのものです。そこには言葉や時間の概念を超えた、ただ存在意識のみがある次元です。

空間を感じるには、音と音との間の沈黙に耳を澄ませ、音の存在を認識した時、空の世界を感覚的に感知できます。

音楽において人は音ばかりにフォーカスしますが、音そのものよりも形のない静寂のほうが音楽の存在そのものに深みを与え、音楽のあるがままを感じることができます。

仏教経典である般若心経は、この真実を「色即是空、空即是色」としています。物質的なモノあるいは形ある物は空であり、空であるからこそ物体が存在するという真理を表しています。

「色即是空」の「色」はモノ、「即是」は即ちこれ、「空」とは何もないことを指し示しています。空とは物体が存在しないことではなく、物体の本質は空っぽであることを表しています。

量子力学において物質は原子によって形作られ、この原子は素粒子というミクロの粒から構成されています。素粒子のほとんどが空間で実体のない空であるといえるのです。

実体のない空だからこそ色が存在するという「空即是色」の視点は、あらゆるモノは空であり実体がありません。実体がないからこそ世界にはあらゆる姿をした状態としての物体が存在できているのです。

もし独立して固定的なものが存在していたら、それは変化をしないものとなってしまいます。全てのモノが変化するからこそ、あらゆるものが新しく生まれることができるのです。

あらゆる存在は流動的に変化をして、その結果万物として存在することができるのです。存在には実体として独立性はなく、固定してないからこそ物質は絶えず変化し、柔軟性を持っているのです。空だからこそ物体が存在するのです。

様々な物質が集まって車は、車という状態を保っています。それが保たれている間は車ですが、バラバラになれば車ではなくなります。

最初から車があったわけではなく、真実は車という状態に物体が保たれているということです。それは車という固定的な物体ではなく、車という状態に集まった物質に過ぎません。

この真理はもちろん車に限らず、人も含めたあらゆる存在に共通することです。あらゆる存在は、状態として存在しているだけで、固定して絶対的な存在はありません。

どのようなものでも不変の実体は存在せず、物体は必ず物質が集まって形を成して、絶えず変化して一時的な状態であるのです。

「空」という言葉が示す何もないとは、全ての物体は物質が集まってできた状態に過ぎません。車は車という状態で存在しています。人がそれを車と認識するから車が存在するのです。車自体が車なのではなく、車は状態に付けられた単なる名前なのです。

私という存在も分離感から私という個人が認識され、私という状態で存在しているのです。この世界には、固定的な実体はないという真実が空なのです。

全てのモノは集合体で、言葉や名前は集合体に付けられた総称であって、その名前自体の物体が存在するわけではありません。言葉や名前は全て方便であり、表面的なレッテル貼りであって、そのモノ自体を表しているわけでもありません。

私は私という状態であり、私という確固たる主体はありません。つまり私という独立した存在はないのです。これをスピリチュアル的にいうと「私はいない」となります。だから色は即ち空なのです。

しかし、それは単に何もないことでもありません。あるようでない。ないようである。それが存在するという意味であり、存在のあり方の真理であり、「色即是空、空即是色」の意味なのです。

見て聴いて触れて感じる全ては、変化し移ろい行く一時的な状態でしかありません。空間が全てのモノの存在を可能にするように、静寂がなければ音も音楽も存在しません。

人類の集団的機能不全は、物質的な状態にとらわれ、移ろい行く形の世界に魅了され、人生の状況に夢中になり、言葉や時間を超えた存在の本質を忘れているところにあります。

音楽においても音と静寂の気づきによって音楽の存在が立ち現れ、音楽という一時的な状態を超えた、永遠の音楽の存在を認識することができるのです。それが音楽の本質であり、真の音楽の姿なのです。

## ♪ ブランデンブルク協奏曲第三番　ト長調BWV一〇四八

一七二一年三月にブランデンブルク辺境伯クリスティアン・ルートヴィヒに献呈された種々の楽器

のための六曲の合奏協奏曲の通称です。

作曲年はケーテン時代の様々な時期にまたがっており一七二一年以降と考えられており、現在ベルリンの国立図書館に自筆譜が残されています。自筆にはフランス語で協奏曲とだけ書かれており、通称は後に付けられました。

バッハはケーテン侯レオポルトの宮廷楽長として働いていましたが、ケーテン侯の妃が音楽嫌いであったためにレオポルト侯の音楽熱は冷め、宮廷楽団も縮小される事態になりました。

バッハは新天地を求め本作品が献呈された同じ頃に就職活動をしていたことが知られており、一七二三年にライプツィヒのトーマス・カントールに就任しています。辺境伯に作品を献呈することで、就職を有利にしようとしたことは十分に考えられます。

作曲された順番は、第六番、第三番、第一番、第二番、第四番、第五番であり、第三番と第六番はヴァイマール時代にさかのぼると推測されます。第一番以降については、楽器編成や高い演奏技術が求められることからケーテン時代の創作と考えられます。

第三番はヴァイオリン三人、ヴィオラ三人、チェロ三人とヴィオローネとチェンバロによる通奏低音のために書かれ、A・ヴィヴァルディの弦楽協奏曲風イタリア様式の影響を強く感じられます。

## 空間と音楽の意識

人は幸福になりたいと、いつも幸せを追い求めて生きています。幸せとは何でしょうか？　幸せとは今感じることです。

いつかは幸せになると未来に幸福を求め、明日の幸せのために今日を生きても、永遠に幸福はやって来ません。人生は今この瞬間しかないのです。未来が来ると思っていても、来てみれば今なのです。過去も同じです。過去の栄光にしがみ付いていても、その輝かしい誉れは過ぎ去ったもので、その人の頭の中の記憶にしかありません。

幸福を感じることは人間にとって心地いいことですが、永遠に幸福が続くことは決してありません。生きている以上、様々な出来事がやってきます。幸福を感じていると、その反動として不幸を感じることも必ずやってくるのです。

人生を俯瞰して冷静に観察してみると、起きることが起きているだけで、起きた事象に対して意味付けや価値付けをしているのは、自分の思考だということがわかります。

目の前の出来事に抵抗しない。起きたことをありのままに受け止める。起きた出来事を解釈したり判断したりしない。現実は無常であり移ろい行くもので執着しないことが大切です。仏教のいう「諸行無常」です。

そして今ここで生命があり、生きていられることに感謝するのです。そうすると感謝と赦しの波動が、同じ波動を引き寄せ、愛で満たされる人生になるのです。

ジェームス・アレンは、「人は望むものではなく、同種を引き寄せる」と言っています。真の引き寄せの法則において真実は、自分の都合のいい欲求を満たす物質的な引き寄せではなく、同じ波動である心の状態が投影され現実となるのです。

人生の状況は良いことも悪いことも、幸福も不幸もない非二元であり、全ては一時的で変化する真実に気づくことが大切です。

物質で形あるモノは無常であり、モノに執着することは何の意味もありません。この宇宙の完全な調和と秩序に感謝し、我々は全てが完全ですでに与えられていたことに気づくことができます。

全てを抵抗せずに、あるがままに受け入れると、エゴによる形への自己同一化がなくなり、将来への不安や失うことの恐れがなくなり、本当の意味で今を楽しむことができるようになります。

人生では時には諦めることも必要になります。諦めるとは断念することではなく、明らかに状況を見つめることです。

いちいち起きた出来事に反応したり執着したりせずに内なる抵抗を止めると、人生の状況は感謝と赦しによって、愛で満たされ心の平安が訪れるのです。キリスト教においては、これを「神の摂理」あるいは「神の平安」といっています。

形への同一化がなくなると、自分という主体がなくなり、思考から離れることができます。そうすると自分の本質が現れ、意識の覚醒が起こり、思考の牢獄から解放されるのです。

たとえ不幸のように思えても、内なる意識の進化と静寂は、思考を超えた今に在る心の平安をもたらしてくれます。

この世の出来事にいちいち反応せず、思考が作り出すありもしない未来への夢や希望、期待を手放すことです。こうなるともはや自分で苦しみを作り出すこともなくなります。

これが今に在る気づきであり、時間を超えた永遠なる意識の目覚め、あるいは悟りといわれる真理です。

悟りは厳しい修行をしなくても今ここにあり、自分の本質である意識の中に存在します。このことは私たちにとって真実としてすでに自分の中にあり、感覚的に理解できます。

多くの人の人生は思考まみれで、物質的なモノややるべきことでいっぱいです。たとえ音楽を聴いている時も音楽をしている時も、次から次へと思考が押し寄せてきて、意識が思考にとらわれ音楽と共に今に在ることができません。

空間への意識は、モノへの執着を超えた思考や感情が生まれる前の、意識の根底にある存在そのものです。

音楽の存在は音と音との間の静寂であり、その内なる空間が音楽への意識です。誰にでもこの次元はあるのですが、ほとんどの人は思考に邪魔されて気づいていません。

モノや思考にとらわれていると、言葉や時間を超越した内なる空間である存在意識を見失ってしまいます。

音楽の中にあると穏やかでリラックスした気分になります。これは今に在って思考の入る余地のない分離感による自己のない状態だといえます。自分がなくなると楽しい気分になり、時には歌ったり踊ったりしたくなるかもしれません。

音楽は昔から喜びや愛、時にはネガティブな悲しみや苦しみなどの感情表現でした。人は表現することで今に在る感情を昇華することができます。空間の意識は思考を超えた状態で、音楽の意識とも共通する存在そのものです。

現代ではスマートフォンを見るのは、多くの人の大好きな余暇活動です。暇さえあれば老若男女を問わず、世界中の人々がインターネットを楽しんでいます。

たくさんの人たちがスマホを見ていると、リラックスできると感じているかもしれません。集中していると思考活動が停止し、自分自身から解放されているように見えます。

それは今に在ることができているのでしょうか？　思考を超えられているのでしょうか？　残念ながらそうではありません。

スマホに夢中な時は、何の思考も生み出さないと思っているかもしれません。しかしネットの思考活動とリンクし、その思考を思考しており、まさに洗脳されている状態です。

受け身である以上そこには何も創造的なモノは、生まれず催眠状態だともいえます。だからこそこの世界を動かしたいと思っている支配者である富裕層は、世論操作にスマホもネットも利用しています。

しかも無意識のうちにコントロールでき、長時間離れられないので、ドラッグと同じ強い依存性が伴い中毒症状と同じなのです。

スマホ依存症は内容が無意味なほど、面白くないほど、ますます無意識と依存の度合いは強くなります。マスコミによる一方的な情報操作は、人々の思考を支配し、無意識にさせて人々をコントロールしてしまいます。まさにスポンサーの意のままであり、意識障害であり、集団的機能不全といえます。

音楽は実体がなく今ここでしか感じることができません。しかもどんなに思考しても音楽をできるようにはなりません。

思考ではなく感覚を使って意識の空間に音楽を意識することが、真の音楽の意識になります。音楽は感性が大切です。

今ここに音楽の存在を意識することは喜びであり心の平安です。音楽の波動を感じ、音楽の静寂による真の音楽のパワーを享受しましょう。

## ♪ マニフィカト　ニ長調BWV二四三

一七二三年に原作は変ホ長調で作曲され、通常のラテン語降誕祭第一日用のテキストの間に四曲の挿入曲がありました。

一七二八年から一七三一年にかけて改定し、クリスマス挿入曲を除き、調性をニ長調にして現在の形に書き直しました。通常の演奏にはニ長調改訂版が使用されます。

楽器編成は、初稿が弦楽4部と通奏低音の他にトランペット三本、ティンパニ、リコーダー二本、オーボエ二本です。

改訂稿ではリコーダーがトラヴェルソに替えられ、オーボエ・ダモーレが追加されています。ソプラノ、アルト、テノール、バスの独唱、五部合唱、通奏低音が付いています。

初稿の最後のページが失われたために挿入曲の後半は伝わっていませんが、「教会カンタータBWV一一〇」を参考に復元されています。

## 内なる空間と音楽の認識

私たちは思考から離れている瞬間を無意識に過ごしています。何かに集中している時、あるいは楽しい瞬間は、あっという間に時間が過ぎてしまいます。思考から離れるとは時間から離れることに他なりません。

もちろん寝ている時は思考していませんが、それ以外で思考していない瞬間は、笑っている時、驚いた時、感動している時など何かに心を奪われている状態で無意識で起きています。

思考と思考の間にある静寂も、思考から離れている状態です。多くの場合、無意識であるため気づくことができません。

一七世紀のフランス哲学者、ルネ・デカルトは「我思う、故に我あり」という有名な言葉を残しています。人間の本質は思考であることを示唆しています。

思考は形であり物質的な意識は、人を機能不全にしてしまいます。思考は人間に多くの益をもたらしましたが、恐れからくる苦しみや闘いなどマイナスな側面ももたらします。

思考は人間の生活において科学や技術の発展を与え、便利で快適なモノを作り出してきました。思考がなければ今の便利な生活は成り立たなかったでしょう。モノには必ずプラスの側面とマイナスの側面があります。

モノに自分を同一化してしまい、自身のアイデンティティを物質に求めている状態は、思考に支配されている状態になります。

意識的に思考を道具として用いるのであれば、思考に支配されることはありません。思考が人間の全てではないことに気づくことができれば、もはや思考は生きるための強力なアイテムとなります。

思考と思考の間の内なる空間は、物質と同じように探すことはできません。沈黙を意識し自分という存在を切り離し、俯瞰して観察することにより感じることができるようになります。沈黙の世界は物質的には無あるいは空の世界であり、自我の意識から離れた時に姿を現します。

何かに打ち込む、大自然の中でくつろぐ、美しい空を眺める、今あるものに感謝するなど人生において思考から離れるチャンスは多々あります。人は思考から離れる瞬間がないとストレスで圧し潰され、健康で平穏に生きていくことはできません。

モノに心を奪われていると不満や不安、心配や失望、怒りや妬みの感情が勝手に湧いてきます。何も求めず、あるがままにシンプルに今に在ることができれば、思考の流れに占領されていた内なる形のない空間が現れます。

今に在ることで内なる存在意識が現れます。人生において何をやるにしても時間がかかりますが、今に在ることだけは瞬時に今に戻ることができます。今ここに存在するモノと一緒になるのです。

今ここにのみ沈黙は存在します。その僅かな静寂が安らぎとなり、生き生きとした活力としての生命感となります。

シンプルで美しいものを目にした時、人は言葉を失い時間の感覚はなくなります。言葉は思考であり、モノの表面を指し示す方便でしかありません。時間もまた幻想で永遠に続く今この瞬間が存在するのです。

モーツァルトは、「音楽は音符にあるのではなく、その間の沈黙にある」と音楽の真理を見抜いていました。

多く人は音と音との間のささやかな空間を見落としています。沈黙が内なる空間であり、音楽の本質なのです。沈黙に気づくためには、自分の内側が静かであり、今に在ることが必要となります。

そこにはもはや善悪や苦楽、幸と不幸など二元的な対立のない中庸の世界であり、全ての源の広々とした今に在る意識の空間です。

今に在るとは、今ある沈黙に意識を向け、今あるモノあるいは音と共にあり、内側の広がりを感じている状態です。それは何もない無、あるいは空の状態で意識が研ぎ澄まされている状態です。状況に反応するのではなく、今ある現実と共に抵抗せずに全てを受け入れるのです。全体性と調和し、全ての創造性と一つになるのです。

そこには私という分離感からくる主体性はなく、存在意識のみがあります。今ここで起きている現実のみが現れ、エゴの入る余地のない気づきの意識のみが存在します。

多くの人は周囲の世界や自分のいる環境に鈍感であり無頓着です。人は旅したり見知らぬ場所に行ったりすると生き生きします。思考から離れていつもより今に在ることができるからです。それは普段の思考より感覚的なリアリティのほうが、今ここにあることができるからです。

現実を認識するためにエゴが言葉によるレッテル貼りをし、過去の経験から比較解釈し、善悪や利害、損得を決め付けます。

この無意識的な言葉と時間による決め付けと思い込みが、物事の深遠なる本質を見えなくしています。モノに名前でレッテル貼りした途端に、その本質まで目が向けられることはありません。

今ある音に耳を澄ませてください。いろいろな音が聴こえてきます。解釈なしに、ただ音を聴くのです。聴覚に全神経を傾けるのです。

そうすると最初は気づかなかった静寂が現れることがわかります。その状態を安らぎとか癒しと呼び、条件付けのない、あるがままの内なる存在意識なのです。

見る、聴く、触るなどの感覚の対象はモノですが、それを知覚しているのは一体誰なのでしょうか？　認識には思考的、感情的、感覚的な認識があり、全て思考が関わっています。

思考が認識に介在している限りは頭による幻想であって、経験の主体であると思い込んでいる自分も錯覚であることがわかります。

全ての現実に対して思考は後付けで、自己という主体に行き着くことはありません。それでは現実を経験しているのが自分でないとしたら一体誰なのでしょうか？

それは今に在る存在意識です。それを思考は、自分だと思っているのです。存在意識は形のない次元で、現実が現れては消える一時的な変化する内なる空間です。そこには言葉も時間もなく、あるのは時空を超えた永遠に続く今この瞬間であり存在感でもあります。

現実認識の最大の障壁は、自分の存在が自分の幻想であり物語に呑み込まれてしまい、それが夢であることに気づけないことです。まさに夢うつつの状態です。

意識を頭で理解することはできませんが、意識を意識し存在を感じることはできます。今ここに自分の存在を感じることが意識の進化であり、それが目覚めあるいは悟りになるのです。

ルーマニアの指揮者、セルジュ・チェリビダッケは、「楽譜の中なんかに音楽はない」といっています。音楽にとって楽譜は言葉と同じ思考の形です。音楽の方向性は示せても、音楽そのものではありません。

アメリカのジャズ、サックス奏者、ジョン・コルトレーンは、「言葉を超越した音楽という言語で神というものを指し示したい、人々の魂に語りかけたい」といっています。

音楽の本質は思考を超越した大いなる存在であり、人々の魂あるいは存在意識に語りかけることを教示してくれます。

## ♪ 協奏曲　ニ短調ＢＷＶ九七四

原曲はＡ・マルチェロのオーボエ協奏曲で、クラヴィア独奏用に編曲しました。全体は三楽章から成り、第二楽章のアダージョがとりわけ有名となっています。

今から三百年ぐらい前の曲にもかかわらず、ロマンチックな感覚がとても似合う不思議な魅力を備えています。

アダージョは、主音の八部音符が六連続する冒頭があり、右手はそこから二度上がり、左手に再度主音を弾かせることで二小節目にしていきなり長二度の緊張感が現れ、左手が淡々と八分音符を刻む中、右手はまるで即興のように自由に動き回る絶妙な心地良さです。

曲の愛称にもなっている「ヴェニスの愛」は、一九七〇年イタリア映画「無名のベネチア人」で使われ、音楽のほうも有名になりました。

マルチェッロはイタリアのバロック時代の作曲家でベネチア貴族の名士です。バッハより十六歳年上で、その死より三年先に七十七歳で亡くなっています。

演奏楽器は通常のオーボエによるもの以外、鍵盤楽器編としてピアノやオルガンなどがあり、他にもハープ、マンドリン、リコーダー、チェロなどへの編曲も聞かれます。

## 音の意識と音楽による気づき

一日の中で寝る時以外、思考から離れる時を持つことはとても重要です。思考の流れに呑み込まれると、自分の本質を見失ってしまいます。

特に何か問題と思えるようなことが起きたら、思考の流れを中断することは効果的です。思考から離れる長さよりも頻度が大事です。

人は一つのことにしか意識を向けることができません。考えることと感じることは同時にできないのです。中にはマルチ人間であると自称し、二つ以上のことを同時にできると思っている人もいるかもしれません。

今この瞬間は唯一であり、瞬間瞬間の連続なので同時はあり得ません。マルチは実際には瞬時に無意識的に思考と感覚が切り替わっているだけなのです。

今ここで起きることが起きています。それに加えて自分という主体を発動するものが存在しないので、人間には自由意志はありません。しかし意識を思考に向けるか感覚に向けるかは、ある程度自分で選択できます。

思考の流れの真っただ中にある時、意識を聴覚に向けることは可能です。今聴こえる音を観察し感じてみるのです。身の周りの音が身体の中に入ってきます。様々な音が聴こえます。それは頭の中の幻想の音ではなく今ある音なのです。

音に集中し意識を聴覚のみに向けることが最初は難しいかもしれません。何も聴こえてこないかもしれません。しかし時間と共に今ある音が聴こえてきます。

聴こえているということは、聴覚に意識が向いている証拠です。その時、今に在ることができて思考の入る余地はありません。

私たちは普段、無意識的に音を聴いていることがわかります。聴覚一つとっても私たちは様々な気づきがあるのです。

私たちは様々な音に囲まれています。何の努力もなしに今ある音を聴くことができ、瞬時に今に戻ってくることができます。人は思考に呑み込まれている時、無意識であり冷静に周囲の音が聴こえていません。

今ある音に意識を向けると思考も整って、全てのバランスも感じられるようになります。それが本来ある完璧な調和なのです。

音は物質ではなく形がありません。自分の中に音を観察する空間を作り出すことは、思考から離れる効果的な方法の一つです。

思考から離れるために修行や瞑想をすることもいいかもしれませんが、意識を今ある音に向けるだけでも思考から離れることは簡単にできます。増してや音楽と共に今に在ると、その効果は絶大となります。

ベートーヴェンは、「音楽はあらゆる知恵や哲学よりも高度な啓示である」として、音楽が思考を超えたところにあることを見抜いていました。

音を観察すると、必然的に今に在ることができます。これが意識の変容であり、音と共に今に在る意識は、思考と同居できないこともわかります。

今ある音への気づきは、自分の物語から離れ、完全に夢から目覚めている状態で悟りともいえます。耳を澄ますことは、意識を研ぎ澄ますことであり、完全に今この瞬間にあることができます。意識を意識するとは、思考が停止し内なる空間意識の現れでもあります。

人は無意識的な行動パターンを習慣といいます。いい影響を与えないネガティブな習慣は、依存症や中毒症として現れます。

飲酒や喫煙、過食、インターネットまで様々な依存があり、脅迫的な衝動を感じているかもしれません。

人の思いが人生を作って現実を投影しています。思考が言葉を生み出し、人は誰でもない自分の言葉に一番影響を受けます。

思考が引き寄せたモノが現実化するように見えますが、実際は無意識が現実化しています。人はストレスやプレッシャーを感じると、身体的にも精神的にも疲労します。無意識のうちに思考にとらわれている状態です。

人は物質的なモノに執着すると今を忘れてしまいます。自分の本質と自分とモノとは何の関係もなく、物質は永遠に満足を与えてくれません。形への執着は、もっともっとというエゴによる欲求は、留まるところを知りません。所有は人間に新たな苦しみを生み出します。

脅迫的な衝動が起きたら、立ち止まり意識的に今ある音に耳を傾けるのです。そしてこの現実は夢であり幻想であることを思い出すのです。

今、何が聴こえるか？　今、何がしたいか？　今、何ができるか？　今ここに集中し、今に意識を向けるのです。たとえ衝動が抑えられなくても今への衝動は、一時的でいずれは消え去るものです。意識の観察者として今に在ることができれば、思考に騙されて言いなりになることはもはやありません。

全ては変化し移ろい行くモノです。生きていること自体が奇跡であり、全てが完璧に調和しています。

感謝の言葉に「有難い」があります。今の存在は人間の思考では理解ができないくらい有難いものです。今あるモノに感謝し、当たり前に感謝できると心の平安が訪れます。

全ての存在は、一つのエネルギーから派生して変化した状態であり続けます。スピリチュアルではワンネスといいますが、そのことを私たちは無意識のうちにすでに真実として知っています。全ての生命が一つの存在なのです。

音楽を聴いている時、じんわりと心地良い感覚がします。何も考えずに音楽を肌で感じる状態です。様々な音楽に囲まれ意識がもうろうとしている時、何も考えずにぼうっとしている時こそが思考から離れて、音楽と一つになりワンネスを体感している瞬間なのです。

これまでの観念を含んだ意識は、いつか遠くに消え、ただ今ある音楽を無意識のうちに感じている空間です。

まるでその音楽と一体になっているようなシンクロ感があります。音楽による今に在る気づきは、私たちの誰もが日常生活を通して体感している感覚でもあるのです。

## ♪ ヨハネ受難曲BWV二四五

ヨハネ福音書十八章から十九章のイエスの受難を題材にした受難曲で、台本はB・H・ブロッケスとバッハによるものです。

作曲は一七二二年から一七二三年にかけてと考えられ、一七二四年四月、ライプツィヒにて初演されました。ライプツィヒ市の委嘱により、トーマス教会カントールに着任して初めて迎える聖金曜日のために作られました。

その後、少なくとも一七二五年、一七三二年、一七四九年の三回、改訂し再演しています。現在の演奏は、一七四九年版で行われます。

編成はフルート二、オーボエ二、五部弦楽、ヴィオラ・ダモーレ、ヴィオラ・ダ・ガンバ、通奏低音、オルガン、リュートまたはチェンバロ。混声合唱、ソプラノ（召使）、アルト、テノール（福音史家）、バス（イエス、ペテロ、ピラト）となっています。

ヨハネ福音書を骨子としてアリアとレシタティーヴォ、種々のコラールで構成されています。第一部二十曲、捕縛からペテロの拒みまでと、第二部四十八曲、ピラトの審問から埋葬までの全六十八曲になっています。第二部については曲の配置がシンメトリーになっています。

主要曲、第一部、第一曲、合唱「主よ、我らを統べ治め」。

第一部、第十五曲、コラール「誰ぞ汝をばかく打ちたるか」。

第二部、第五十二曲、コラール「我が心の奥底で」。

第二部、第五十八曲、アリア（アルト）「全ては成就した」。

第二部、第六十七曲、合唱「安らかに、聖なる亡骸よ」。

# 第8章

# 今ここに在る音楽の力

## 静謐と内なる存在意識

多くの人は思考に気を取られ、自己の存在意識を思考に同一化しています。今のあるがままの存在を見失い、身体への気づきである内なる生命感を感じられなくなっています。

今に在る生命の営みは、何もしなくても完璧で、調和と秩序による完全な超バランスで刻々と保たれています。

完璧な調和は過去にも未来にも存在せず、あるのは今への完全なる信頼と服従です。思考によるエゴは絶えず不満と恐れをエネルギーにして生き延びようとします。

恐れが意識されると、それが引き寄せられ無意識的な意識が現実化します。意識に上らなければ現実化せず実在しません。意識が現実を作り出し、心の状態である波動が同種を引き寄せるのです。

不安をごまかそうとする余り、音楽の音量を大きくして無理に今の現実から逃避します。またある人はドラッグや性的な刺激によって、今ここの現実から逃げ、ストーリーを作り、その中で生きようとします。

病的な中毒や依存は、それが無意識であり、思考の罠であることに気づくことができません。意識して音楽を聴く時、あるいは意識的に何かに集中すれば、そこには思考の入る余地はありません。

今ある音楽のみに意識を向けてみましょう。自分の中にある身体の生命感あるいは空間である沈黙を感じることができます。沈黙を感じていると静謐を感じられるようになります。

静謐とは穏やかで静かなことです。静寂とは物音がなくて寂しいひっそりした雰囲気があることを意味します。静謐の意味は、物理的あるいは空間的な静かさにプラスして、心が平和で平穏である情緒的な意味も含んでいます。

仏教の目指す境地に「涅槃寂静《ねはんじゃくじょう》」があります。涅槃とは、吹き消すことあるいは消滅の意味で、普段の生活を送る中で欲望から生まれる煩悩により苦しめられる状態から抜け出すことを意味します。

寂静とは、煩悩が完全に消えて心が静まり、安らかな境地であることを表現しています。それは静寂であり、さらには静謐の状態だともいえます。

静謐とは内なる空間でもあります。人生において静謐に意識的になると形もない思考を超えた次元と触れ合うことができます。それは音楽の中にある静寂かもしれません。音と音との間の音が途絶えた時の沈黙かもしれません。

思考を通じて静謐に気づくことはできません。静謐に気づくとは、静かに物理的に静止している状態を超えて、今に在る意識の空間でくつろぐことです。

内なる身体の空間は物質的な形ではなく、内面の波動であり生命の源です。その空間は思考では理解できない存在意識であり生命エネルギーそのものです。

ところで意識とは一体何なのでしょうか？　意識については様々な見解があり、脳科学、物理学、医学、心理学、宗教、哲学など様々な分野からアプローチされています。意識の定義は多義的であり、

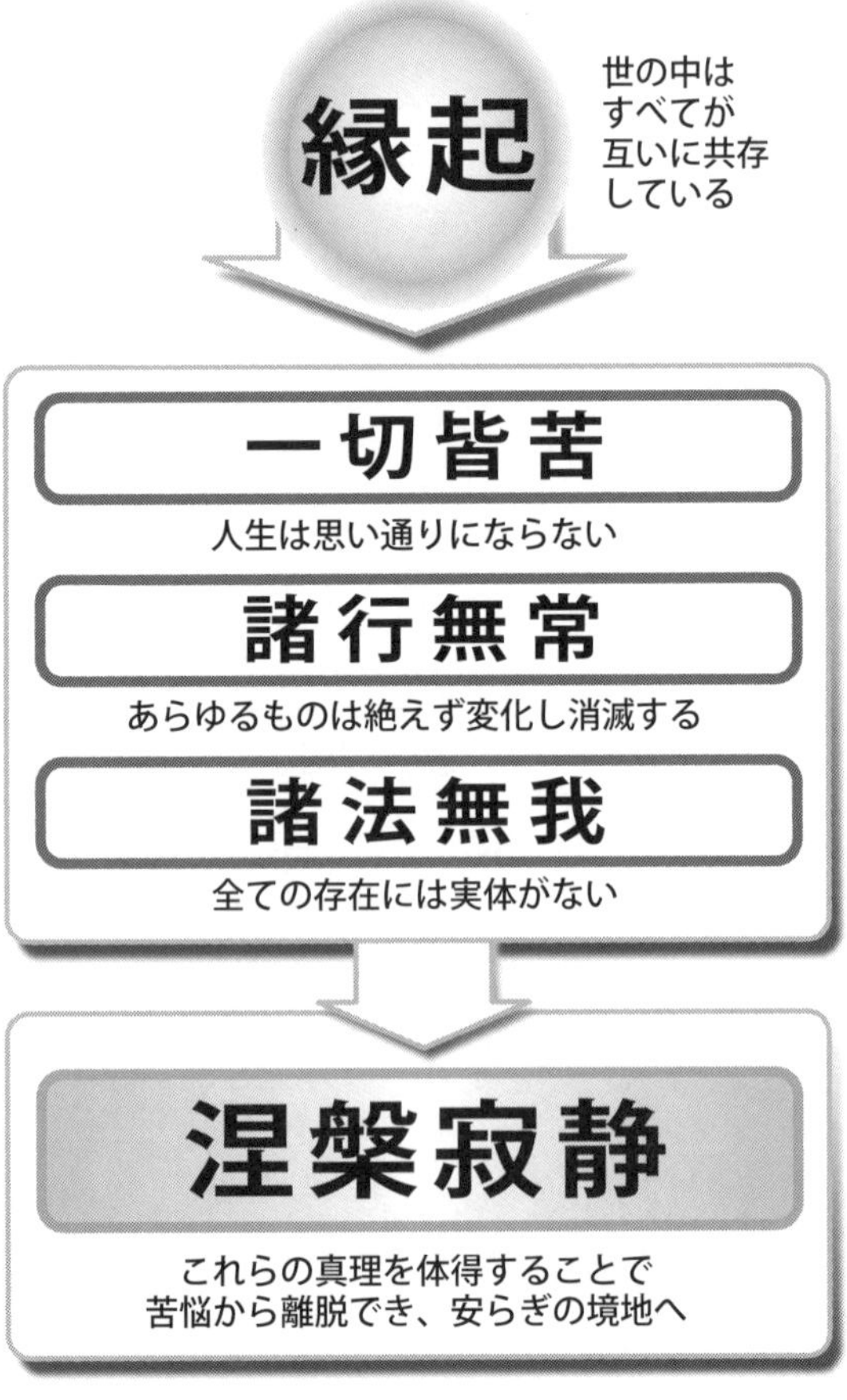
縁起
世の中は
すべてが
互いに共存
している
一切皆苦
人生は思い通りにならない
諸行無常
あらゆるものは絶えず変化し消滅する
諸法無我
全ての存在には実体がない
涅槃寂静
これらの真理を体得することで
苦悩から離脱でき、安らぎの境地へ

今ある音楽のみに意識を向けて、静謐を感じる。それこそは、仏教の目指す「涅槃寂静」に通じるのではないか。

現時点で統一的で確固たる説明は成されていません。

意識とは現在経験している自分の状態や周囲の状況などを感知している心の状態を指します。意識は主観的な現象であり、気づきあるいはその過程を示す場合にも使われています。

直接的な経験として見たり聞いたりしている自己に気づくのは、外界への気づきによる意識です。目に見えない内的な気づきも意識になります。意識は内外への環境への気づきによって、主体としての自己が経験される過程で生まれる心の状態です。

意識には志向性と選択性が伴いますので、全ての経験や行動が必ずしも意識されるとは限りません。特に思考活動は意識と密接に関わっていますが、無意識な心的状態とも関わっています。

また意識は目覚めている時の心の状態で、自分の体験していることや周りのことに気づいている心の状態です。

仏教では眼、耳、鼻、舌、身の五感を通して捉えられる色、声、香、味、触を対象として、それを認識、推理、追想する心の働きとしています。なお認識は現在、推理は未来、追想は過去への思考になります。

量子力学では、物質は素粒子からできており、粒子と波動の性格を示し、粒子は観測によって意識されることにより、波動性は物質として確立します。

しかも物質を構成する原子あるいは素粒子の九十九・九パーセントは、空っぽの空間であるとしています。このことは目に見えないミクロの世界、あるいは宇宙規模のマクロの世界も当てはまることは驚くべきことです。

　内なる意識の空間には形がありませんが、思考に属する言葉や時間は物質の世界に属しています。私という存在意識と私の存在そのものを混同しなくなると、私という物質的で一時的な状態を超えた無限にして永遠の意識の次元へ導いてくれます。

　さらに形への依存から解放され、内なる意識の空間を感じることができるようになります。日常生活の中でできるだけ内なる身体の空間に気づき、今に在る存在を感じることができるようにしましょう。

　今この瞬間は、思考の入る余地のない内なる意識であり、今という現実が展開する存在の本質です。この調和と秩序への全面的な信頼と受容が愛と感謝に変容します。

　音を聴いた時、対象に対して言葉による解釈より前に知覚が生じる瞬間が生じます。それが身体の内なる空間です。

　沈黙の中に音は立ち上がり、無意識的な思考の流れが中断し、心を奪われ言葉を失う瞬間は誰にでも経験があります。

　この意識の空間にエゴの入る余地はなく、思考から解放されている瞬間です。この空間を無意識ではなく、意識して感じられるようになると喜びと心の平安が訪れます。

　内なる意識の空間は、物質に同一化してはならないという思いから離れる時にも生じます。恐怖や怒り、目標や必然もエゴの形であり、目的や真の必要性などなく、あるのは今の存在意識だけです。

それは私という主体的な形のレベルの存在ではなく、意識としての存在であり、内なる身体の空間に存在を感じることができます。今だけを意識して一つのことに集中するのです。

そこには自分の問題や状況に左右されず、もはや恐れや苦しみのない、一時的でない永遠の変わらない存在の本質があります。今に在る静寂は、無条件で形のない時空と思考を超えた永遠の存在意識が今ここにあります。

## ♪ 四台のチェンバロのための協奏曲　イ短調BWV一〇六五

チェンバロ協奏曲の詳細は前述の三八ページをご覧ください。唯一のチェンバロ四台用の協奏曲で、原曲はA・ヴィヴァルディの合奏協奏曲集「調和の霊感」ロ短調作品三の十番です。

原型を保ちながらも相当のアレンジが成され、全く別な音楽として個性を発揮しています。バッハはヴァイマール宮廷時代にヴィヴァルディの協奏曲を数曲、チェンバロ独奏やオルガン独奏のために協奏曲としてアレンジし、イタリア協奏曲様式を習得しました。

その頃から二十年余りの時を経て、一七三五年から一七四〇年頃にかけてライプツィヒのコレギウム・ムジクムとの共演にあたり、再びヴィヴァルディの協奏曲を原曲としてアレンジに取り組みました。

バッハはロ短調を長二度下げてイ短調に移調し、四つのヴァイオリンのパートを四台のチェンバロに割り振りました。

チェロのソロは、適宜チェンバロのいずれかのパートに組み込み、さらに原曲のヴァイオリンらしいフレーズをチェンバロ向けに改編し、主旋律に対して対旋律も加え、重厚な響きを聴かせています。

第一楽章、四分の四拍子は、速度記号は指定されていませんが、アレグロで奏されます。同音反復型の軽快な主題によるリトルネロ形式をとっています。

細かく刻んだ対旋律や分厚い和音が加えられ、ソロのところで経過音を加えた鮮やかな連打のパッセージのアレンジが成されるなど原曲とは違った雰囲気に仕上げられています。

第二楽章ラルゴ、ニ短調、四分の三拍子は、三部分から成り、中間部ではアルペッジョが終始奏されます。多くのアレンジが加えられており、前奏では旋律線が増えて厚みが増していくようなダイナミックな加筆が成されています。

中間部では第一チェンバロに細かいアルペジオを弾かせて、和声変化の色彩感が強調されています。音がどんどん流れていくようで騒々しさはなく、殺風景だった原曲の和声の移り変わりの面白さをくっきりと浮かび上がらせています。

第三楽章、アレグロ、イ短調、八分の六拍子は、拍節感を持つ全奏によるトゥッティ主題の合間を縫いながらソロが縦横無尽に駆け巡ります。

速いテンポで疾走する原曲の表現とは異なり、ややテンポを落としてどっしりとした曲調にアレンジされています。イタリア風の軽快明朗な音楽がドイツ的な質実剛健のイメージに転換されています。

# 人生の目的と音楽による目覚め

人は何のために生きるのでしょうか？　ドイツの哲学者、マルティン・ハイデッカーは、「哲学の根本的努力は、存在者の存在を理解し、これを概念的に表現することを目指している」としています。人間の存在理由については哲学を初め、物理学、論理学、倫理学、心理学、宗教、教育など多分野から議論されてきました。人生の目的や意義については、それぞれの立場の人が様々なことを言っています。

哲学の語源である古典ギリシャ語の「フィロソフィア」は、愛を意味する「フィロス」と、知を意味する「ソフィア」が結び合わさったもので、「知を愛する」「智を愛する」という意味が込められています。

人生に目的があるとすれば、それは知を愛するというよりも、愛を知ることだといえます。私たちは愛を経験するために生きているのです。

人生の外的な目的は、人それぞれ違います。人生において何をするか、あるいは何を得るか、何者であるかということは、外的な目的であり、それは思考の領域です。

思考は分離感による私という主体が立ち上がるとエゴ、あるいは自我という形で人生をコントロールしようとします。

しかし人間にとってコントロールできるモノなど何一つありません。自分で管理コントロールしているようで実はコントロールされているのです。

何か達成したり獲得したりして目標が成功すると、人は人生をコントロールできて人生の覇者であると言わんばかりに何でも支配できると勘違いします。

人間には自由意志など存在せず、起きた事象に対して勝手に自分で意味付け価値付けをし、あたかも自分の意思で何もかもやっているように錯覚しています。

ただ起きることが起きているだけで、よく考えてみると意味付け価値付けは、自分の思考がそのように判断し解釈しており、しかも後付けであることがわかります。

なぜそういえるのでしょうか？　それは自分という主体は頭の中の幻想で、自己を発動する主体も客体も存在しないからです。

心臓の鼓動一つとっても自分でコントロールできるものは何もありません。身体の営み、自然界や宇宙全体の調和と秩序、循環など全てが完璧であり超バランスで保たれています。

「今、いのちがあなたを生きている」仏教における親鸞聖人の言葉は、生命は与えられたもので、私たちは生きているようで実は生かされていることを言い表しています。

人生の外的な目的が思考による何をするか、あるいは役割を演じる何者であるかということであれば、内的な目的は一体何なのでしょうか？

人生に目的はなく、やるべきことも成すべきことも何もありません。あえていうなら、今ここを生きることが人生の究極的な目的になります。

今この本を読んでいるのであれば、読むこと自体が目的です。今、水を飲むのであれば、飲むことそのものが目的です。

何かをしながら別のことをやったり考えたりして一つのことに集中しないのは、人生の目的から外れ、人生を全うし、しっかり生きていないことになります。

私たちは目的のための手段ばかりに目が向き、今この瞬間やるべきことに集中していません。水を飲みながら別のことを考えたり、ＢＧＭ音楽など音楽を聴きながら別の作業をしたりと、目的のための手段にばかりフォーカスしています。

私たちは幼い頃から目的意識を持って目標に向かって生きることの大切さ、将来の夢に向かって生きることを教えられてきました。

しかし人生は今この瞬間しかありません。今に在って一つのことに集中して生きることの大切さが身に染みてよくわかります。

今ここを生きるあるがままの人生の内なる目的を見出して、それと調和した生き方をすると、自然に感謝が湧いて、外的な目的達成の土台も築かれます。

目的や目標は未来志向です。未来は永遠に来ません。未来も来てみれば今ここなのです。いつでもいつでも今ここととして経験されます。

未来は永久に来ないので目的意識や目標達成は、永遠に不可能なことになります。今ここに全ての真実が存在します。

　オーストラリアの介護士、ブロニー・ウェアの本で、死ぬ瞬間の五つの後悔は、「自分に正直な人生を生きればよかった」「働き過ぎなければよかった」「思い切って自分の気持ちを伝えればよかった」「友人と連絡を取り続ければよかった」「幸せを諦めなければよかった」だそうです。

　誰もが迎える死。人間の致死率は百パーセントで誰もが避けることのできない現実です。人生の後悔は思考の作り出す記憶であり、過去の過ぎ去った現実ではありません。今ここに集中して全力で生きていると後悔の入る隙もありません。

　人生において今のあるがままの自分に正直に生きること。やるべきことではなく今やりたいこと。未来に何か大きな幸せを求めるより日常の小さな当たり前だと思っている今に感謝し、それを他者に伝えること。今を精一杯生きることの大切さがよくわかります。

　今ここにあるためには、無意識ではなく、意識して目覚めることが必要です。目覚めとは意識の進化であり、意識の中で思考を分離させ、それに気づくことです。

　意識の覚醒は、思考を超えた状態で思考の背後にあり、思考のない空あるいは無の境地であることがわかります。

　今を意識的であることで、目覚めの状態になることができます。自己の存在意識である自我を手放した時にも意識の覚醒が起きます。

　約二千五百年前に釈迦は「諸法無我」として目覚め、あるいは悟りの真理を説いています。全ての物事は互いに影響をし合い、何一つとして単体として存在するものはなく、実体がないことを意味しています。

この世にある形あるモノつまり「諸法」は、この世に永遠に存在する唯一絶対的な存在の「我」はなく、あらゆる関係性によって成り立っています。

私という存在は、肉体や精神、意識、魂といわれるものを持っていて、他人とは異なると思っています。それは思考による分離感からくる錯覚で、個人を特定する主体は存在しません。

音楽は音楽という独立した存在はなく、様々な音と無音である沈黙から成り立っています。しかも音符と休符があって、それを演奏する人と聴く人など音楽を作る人と、それを受け取る人が関係し合っているのです。

人も唯一絶対の存在である我はなく、私たちの体は何兆もの原子と微生物や細菌から成り立っています。

今の自分という存在は親や先祖がいて、食物を摂取し成長し、教育を受けて、多くの人と出会い繋がりの中で存在しているのです。

全ての事象は、様々な物事から影響を受けて存在しており、唯一不変の実体はなく、一時的な状態でしかありません。

どんな存在も単体で存在しているのではなく、生命は一つであり繋がっています。だから自分一人の思考でコントロールできず思い通りにならないのです。

この真理を理解すると自分という主体がないので、自分というモノへのこだわりがなくなります。そして全ては一つで繋がっており、みんな同じ存在であるという感覚が強くなります。

他人を傷つけることは、自分を傷つけることと等しく、他人に与えることは、自分に与えていることになります。

こうして人に迷惑を掛けない、人を悲しませない、人に奉仕するといった心情と感謝が自然に育まれます。これが慈悲や自利利他という仏教の教えに繋がるのです。

仏教の教えの根本は、「人生の苦しみをなくして楽に生きるためにはどうしたらよいのか」というものです。この苦しみの生まれる根本的な原因は、思考によるエゴである自我が作り上げています。

私たちは自分の地位財といわれる物質に執着をして、それを失ったりする苦しみに悩まされます。

しかし物質の存在は、実体がない「無我」なので執着しない生き方をすれば、心は常に平穏で苦しみから解放されます。

意識の目覚めは、人生の内なる目的と外的な目的が一つになる今に在る気づきであり、音楽の存在を意識することで現実となるのです。

## ♪ 教会カンタータ「心と口と行いと命もて」BWV一四七

一七二三年に聖母マリア訪問祝日のために作曲され、ライプツィヒにて初演されました。全十曲から成り、終曲のコラール「主よ、人の望みの喜びよ」として広く親しまれています。

第一部、第一曲、合唱「心と口と行いと命もて」ハ長調、四分の六拍子。

第二曲、レシタティーヴォ「祝福されし口よ」へ長調、四拍子。

第三曲、アリア「おお魂よ、恥ずることなかれ」イ短調、三拍子、マタイ福音書十章三十三節、マルコ福音書八章三十八節。

第四曲、レシタティーヴォ「頑なる心は権力者を盲目にし、最高者の腕を王座より突き落とす」ニ短調、四拍子、ルカ福音書一章。

第五曲、アリア「イエスよ、道をつくり給え」ニ短調、四拍子。

第六曲、コラール合唱「イエスは私のもの」ト長調、三拍子。

第二部、第七曲、アリア「助け給え、イエスよ」へ長調、三拍子。

第八曲、レシタティーヴォ「全能にして奇跡なる御手を」ハ長調、四拍子、ルカ福音書一章。

第九曲、アリア「我は歌わんイエスの苦痛」ハ長調、四拍子。

第十曲、コラール合唱「イエスは変わらざる我が喜び」コラールの旋律の原曲は、Ｊ・ショップの「心をはずませ」。

# 内なる目的と音楽による調和

人生は意味も価値もなく、ただ起きることが起きているだけで、あるのは今この瞬間の現実だけです。

人生の外的な目的は常に相対的で一時的です。もし成功することが人生の目的なら、成功とは一体何なのでしょうか？　成功できなかったらどうなるのでしょうか？　失敗するとはどういう状態になることでしょうか？　私の成功のために他者の失敗は許容されるのでしょうか？

誰も成功に関して定義することはできません。この世界は調和で成り立っています。誰か一人だけが勝ち続ける、あるいは幸せが永続することは決してありません。

あるがままの今に在る存在そのものに気づかない限り、人生の目的や意義を探し求めても見つけることはできません。時間にとらわれ未来に追い求めても、それは相対的で一時的な現実でしかありません。

平家物語の冒頭部分「祇園精舎の鐘の声　諸行無常の響きあり」は、日本の中学校で習い誰でも知っています。諸行無常という言葉は、仏教の言葉です。

「諸行」はこの世の全て、「無常」は常がなく続かないということですから、「永久不変のものはこの世にない」という意味です。

人間の身体も心も地球全体、宇宙全体、この世の森羅万象、全てのモノが諸行です。私たちはみんな常があると思って、明日がくることを今の状態が続くことを前提として、未来の計画を立てています。

ところが世の中は、どんどん変化しています。科学が進歩するほど、変化は加速しています。量子力学において、この世の全ての物質を構成する素粒子でさえも寿命があり変化することが科学的にも証明されています。

音楽も無常です。今、聴いている音楽は今だけのモノで、同じ曲であっても同じ音楽は決してあり得ません。演奏者によっても聴く環境によっても音楽は、他の物質と同じく変化し一時的なモノです。音楽の現れは無常ですが、音楽において不変のモノはあるのでしょうか？

今ある音楽の存在は永遠不滅です。音楽が思考や時間を超えて、ただあるという存在意識は音楽の本質と調和し存在し続けます。

大切なのは目的や形ではなく、音楽を今感じられる意識の状態です。音楽と思考を分離し、言葉と時間の概念を否定することで音楽の本質は現れます。

今ある音楽を人生の手段ではなく、目的として全神経を音楽に集中する時、思考の入る余地のない音楽の存在は大きな力となります。

音楽のパワーによって言葉を超え時間を離れると、内なる目的である今ここを生きることと音楽の存在が結び付きます。

物質世界では何をするにしても時間がかかりますが、今ある音楽への気づきによって今この瞬間に瞬時に戻ることは可能です。

外的な目的は未来が関わっていますし、時間なしには存在できません。物質世界は常に相対的で二元的です。

恐れやストレスを感じるのは、外的な目的に支配され、内なる目的を見失っているからです。永遠に来ない未来に何かを求めるより、今ある音楽に耳を傾け、今ある幸せに感謝することが大切です。今この瞬間はシンプルで音楽による調和が存在します。そこに偉大な力が秘められています。恐れや不安などのネガティブな感情は、音楽のパワーから切り離してしまいます。今という瞬間を通じて音楽そのものの存在にアクセスできます。

音楽は進化し続ける今ある意識の美的でシンプルな表現ですが、人間が意識の進化の奥にある存在そのものと調和できれば、音楽は大いなる存在として永遠の輝きを表現することができます。

成功とは今この瞬間の成功であり、思考が成功だと解釈しているだけなのです。成功とは無意識の想定であり未来の出来事です。

成功は目的が手段を正当化していますが、目的と手段が一つになり思考を超えた今ある存在意識が本当の成功を生み出します。

音楽の本質は存在意識です。音楽の中に思考が立ち上がると、音楽を見失うことになります。心の抵抗は、音楽の本質を歪めてしまいます。

今この瞬間と調和すると思考が解放され、音楽の存在意識との調和が実現します。その時、生命そのものが全体との総和として動き出します。

全体とは存在する全てから成り立っており、私という個別の存在ではなく、一つに繋がった同じ生命なのです。

なぜ私たちは一体感や全体性、あるいは繋がり合っていることが感じられないのでしょうか？　それは個人という分離感と思考による私という幻想が自我を作り出しているからです。

全ては一つです。だから全体と調和すれば私たちは全体の繋がりと内的な目的のための意識の一部になることができるのです。現実は心の奥にある意識の投影であり、思考では理解できない全体との調和であり一つの繋がりです。

音楽は無意識のうちに全体と一つの繋がりとして存在します。音楽と意識的に一つになり、宇宙の時空と意識的に調和することで、この現象世界に新しい次元をもたらすことができます。それが私たちの内なる目的であり真実の愛の現れなのです。

## ♪ 管弦楽組曲第三番　ニ長調BWV一〇六八

管弦楽組曲についての詳細は、前述の四六ページをご参照ください。この曲の二曲目「エアー」は、ヴァイオリニストA・ヴィルヘルミ編曲の「G線上のアリア」として大変よく知られています。

原曲を九度下に移し、独奏部分がG線だけで演奏できるようにしたことに由来します。作曲年は一七二九年から一七三一年とされていますが、経緯など詳細はわかっていません。

第一曲、グラーベ、ヴィヴァーチェ、グラーベの三部形式で書かれています。第二番と同様、フランス風序曲の形式で書かれていています。楽器編成にティンパニとトランペットが加わっており、とても華やかで祝祭的な気分が溢れています。

中間部は軽快な速い動きを持つフーガになります。ここではヴァイオリン独奏が入るなど協奏曲風にトゥッティとソロが交替します。その後、最初のグラーベが再現します。

第二曲、エアーの舞曲が続きます。その最初に出てくるのが「G線上のアリア」です。落ち着いた通奏低音の動きの上にヴァイオリンが息の長い美しいメロディーを歌います。

このメロディーは、聴く人全ての心を落ち着かせてくれるような名旋律です。時々、半音的な動きと陰りを見せながら曲は最後まで平静さを保ったまま進んでいきます。ヴァイオリンの旋律だけでなく、それに絡み合うメロディーも非常に魅力的です。

第三曲ガヴォットは、バッハの作曲したガヴォットの中でも最も親しまれている曲の一つです。トランペットのきらびやかな音を中心として、宮廷式典を彷彿とさせるような高貴な雰囲気を持つ曲です。中間部のトリオは、少し落ち着いた第二ガヴォットとなり、トランペットが主体となります。

第四曲は、トリオのない短いブレーです。ここでも軽快な音の動きが特徴的で、シンコペーションも特徴的に使われています。

第五曲ジグーは、通常終曲としてよく使われますが、管弦楽組曲の終曲として使われているのはこの曲だけです。ここではフーガのないイタリア風ジグーとなっています。全曲を通して八分の六拍子のリズムが流れるように続きます。最後はトランペットの華やかな音を交えて明るく結ばれます。

## 音楽による新しい意識と生命

音楽の誕生は、人間自身の身体を使って表現する、歌の形が最初であったと考えられています。世界最古の歌は、一九五〇年代の初めに現在のシリアのウガリットから出土した、三千四百年前の粘土板にフルリ語で書かれていたものです。

その歌は全音階であり、二つのメロディーから成り立っており、単旋律のメロディーパートとリズムパートがあります。リズム、メロディー、ハーモニーの音楽三要素の中で和声以外の旋律と律動を備えていました。

その後、音楽は発展するだけでなく複雑性を増し、さらに多様性を生み出し続けています。音楽学者の中には無音から複雑な動きは、いずれ逆転し単純で原始的な音楽が好まれる時代がくると考えている人たちもいます。

最近ではグレゴリオ聖歌が注目され癒しの音楽として、もてはやされました。その時、音楽は複雑さや拡大を止め、単純で原初的な形に転じ、遂には形のない沈黙への気づきとなることができるでしょう。

そして音楽においても誕生、拡大、収縮、終焉というサイクルが繰り返されることになります。自然界は循環や秩序という調和で成り立っており、目に見える世界は最新再生を繰り返しています。外面の物質世界だけでなく内面の精神世界に目を向ける時、人生には内なる目的と外的な目的があることに気づけます。

外的な目的は人間の四つの側面である身体的、精神的、知的、社会的に満たされ成功することかもしれません。

一方、内なる目的は例えば音楽の存在を通して、自分の本質である存在そのものに気づくことであり、今ここに生きることです。思考は幻想であり、思考を形作る言葉は方便です。この世に時間は存在せず、永遠の今この瞬間が存在していることに気づくことです。

存在の本質は意識の進化であり変容であり、覚醒である目覚めや悟りが必要となります。それが外的な目的と内なる目的の融和であり、物質世界と精神世界の完全なる調和になります。

そのために思考による思い込みや決め付けを取り去り、私という物語を捨てることです。人生は愛を経験するためにあるのです。愛は今ある生命への感謝と、全ての抵抗を手放した赦しなのです。

音楽の存在と自分の人生に、どのような関係があるかを考える前に、音楽の現れが絶対的な真実であると受け取ってはいけません。どんな概念も観念も言葉で存在そのものや本質について理解できません。

どんな思考も全体性や広大かつ深遠さを把握することもできません。現実は今ここの現れですが、思考はそれを断片化し分離します。そこから私という主体が現れ、独立した存在ができ上がり、原因や理由をでっち上げて誤解を生じさせます。

全てのモノは、ある見方や視点を意味し、それが思考である限り限界が生じます。思考は絶対的な真実や真理を心で理解することはできません。今ここの現れのみが真実で、全ては今この瞬間に起きているだけなのです。

音楽の現れは、相対的な真実ではありません。絶対的な意味において音楽を聴いている限られた視点では、音が現れたり消えたりします。しかし別の存在に意識の焦点を合わせれば、音楽は存在せず、音は現れても消えておらず、あるのは永遠の静寂です。

音楽の現れが絶対的な真実ではなく、相対的な真実だと理解しても、私たちは音楽の美しさに感動し、素晴らしさを表現する道具としての音楽を感じることができます。

音楽が形として現れ、やがて形のない世界へ戻っていくことを真実として理解できると、それは時間的な概念を超越していることを意味します。

音楽は私という限られた思考によって捉えられた限られた視点であり、それは相対的な真実です。しかし私という分離感から抜け出し、思考から離れ言葉と時間の概念を超えることによって、今に在る音楽の存在が輝き、音楽の生命は個別のモノでなく一つに繋がるのです。

音楽が形として現れ、形のない沈黙に戻っていく一連の動きは、宇宙全体の調和の中で全ての現れとして様々な形となって反映されます。

夢と目覚めも同様に、私が夢の中にいる時、それと気づかず形のない生命の源にたたずんでいます。しかし私が夢から目覚めると夢だと認識できます。

私という存在は意識を通して、どこからともなく突然に現れます。成長と共に思考である自我が確立し、外的な目的や成功を求めてエゴは増大し、人生の状況や関係性は複雑になっていきます。自我の成長と共にモノにアイデンティティを求める、形への自己同一化はますます顕著になります。エゴは底知れぬ貪欲さを持って満足を知らず、もっともっと強欲に多くを求め続けます。

物質的な欲求は、終わりのない負の連鎖を生み出し、恐れや苦しみを自ら作り上げます。その無意識的な苦悩が存在意識への回帰を促し、目覚めや悟りへの道に誘ってくれます。

形あるモノは、一時的で絶えず変化し必ず衰退します。形ある私の身体は、いずれ虚弱し影響力も縮小し、死を持って私という個人は終焉を迎えます。自然の摂理である生命の調和に対して、エゴは恐れや不安で反応します。

無理しなくても頑張らなくても、ただ流れに身を任せ、全てをあるがままに、恐怖ではなく大いなる存在に信頼するのです。恐れや苦しみはエゴが作り上げた幻想であることに気づくことができます。起きることが起きているだけで、起きていることに意味や価値はありません。だからこそ自分で意味や価値を見出し、目的や目標を定め、それに向かって自由に生きることができるのです。

人生の状況が私に働きかけて、私を物質世界から解放し、形への同一化は終焉を向かえます。そして形ある世界では、いつの日か私の存在自体も無あるいは空になり消えてなくなります。

空っぽの空あるいは無の世界は、私が何年か前にそこから生まれた空間であり、いつかは一つで繋がりのある生命の源に戻って行きます。私の形である自我が解体し終焉を迎える時、人は死を迎え、存在意識は永遠の一つ生命に帰るのです。

## ♪ 無伴奏チェロ組曲第一番　ト長調BWV一〇〇七

チェロ独奏用の組曲で、ＢＷＶ一〇〇七からＢＷＶ一〇一二の六曲が存在します。作曲年代は明らかではありませんが、その大部分はケーテン時代の一七二〇年頃に作曲されました。ケーテン宮廷ヴィオラ・ダ・ガンバ奏者でチェリストも兼ねていたクリスティアン・フェルディナント・アーベルのために書かれたという説もあります。妻アンナ・マクダレーナの写譜が残っており、これを長い間自筆譜と考えられてきました。

単純な練習曲として忘れ去られていましたが、パブロ・カザルスによって再発見され、以降、チェリストの聖典的な作品と見なされるようになりました。現代においてはバッハの作品の中でも特に評価が高い作品の一つです。チェロ以外の楽器のために編曲されることも多くあります。

六曲の組曲は、それぞれ一つの調性で統一され、前奏曲で始まりアルマンド、クーラント、サラバンド、メヌエット（第三番と第四番はブレー、第五番と第六番はガヴォット）、ジグーの六曲構成となっています。

この曲の前奏曲は、四分の四拍子、フランスのヴァイオリニストR・クロイツェルの練習曲第十三番に引用されています。

## 仏教の教えと音楽への回帰

人生において物事は、思い通りにはいきません。コントロールしようとしてもコントロールできず、思考による苦しみや恐れを勝手に作り出してしまいます。

仏教においてこの世は「一切皆苦」、つまり全ての物事は苦しみであるといいます。「苦」とは、「自分の思い通りにならない」ということです。

人なら誰しも避けて通ることができない、四つの根本的な苦である「生老病死」があります。生きる苦しみ、老いる苦しみ、病気の苦しみ、死ぬ苦しみです。生きている以上これらは避けられず、選択の余地もなく、全ての人に必ず訪れます。

四苦に加えて以下の四つの苦しみである「八苦」によって、人生は思い通りにならず、苦しみ作り出すとしています。

「愛別離苦《あいべつりく》」は、愛する人といつかは別れがくる苦しみを意味します。家族や恋人、友人、師弟などとの別れは、とても辛く苦しいものです。愛が深ければ深いほど、その別れの苦しみも深くなります。どんなに愛する人でも、いつかは必ず別れが訪れます。

「怨憎会苦《おんぞうえく》」は、恨みや憎しみの感情を抱いてしまう苦しみを意味します。妬みや憎しみなど嫌な感情を抱く人と出会う苦しみも意味しています。

「求不得苦《ぐふとくく》」は、求めたものが手に入らないことの苦しみをいいます。お金や地位、名誉、物など手に入らない苦しみです。

「五蘊盛苦《ごうんじょうく》」は、五蘊によって生まれる苦しみです。五蘊とは「色」身体、「受」感受または感じること、「想」頭の中で想像すること、「行」行動や行為、「識」認識や知識を表しています。つまり身体や心が思うようにコントロールできない苦しみです。

仏教では四苦八苦を解決するのではなく、「三毒」と呼ばれる煩悩による苦から解放される方法を説いています。三毒とは克服すべき三つの煩悩「貪瞋痴《とんじんち》」のことです。貪は貪欲、瞋は怒りや憎しみの心、痴は愚痴や無知の心で愚かさを指しています。

苦は自分ではどうにもならないことです。それなのにどうにかしたい、どうにかしようと思うとますます苦しみは深まるばかりです。

どうしてこの世は、思い通りにならないのでしょうか？　それは全てのモノは移ろい行く「諸行無常」であるが故なのです。

そして全てのモノは、関係性により互いに影響し合い、何一つとして単体で存在する実体のない「諸法無我」だからです。何事も自分の思い通りにならないという苦しみを受け入れることが第一となります。

「一切皆苦」を受け入れ、「諸行無常」「諸法無我」というこの世の真理を理解し、苦しみを生む原因となる煩悩に悩まされないようになると、「涅槃寂静」という苦しみのない安らかな境地に入ることができると仏教では教えています。

とかく私たちは目の前のモノに執着したり、自分という幻想にとらわれがちです。それらを手放し、あるがままの今ここに生きることが大切です。

そのために時には諦めることも必要となるかもしれません。諦めるとは物事を明らかに見極めることであり、物事の事情や理由を明らかにするという意味でもあります。人は人生を「明らめる」ことにより自由になることができるのです。

人生の意味や目的は成功すること、継続すること、築くこと、守ることなど、どれも外的で物質的な行為であり、形への同一化である思考と関わっています。

しかし私の人生が衰退し崩壊する時、人は意味も価値も見出せなくなります。それが意識の変容であり、目覚めや悟りへと繋がる可能性があります。

人生に精神的でスピリチュアルの次元が開かれるのは、苦しみを通してです。人生の内なる目的が現れるのは、外的な目的が崩壊し思考を超越した、今ここへの気づきである意識の進化です。

現代は外的な目的と同一化しており、内なる霊的な次元に無知であるので、苦しみという言葉はネガティブに捉えられています。しかし苦しみは私たちを「すること」や「持つこと」から、「あること」に意識を向かわせます。

起きるべきことが起きて全ては必然であり、大いなる存在と内なる目的の一部です。物質的な形への終焉は本質的な内なる存在意識の獲得に繫がります。

あらゆる物質的な形は、変化し不安定であることを直接体験するとモノへの執着がなくなり、形を追及したり過大評価したりしなくなります。

過去への執着や未来への不安がなくなり手放しが始まると、思考はもはや苦しみを作り出すエネルギーも枯渇します。それは人生の本質への回帰となり、精神的な領域への入り口となり、内なる目的に目覚めることとなります。

実体のない音楽の存在への気づきが高まり、思考に振り回されなければ、苦しみの逃避による音楽の幻想は、内なる目的と共に音楽の本質へと向かいます。

目に見える物質的な成長と拡大のサイクルの中でも、エゴを追放し音楽と共に今に在ることができれば、存在意識への回帰の動きは、力強くなりスピリチュアルな次元が開かれます。

これまでの人間の思考が作り出す音楽は、エゴによって歪められ誤用されてきました。音楽がプロパガンダに利用され、逃避による避け処として心理的な効果として、音楽はモノとして扱われてきました。

エゴによる機能不全に邪魔されなければ、音楽は宇宙の創造と内なる目的に充分に調和できます。私たちの意識を通じて宇宙の摂理が創造されるのです。

エゴによる欲求が強いほど、自分たちは別々だという分離感は強くなり、音楽の純粋さは感じられなくなります。

音楽の全体性との調和は分離するのではなく、全てを包み込み排他的ではなくなります。私のための音楽はなくなり、人類全体の意識の喚起のために音楽の存在が現れます。私たちの世界を創造するのは意識であり、音楽にある今への気づきであることがわかります。

## ♪ ブランデンブルク協奏曲第五番　ニ長調ＢＷＶ一〇五〇

ブランデンブルク協奏曲についての詳細は前述の二七五ページを参考にしてください。第五番は一七一九年、ケーテン宮廷からバッハに大金が支払われた記録があり、彼がベルリンまでチェンバロを受け取りに行きました。

ブランデンブルク辺境伯クリスティアン・ルートヴィヒの前で披露するために作曲され、この曲集では最後に作曲され質も高くなっています。

有名な第一楽章のチェンバロ独奏部は、献呈稿において初稿の約三倍の長さになっており、チェンバロのお披露目を意図した改変であることが想像されます。

フルート、ヴァイオリン、チェンバロの三つの独奏楽器が選ばれ、ヴァイオリン、ヴィオラ、チェロ、ヴィオローネによる合奏群と美しく絡み合いながら音楽が展開されていきます。

第一楽章はアレグロ、二分の二拍子でリトルネロ形式です。チェンバロはフルート、ヴァイオリンを支えながらもチェンバロ協奏曲の前身ともなる長大なカデンツァに突入します。

第二楽章は緩徐楽章でロ短調、四分の四拍子、独奏楽器群のみで、各パートの旋律が素晴らしく味わいのある曲となっています。

第三楽章は再び二長調となり、アレグロ、四分の二拍子、フーガ風に曲が展開され、ジグー風の舞曲になっています。フルートのソロが印象的で、チェンバロは通奏低音の役割を果たしており、全曲にわたって非常に技巧的で重要な役割を担っています。

## 自由意志と音楽による目覚め

意識はすでに目覚めており、形に現れない永遠の存在です。意識そのものは思考を超えて言葉や時間に依存せず、生まれることも死ぬこともありません。

意識が音楽の存在として現れると、進化と変容のプロセスが始まります。意識は生命の源であり、存在意義の原理原則です。

物質的に形に現れない意識は気づきや内なる空間、あるいは今に在る存在意識として形ある時空に流れ込みます。

意識は形ある次元へと変容します。物質化した意識は、夢のような幻想の世界に入ります。その時に意識は無意識になります。夢の中では夢だと気づくことはできません。

意識の進化は思考による私の夢、あるいはストーリーの状態で進行し、恐れや苦しみが積み重なることによって、もうこれ以上抱えきれなくなり目覚めや悟りの気配が訪れ、個々の形が解体します。

この一連の無意識による気づきの流れは、誰もが必ず迎える死を通して現実化します。最後の息を引き取る時に、一瞬の目覚めを経験するでしょう。ほとんどの人は死の瞬間、無意識であるため意識の目覚めを気づくことはありません。

自分の本質は意識であるので、形としての私の生命が失われたとしても意識を失うわけではありません。意識の本質は生命なので、意識が形のない次元に入ったとしても、物質的に所持しているモノだけが失われるだけで、自分の本質である存在意識を失うことはありません。

目に見える物質世界で私たちの行動を決めているのは無意識です。アメリカの科学者、ベンジャミン・リベットの実験によると、無意識による行動決定の指令は、意識よりも〇・三五秒前に出ていたことを実証しました。

無意識は意識よりも〇・三五秒早く行動を決めているのです。つまり潜在意識は行動決定を〇・三五秒後に受け取って、自分で決めたと記憶しているだけなのです。

この受動意識仮説は無意識下で意思決定が成され、人間には自由意志がないことを示唆しています。私たちの行動を決めているのは無意識であり、潜在意識によって私たちは動かされているといっても過言ではありません。

意識の中で自分では気づけない無意識は、九十五パーセントを占めており、表面意識としては五パーセント程度であることも科学的にわかっています。心臓の鼓動や寝ている時の呼吸などは無意識であり、私たちがいかに無意識的に生かされているかがわかります。

音楽において特にパフォーマンス時は、無意識に記憶が定着するまで何度も繰り返し、無意識的に反応できるように反復して練習することが大切になります。

ピアノ習得の鍵は、継続して根気強く効果的に練習を積み重ね、今この瞬間に集中することです。どんなにピアノについて勉強しても弾けるようにはなりません。思考するのではなく、感覚を使って無意識的に自分の内側に、音楽を落とし込むことができるようになるまで繰り返し実践することが必要になります。

人生において心にマイナス思考を続けていると、それが無意識に届いて心が病んでしまいます。だからといって無理やりプラス思考にしようと気力を振り絞ってみても、心身分離の状態になってしまいます。

プラスの言葉に置き換えてポジティブ感情にすることで心身一如の状態になります。当たり前に感謝して、一つひとつに心を込めて気持ちを集中させて今に在ることが大切です。

それが意識の進化による目覚めの行動となります。意識は物質を創造し人生を体験しつつも、気づきを失うことはありません。

目覚めや悟りへの道は多くの場合、恐怖や苦悩を発端としますが、目覚めた人にとっては目覚めた行動を通じて行われる場合もあります。目覚めた行動とは外的な目的と内なる目的が調和した状態であり、意識的に今に在る状態です。

行動の目的が手段ではなく、意識的に行動そのものに集中する時、意識の流れが的を射た行動に変容し、結果も自ずと付いてくるようになります。

真の成功とは言葉に縛られ、時間に条件付けられた無意識の思考ではなく、目覚めた意識による研ぎ澄まされた今に在る存在意識から生まれます。

人間のエゴによる欲は限りなく、恐怖は様々な問題を作り出します。無意識や信念が現実となります。恐怖を信じれば、その恐怖は現実化します。

「心で神がイエスを死者の中から復活させられたと信じるなら、あなたは救われるからです」聖書ローマ信徒への手紙十章九節に書かれています。信じる者は救われるのです。神を信じれば神は存在します。

意識が現実を作り出し、真実は心の状態の投影です。意識すれば存在し、意識されなければ存在しないのです。

意識しているものだけが感知されます。ポジティブな思考の人は、自然とポジティブな事柄に目が行き、次第に物事がポジティブな方向に向かいます。

目覚めた意識によって心の平安に意識を向けることが大切です。人間の幸せは能力よりも幸運に目を向けることによって感じることができます。

幸運とは幸福や不幸を超えた持続的なより良い状態であり、ポジティブ感情、物事への没頭、良質な人間関係、意義ある活動、物事の達成感、今を生きることで実感できます。

人間関係において、とかく人は自分の役割を演じます。親には親の、子には子の役割があります。どういう立場や地位であっても存在そのものは、一人の同じ人間として尊重することが大切です。

悪役は一時的な役割であり、悪そのものではありません。役割と個人は何の関係もなく、存在そのものを意識すると真の人間関係を築くことができます。

人はそれぞれの持ち場である役割があり、そこには上下関係などありません。関係性においては役割を演じない、または押し付けないことも大事です。

リーダーにはリーダーの役割、目には目の役割があるのです。目の役割の人に耳の役割はできません。パズルのように人もそれぞれの役割を担って一つの繋がった生命があるのです。

本当の自分を知ることで目覚めた意識に入ることができます。本当の自分は、飾る必要も持つ必要もなく、あるがままで無理がありません。

自由意志はなく現実はコントロールできないので、他者に対しては言わない、押し付けないで、私とあなたは同じ一つの存在であることに気づくことです。

音楽と一つになり今に在る存在意識を持って、あるがままに感謝し、抵抗するのではなく、全てをあるがままに受け入れるのです。それが意識の目覚めであり、音楽による心の平安なのです。

## ♪ フーガの技法BWV一〇八〇

この曲集は、バッハが晩年に構想した理念的作品集の一角を成し、作品固有の緊密な構築性と内在する創造性によってクラシック音楽の最高傑作の一つに数えられています。

ベルリン国立図書館に残される自筆譜は、一七四二年に作られており、一七四〇年頃から着手したと考えられますが、バッハ自身の手で出版は実現しませんでした。

自筆譜では十五曲が一冊にまとめられています。またこれら以外に個々に伝えられた自筆譜として、拡大及び反行形によるカノン、十四の編曲および未完成のフーガがあります。

出版譜には、バッハ没後の一七五一年に出版された初版と、一七五二年に出版された第二版があります。

様々な対位法の技法が用いられ、それらは後に「単純」「反行」「拡大および縮小」「多重フーガ」などに大別され、曲全体を上下転回しても演奏可能であるように書かれた「鏡像フーガ」という珍しい様式も見られます。

また出版譜では対位法の技法の種類毎に曲が配列されており、個々の曲はコントラプンクトゥス（対位）もしくはカノンと名付けられています。

バッハが最終的に望んだ「フーガの技法」は、どのような内容、配列によるのか。あるいは出版譜が一七四二年の自筆譜の配列と大幅に異なっているのは、なぜなのかなど不明な点が多々あります。

その他の謎は、コントラプンクトゥス十の初期稿が第十四曲として組み込まれていること、コントラプンクトゥス十三を単純に二台チェンバロ用に編曲したものが第十八曲に入っていることが挙げられます。

終曲にコラール編曲が置かれていること、あるいは未完のままのフーガが第十九曲として収録されたことも挙げられます。そもそもバッハは、なぜ自らの名を刻んだフーガを未完のまま放置したのでしょうか。

出版譜の巻末に関係のないバッハの最後の絶筆と考えられている「様々な手法による十八のライプツィヒ・コラール集」よりコラール前奏曲「我は汝の御座の前に進む」ＢＷＶ六六八ａの二十五小節書き残された断片が「フーガの技法」の終曲に置かれたことなど謎が多い作品となっています。

## 愛の三原則と音楽の存在

人生には意味も価値もなく、ただ起きることが起きています。人生の外的な目的は、物事を達成したり、社会的に成功したりすることかもしれません。内なる目的は、今ここに生きることです。人生の意義をあえて見出そうとすれば、それは愛を感じ、愛を実践することです。私たちが宇宙の創造的な力と調和し、愛を経験するための三つの原則があります。

愛の三つの原則は、今ここにある目覚めた存在意識と結び付ける波動エネルギーを意味します。しかもこの愛は、自己防衛的で物質的な所有の概念による見せ掛けの愛ではありません。

この原則があればエゴによる思考が作り出す機能不全は消滅し、無条件で真実の愛が現れます。真実の愛について聖書のコリント第一手紙十三章四節には以下のように書かれています。

「愛は忍耐強い。愛は情け深い。ねたまない。愛は自慢せず、高ぶらない。礼を失せず、自分の利益を求めず、いらだたず、恨みを抱かない。不義を喜ばず、真実を喜ぶ。全てを忍び、全てを信じ、全てを望み、全てに耐える。愛は決して滅びない」

愛の三つの原則とは、「赦し」「感謝」「信頼」です。しかもこの原則は、あるがままの今ここにあることが必要となります。今ここに赦しがあり、今ここに感謝があり、今ここに信頼があります。

私たちの人生は、全て今ここにあります。過去も未来も思考が作り出す幻想です。時間の概念がなくなると永遠の命が輝き始めます。

「神は、その独り子をお与えになったほどに、この世を愛された。独り子を信じる者が一人も滅びないで、永遠の命を得るためである」と聖書ヨハネの福音書三章一六節に書かれています。

赦しとは、全てをあるがままに抵抗せずに受け入れることです。今この瞬間この状況にできることをただやるだけです。その時に流れに逆らってはいけません。エゴではなく愛の実践のために行動するのです。

抵抗しなければ安らかな心持ちで今に在ることができます。赦しは表面的には受け身に見えますが、実際には新しい意識による積極的な創造になります。

何かをコントロールしようとしてもコントロールなど何一つできず、起きることが起きているだけで、私たちには自由意志はありません。

それに気づくと自然に手放して明け渡して降参するサレンダーの境地に至ります。それが今ここにある赦しであり、赦しによる愛の経験です。赦しは意識の変容で目覚めや悟りに繋がります。

私たちが生かされている中で、全ての物事は完璧に超バランスで刻々と営まれています。生きていくために必要なモノは、すでに与えられており私たちは完璧な存在です。

様々な人とモノが関わり合い、欠けているモノなどなく、完璧に調和しています。私たちは同じ一つの存在で、一つに繋がっています。それがわかると自然に愛が育まれます。

エゴはもっともっとと足りないものを探し、未来にありもしない幸せを求め、過去にありもしない栄光を求めます。欲望は、私はバラバラな存在で切り離されているという分離感からくるエゴによる妄想です。しかもこの妄想は、無意識状態なのでエゴであることに気づくことができません。

私たちの人生は、今ここにしかありません。人生を過去や未来ではなく、今この瞬間にフォーカスすると自然に感謝の念が湧いてきます。今あるモノに感謝し、今に生かされていることに感謝するのです。

感謝の波動は、私の中の深い部分から発せられ、行動へと流れ込むようになります。そうすると物質世界が自分に楽しみや幸福をもたらしてくれると期待します。しかし思考による期待は現実化することは決してありません。

目的のための手段として行動するのではなく、今この瞬間に全身全霊を込めて行動すれば、どんな行動でも感謝することができます。感謝による波動は、深い躍動する生命感となって私の存在と一体化します。

外面的な行動が感謝に繋がるのではなく、内なる意識の次元が感謝となります。意識的に今に在ることで感謝は愛に変容します。

感謝の意識は、思考から自分の本質を取り戻し、何かを達成しようとか何かになるのではなく、真の愛の現れが人生の主役になります。

今起きていることに信頼し、今あるモノに信頼できると、今あることに喜びを感じられます。信頼の波動は、不信感やストレスとは無縁です。不信感はエゴが宇宙の創造力から自分を切り離し、絶えず頑張らなくてはと緊張状態になり、流れに身を任せ信頼することができません。

不信感によるストレスは、恐怖や怒りなどのネガティブな感情を引き出し、行動の質と効果が低下します。信頼は見せかけだけの効率ではなく、効果的な力を引き寄せます。それは自分への信頼である自己承認と他者への信頼である他者承認、あるいは人生への信頼、今ここの存在そのものへの信頼を意味します。

信頼とエゴは共存できず、対立や排他的ではありません。他者を包み込み、惜しみなく与えることができる愛へと変容します。

今に在る信頼は、宇宙の創造エネルギーと完全に調和し、モノに自分を同一化することがありません。信頼は恐れや苦しみを作り出すことはありません。

「私は、神に信頼しています。それゆえ、恐れません。人が、私に何をなしえましょう」と聖書の詩編五十六編十一節に書かれています。

音楽が時間の中にあるなら、それは思考と共存するだけで、無意識のうちに救済を求めることになり、エゴの罠に落ちることになります。外的な現実は無意識の外部への投影に過ぎません。

今に在る音楽による愛の経験は、未来や過去の出来事ではなく、今この瞬間の真実であり、私たちを解放し、真の自由に誘います。それが目覚めであり悟りであり、今に在る音楽に気づくことになります。

人類の新しい意識の進化と変容は、今この瞬間の私の中に生じています。今ここに音楽があります。音楽は愛の現れなのです。

「音楽を愛という以外の形では理解できない」リヒャルト・ワーグナー

## ♪ ミサ曲　ロ短調BWV二三二

一七二二年から書かれ、完成したのは一七四九年です。「マタイ受難曲」「ヨハネ受難曲」と並びバッハの作品中でも最高峰に属します。

四部に分かれており、各部にラテン語ミサ通常文のタイトルのみが記されています。演奏に約二時間かかる長大さから、実際の典礼において全曲が演奏されることはありません。

キリエは一七三三年二月に没したザクセン選帝侯フリードリヒ・アウグスト二世追悼のために、またグローリアは、その子アウグスト三世選帝侯継承祝賀のための作品です。

全曲は一貫して作曲されたものではなく、過去に作曲された一部から三部に加え、二部から四部は一七四七年から一七四九年にかけて作曲されました。サンクトゥス以外は生前に演奏された形跡はありません。

バッハはルター派の信者で、ルター派教会の礼拝はラテン語ミサを継承しており、カトリック教会典礼であるラテン語ミサを大規模な作品にしました。

バッハの死後三十六年後の一七八六年、ハンブルクで息子のカール・フィリップ・エマヌエル・バッハが「ニケーア信条」を「クレド」という題目で演奏しています。

全曲は四部二十七曲から成り、ほとんどがフーガ様式の対位法で書かれています。曲想はモテットからロココ風のアリアまで多岐にわたり、二長調を基調とし、最初の曲は調号が同じロ短調で始まります。

グローリア第三曲四声合唱は「教会カンタータＢＷＶ二九」、第五曲四声合唱はＢＷＶ四六の第一曲を転用しています。

クレド第二曲四声合唱は「教会カンタータＢＷＶ一七一」、第五曲四声合唱はＢＷＶ一二、第九曲五声合唱はＢＷＶ一二〇を一部転用しています。

ホザンナは「世俗カンタータＢＷＶ二一五」、アニュス・デイは「教会カンタータＢＷＶ一一」を一部転用しています。

# おわりに

人間の意識が変われば、心が映し出す世界も変わります。人は思考によるエゴを本当の自分と混同しています。

人間の内面にある私という分離意識がエゴを作り出しています。それは頭の思考がでっち上げる妄想であり幻想です。

しかもエゴは、それ自身では存在できず物質的なモノにアイデンティティを求め、自分を何かに同一化することによって生き延びようとします。

本来、思考と自分の本質には何の関係もありません。エゴと自己を同一化してしまうと苦しみが生まれます。苦しみが蓄積し抱えきれなくなったエゴは、自滅し気づきの意識へと変容します。

苦しみや恐れは、人間に付き物の機能不全であり人類最大の敵です。エゴによる自分を正当化する見せ掛けの正義感は、多くの問題や対立を生んできました。何かに同一化しようとするエゴの欲求は底知れず、たとえ手に入っても決して満足することはありません。

この機能不全を解決するには、思考を超えてエゴの奥にある本当の自分である真我に目覚めることです。時間の概念を超え、過去への執着、未来への不安を手放し、今この瞬間にあることが大切です。また言葉の概念を超え、決め付けや思い込みを取り去り、今ここにくつろぎましょう。

なぜこんなに苦しまなくてはならないのか？　この苦しみから逃れる方法はないのか？　誰も信じられない中、意識の変容である悟りがあることは一筋の光になります。

自分の本質は、今ここ、今この瞬間に真実として生きている私の存在そのものです。思考は分離感からくる自己イメージを頑なに守る、自己中心的なエゴでもあります。あるがままの存在に気づくことで、新しい意識の変容が訪れます。

この世は何一つコントロールできず、思い通りにはなりません。生老病死をはじめ何も自由に選択できません。心臓の鼓動や呼吸、またはこの世の全ての営みは全自動で起きており、人間には自由意志はなく、生きているのではなく生かされていることがわかります。

人生決定論により全てが決まっているのであれば、何をやっても許されるわけではありません。今ここにある人生において大切なことは、どの道を選択しても同じだからこそ、一度決めたら他を振り向かずに信じてまい進することです。

私という分離感がなくなり、今にくつろぐことができると、安らかな気分になり、心の平安が訪れます。あるがままに放っておけば自然に愛を享受できるのです。

地球上の人類は、思考による科学の進歩により便利で快適な生活を手に入れました。しかし同時に様々な問題や対立を生み出し、かつてないほどの変化と激流の中で最大の危機を迎えているのです。

しかしピンチは最大のチャンスです。私たち一人一人がエゴから抜け出し、思考を超えて本来の自分を取り戻し、存在そのものに立ち返る時に、この世界を愛で満たすことができるようになります。

この世は思考による幻想で仮想現実です。分離感による私という主体が、この物質世界を客体として見る時、主体と客体の二元性があるという世界観が立ち現れます。

自己をよく観察すると私という主体はなく、今ここにある現実「色」があるだけです。そして真実をよく見つめていくと、それは気づきの意識そのもの「空」なのです。存在の本質は相対的な二元性ではなく、独立していない繋がりのある一つ生命のワンネスなのです。

「色即是空、空即是色」つまり色は空であり、空は色であって、空と色の二つではありません。経験されるものと経験するもの唯一無二で、絶対的な現実である経験がただ起きています。

それは愛であり生命そのものです。存在の本質である生命が紡ぎ出す現実が消えることは決してありません。

あらゆる事象が変化し移り変わる物質世界の中で、生命である存在意識は、ずっと沈黙の中に永遠に存在します。

それが真の自分であり真我であり自分の本質なのです。その意識の沈黙の中に大いなる愛が存在するのです。

私たちは日頃あらゆるものを自分自身の先入観や固定観念によって名前を付け、言葉の貼り付けによってこの世界を認識しています。

「これは音楽である」と言葉で捉えた途端、まるで催眠術にかかったように私たちは、それが何なのかを知ったと思い込んでしまいます。本来、全ての言葉付けは、私たちの心が先入観や固定観念によって行っているに過ぎません。

全ての先入観や固定観念を取り払い、世界をあるがままに見ることができたらどうなるでしょうか？　今のあるがままを感じられるようになると、あらゆる比較対象物が幻想であり物語であったと気づくことができるでしょう。

そのような悟りの境地においては、エゴや自我としての自分という最も強固な固定観念さえも消えてしまいます。

個人としての「自分がいない」のであれば、自分以外の何か他のモノという固定観念も消え去り、世界に対する分離感は完全に終わりを告げます。

そして自我が消えていった時に見出されるのは、利己主義的な部分が抜け落ちた純粋な愛と慈悲なのです。

思考が物事の真実を見えなくしています。心の抵抗を取り払い、感謝と信頼の心持ちで生きるのです。そして思考を超えて今のあるがままにくつろぐことができれば愛で満たされ、喜びと心の平安が訪れます。

音楽においても、その本質をあるがままに聴いて感じてみると、音楽の存在は永久不滅な存在であることに気づけます。形を変え移ろい行くことはあっても本質は決して変わりません。解釈や判断することなしに、ただ今ある音楽の中にくつろぐのです。

音楽の本質を感じるために思考を超えて、まさに「無我夢中」になると、音楽の中に永久不滅の真理である愛を感じることができます。

音楽の存在と生命を感じることで、この世界は常に完璧な調和で保たれているという真実に気づくことができます。そうすると今ここに赦し、今ここに感謝し、今ここに信頼するようになります。

恐れや苦しみは人間の思考や感情によって引き起こされている幻想やまやかしであると認識すると、今ある音楽をありのままに感じることができるようになります。

音楽による愛は、抵抗せずに委ね、ありのままを受け入れる赦し、あるいは今への感謝と絶対的な信頼となって真実となって現実化するでしょう。

音楽と共に今にくつろぐことができれば時間と言葉の概念が消え、生命エネルギーを心身共に感じる瞬間を体験できます。それが音楽による意識の目覚めであり覚醒で悟りになります。

音楽における悟りが現れると心には「世界は今のあるがままの姿で完璧である」という気づきが生まれ、この世の完璧な調和を心身で感じることができます。

すでに完璧で完成された世界に生きていると信頼できているので、執着や欲がなくなり、感謝で満たされることができるでしょう。これが手放しであり愛によって今ここにある音楽の存在を意識することに繋がります。

人は思考から離れると自由になれます。音楽は楽譜から離れると自由になれます。音楽は愛の現れです。

「今ここに音楽がある」。音楽は実体がなく、存在意識と感性が大切です。思考ではなく今この瞬間、音楽の存在を意識することは愛であり喜びであり心の平安です。

だからこそバッハの音楽は今もなお、世界中の多くの人に愛され聴き継がれているのです。


最後に本書の出版においてご編集いただいたＢＡＢジャパンの森口敦さん、適切な助言とご尽力いただいた代表の東口敏郎様、そして何よりもこの本を手に取って読んでいただいた読者の皆様には心から感謝いたします。

この本によって気づきが得られ、思考を越えて今ここにくつろぎ、バッハと内面的に繋がり、心の平安を得られますようお祈りしております。

本当にありがとうございました。

二〇二三年　春

紙屋信義

# バッハの生涯

**ヨハン・セバスチャン・バッハ**
（1685～1750年）

ドイツの作曲家、オルガン奏者。BACHはドイツ語で「小川」を意味し、16世紀以来多くの音楽家を輩出したバッハ一族最大の存在で、「大バッハ」の名で呼ばれ、1000曲を超える作品を残しています。

アイゼナッハに生まれ、父は音楽士兼宮廷音楽家。9歳の時に両親と死別し、1695年オールドルフでオルガン奏者を務める長兄に引き取られ、ギムナジウムで学びました。

リューネブルクの教会付属学校に学び、同地のオルガン奏者G.ベームに大きな影響を受け、ワイマールの宮廷楽団で働いた後、1703年アルンシュタット、1707年ミュールハウゼンの教会オルガニストとなります。

従妹にあたるマリア・バルバラと1707年に結婚。1708年ワイマール宮廷楽士兼オルガン奏者となって活躍しました。ドイツ各地を旅し、作曲家J.G.ワルターと親交を結び、多くのオルガン曲やカンタータを書きました。

1717年ケーテン宮廷楽長となり、レオポルト公の厚遇を受けます。1720年に妻が病死し、翌年ソプラノ歌手アンナ・マグダレーナと再婚しました。ケーテン時代には器楽曲の傑作が数多く誕生しました。

生涯に2度結婚し20人の子どもをもうけましたが、10人は亡くなり成長したのは10人でした。1723年、クーナウの後任としてライプツィヒ聖トーマス教会カントール及び市の音楽監督に就任しました。

「フーガの技法」を途中まで書いて失明し、脳卒中の発作のためこの世を去りました。カンタータなどの宗教音楽を多数作曲し、対位法を完成させ、フランス・イタリア様式を包括し独自の音楽技法を確立し、ルター派キリスト教バロック音楽を集大成しました。

ロマン派作曲家F.メンデルスゾーンが、死後忘れ去られていたバッハを復活させました。作品はドイツの音楽学者W.シュミーダーのBWV「バッハ作品目録番号」で整理されています。

# バッハ名曲六十三選

## 教会音楽



## オルガン曲



## クラヴィア曲

## ♪室内楽曲



## ♪協奏曲



## ♪管弦楽曲



## ♪特殊作品

## 著者◎紙屋 信義　かみや のぶよし

佐世保市出身。ドイツ国立シュトゥットガルト音楽大学で教会音楽とパイプオルガンを学び卒業する。シュトゥットガルトのアルト・ホイマーデン教会にてオルガニストを務める。ニュルンベルク国際オルガン週間、ピストイア・オルガン祭（イタリア）に参加。ドイツと日本を中心にオルガン・ソロ、オーケストラ、アンサンブル共演等を行い、各地の教会にて聖歌隊の指揮を行う。

帰国後、オルガン演奏と作編曲活動、音楽教育の研究を行う。府中の森芸術劇場および安土文芸セミナリヨ・オルガン講師、千葉大学助教授、東海学院大学准教授を歴任。オルゲル音楽院を東京浅草橋に創設。日本基督教団加須愛泉教会オルガニスト。ハウステンボス音楽祭にてオルガン、ピアノを演奏する。

CD「トッカータとフーガ〜ドイツのオルガン音楽」（2007年）、「カノン×カノン〜パッヘルベル・カノン・ヴァリエーション」（2009年）、「マリア×マリア〜アヴェ・マリア作品集」（2010年）、「大フーガ〜ドイツのオルガン名曲集」（2011年）、「G線上のアリア〜十五ヴァリエーションズ」（2012年）、「アダージョ〜パイプオルガンで聴く名曲」（2017年）をマイスター・ミュージックよりリリース。著書「風の音に惹かれて―東日本大震災とドイツ放浪」（自分流文庫、2016年）。音楽教育学術論文を多数執筆する。

現在、ドイツ・デュッセルドルフで音楽活動を行っている。

※ご意見ご感想をお聞かせください。
antonobu@gmail.com

イラスト●月山きらら
本文デザイン●澤川美代子・佀田隆宏
装丁デザイン●やなかひでゆき

# バッハが導く内なる覚醒

## 「今ここ」で宇宙と繋がる名曲63選

2023年4月5日　初版第1刷発行

著　者　　紙屋信義
発行者　　東口敏郎
発行所　　株式会社 BABジャパン
〒151-0073 東京都渋谷区笹塚 1-30-11　4・5F
TEL　03-3469-0135　　FAX　03-3469-0162
URL　http://www.bab.co.jp/
E-mail　shop@bab.co.jp
郵便振替 00140-7-116767
印刷・製本　中央精版印刷株式会社

ISBN978-4-8142-0533-2 C2077

## BAB ジャパン　オススメ書籍のご案内

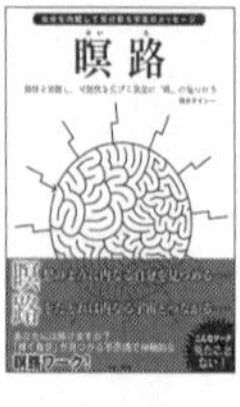

自分を内観して受け取る宇宙のメッセージ

### 瞑路

こんなワーク見たことない！あなたには解けますか？輝く自分が見つかる不思議で神秘的な瞑路ワーク！めいろの絵を描き続けていたあるとき、「ただの迷路ではない」というメッセージを受け取りました。「迷路」ではなく、「瞑路」という字が降りてきたのです。瞑想の「瞑」と迷路の「路」を合せたものでした。

●白木ケイシー 著　●B5 判　●80 頁　●本体 1,200 円＋税

ピッとシンプルに「魅力」や「才能」を開花させる

### 読むだけで 宇宙とつながる自分とつながる

セミナーは即時満席！カリスマ講師による“世界一おもしろい”宇宙話！自分とつながるとか宇宙とか流行っているけどどういうこと?という方への超入門書。哲学や宗教ではない、世界一面白くて実用的な宇宙本です。読むと、あなたの世界が変わって見えるでしょう。

●リリー・ウィステリア 著　●四六判　●256 頁　●本体 1,300 円＋税

ヨガ、気功、禅のエッセンス

### 悟りへの道 瞑想のステップ 10

瞑想をすれば、心身を調えて若さと健康を維持し、潜在能力を開発できる。しかし本来の目的は“本来の自分に目覚める”ことだった。本書では“本来の自分”を探す旅を、完全ガイドする！著者の修練エピソードを辿りながら学べる！バラエティ豊かな各種の瞑想法を豊富な写真で解説！

●真北斐図 著　●四六判　●240 頁　●本体 1,400 円＋税

身・息・心を調え、戦わずして勝つ!

### 空手と太極拳でマインドフルネス

相対的強さ（試合で勝つ）から、絶対的強さ（生きやすさ）にパラダイムシフト！空手に太極拳の「柔」の理を融合し、身体感覚を磨けば、真の強さ（=どんな状況でも生きのびる力）が養える！気鋭の身体心理学者にして武道家の著者が、オリンピック空手とは対極にある「本質的な武道空手」の取り組み方を教えます！

●湯川進太郎 著　●四六判　●268 頁　●本体 1,500 円＋税

対自分・対他者　心のトレーニング

### ヨガ×武道

自己と向き合い、他者と向き合う。ヨガと武道でメンタルは完成する！メンタル・トレーニングの世界に一石を投じる、新たなココロの変革書！武道もヨガも、単なるフィジカル・トレーニングにあらず！古来から、強烈なメンタル・トレーニングとしての側面をもっていた両者が出会う時、何をやってもうまくいかなかった「心の強化」がついに実現する！

●小沢隆、辻良史 著　●四六判　●180 頁　●本体 1,400 円＋税

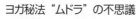

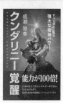

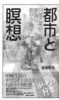

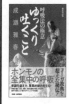